투자에 확신이
생기는 순간

투자에 확신이 생기는 순간

2026년 2월 4일 초판 1쇄 인쇄
2026년 2월 11일 초판 1쇄 발행

지은이 | 타민더마켓
펴낸이 | 이종춘
펴낸곳 | (주)첨단

주소 | 서울시 마포구 양화로 127 (서교동) 첨단빌딩 3층
전화 | 02-338-9151
팩스 | 02-338-9155
인터넷 홈페이지 | www.goldenowl.co.kr
출판등록 | 2000년 2월 15일 제 2000-000035호

본부장 | 홍종훈
편집 | 문다해
교정 | 주경숙
디자인 | 유어텍스트, 윤선미
전략마케팅 | 구본철, 차정욱, 오영일, 나진호, 강호묵
온라인 홍보마케팅 | 이지영
제작 | 김유석
경영지원 | 이금선, 최미숙

ISBN 978-89-6030-655-4 03320

BM 황금부엉이는 ㈜첨단의 단행본 출판 브랜드입니다.

워런 버핏, 찰리 멍거, 피터 린치,
모니시 파브라이, 닉 슬립, 리 루
거인들의 투자 수업

Warren Buffett
Charlie Munger
Peter Lynch
Mohnish Pabrai
Nick Sleep
Li Lu

투자에 확신이 생기는 순간

타민더마켓 지음

BM 황금부엉이

프롤로그

나는 오늘도 맘껏 베낀다

우리는 어려서부터 다른 사람의 답을 베끼면 안 된다고 배워왔다. 시험 볼 때 옆 사람 답안지를 훔쳐보다 걸리면 0점 처리되고, 숙제를 베끼면 선생님께 혼났다. 뭐든지 나만의 방법으로 해답을 찾아야 했고, 남의 것을 따라 하는 건 부정행위였다.

주식 투자는 다르다. 주식 시장은 이미 정답을 맞힌 사람들의 답안지를 볼 수 있는 오픈북 테스트다. 워런 버핏은 자신의 투자 철학을 매년 주주 서한에 공개한다. 찰리 멍거는 인터뷰에서 자신의 사고방식을 아낌없이 나눈다. 피터 린치는 책과 강연을 통해 자신의 전략을 알려준다. 컨닝 페이퍼가 대놓고 공개되어 있다.

그런데도 사람들은 그걸 보지 않는다. 학창시절 습관 때문일까. 주식 시장에서도 '나만의 방법'을 찾으려고 한다. 이미 검증된 가이드를 보지 않고, 아무도 모르는 대박 종목을 찾으려고 밤새 머리를 굴린다.

하지만 투자는 학교 시험이 아니다. 내가 A를 받는다고 다른 사람이 F를 받는 게 아니다. 버핏의 원칙을 배워서 내 투자에 적용하면 더 현명하게 투자할 수 있다. 이미 성공한 사람들의 지혜를 참고할 수 있다는 것, 이게 바로 투자의 가장 아름다운 점이다.

나도 처음엔 몰랐다. 2019년 우연히 유튜브 영상 몇 편을 보고 무작정 주식 투자라는 야생으로 뛰어들었다. 유튜브에서 추천하는 종목을 사고, 카페에서 떠도는 루머를 철석같이 믿고, 조금만 떨어지면 불안해하는 전형적인 주린이였다. 머릿속에 정보는 넘쳤지만, 확신은 없었다.

그런 나에게 '컨닝 페이퍼'가 찾아왔다.

2020년 3월, 코로나바이러스가 전 세계를 멈춰 세웠다. 미국에서 다니던 대학 역시 갑자기 온라인 강의로 전환됐고, 나는 급히 한국으로 돌아와 집에서 자가격리를 시작했다. 방 밖으로 한 발짝도 나갈 수 없는 답답한 나날이 계속되었다.

하루가 유난히 길게 느껴지던 어느 날, 문득 전에 봤던 유튜브 영상이 떠올랐다. 워런 버핏의 '주주 서한'을 읽어보라는 이야기였다.

딱히 할 일도 없던 나는 뭐라도 해보자는 심정으로 노트북을 꺼냈다. 화려함이라고는 찾아볼 수 없는 버크셔 해서웨이의 웹사이트를 뒤지며, 1977년부터 2019년까지 공개된 모든 주주 서한을 하나씩 내려받았다. 생각보다 방대한 분량 앞에서 잠시 멈칫했지만, 이내 마음을 정했다.

'1977년부터 시작하자.'

그렇게 매일 아침 한 개씩 주주 서한을 읽기 시작했다. 1987년 블랙먼데이, 2000년 닷컴 버블, 2008년 금융위기 등 수십 년에 걸친 격변의 시간 속에서 버핏이 어떤 선택을 했는지 차분히 따라갔다. 시장이 폭락하던 순간에도 모두가 광기에 휩싸이던 시기에도 그의 투자 철학은 흔들리지 않았다.

하루하루 서한을 읽어 내려가며, 그동안 막연하게 느껴졌던 '투자'라는 단어가 조금씩 구체적인 얼굴을 갖기 시작했다. 긴가민가했던 나의 투자에 확신이 생기는 순간이었다.

그때 깨달았다. 나에게 필요한 건 더 많은 정보가 아니라 확실한 원칙이었다. 그리고 그 원칙은 이미 투자의 대가들이 만들어 놓았다. 내가 할 일은 그 가이드를 따라 나만의 투자관을 세우는 것이었다.

이 책을 펼친 당신도 각자의 투자 스토리가 있을 것이다. 온갖 산전수전을 겪고 방황하는 사람, 다행히 돈은 벌었지만 내 전략이 맞는지 헷갈리는 사람, 이제 막 시작하려는데 막막한 사람 등 길을 잃은 분들에게 나침반이 되고자 이 책을 썼다.

이 책에는 워런 버핏, 찰리 멍거, 모니시 파브라이, 닉 슬립, 리 루, 피터 린치까지 총 여섯 명의 투자 대가 이야기가 담겨 있다. 각기 다른 배경에서 시작했지만, 자신만의 철학과 전략으로 수십 년간 시장을 이긴 이들이다. 명확한 투자 원칙이 있고, 그 원칙을 오랜 시간 흔들림 없이 지켜왔다.

이 책은 바로 그 '컨닝 페이퍼'다. 대가들이 평생에 걸쳐 만들어낸 투자의 지혜를 이 한 권에 담았다. 이들의 인사이트를 통해 당신도 흔들렸던 투자관을 바로잡고, 나만의 투자 원칙을 세울 수 있기를 바란다.

주식 시장에서는 이미 성공한 사람들의 지혜를 참고하는 게 가장 현명한 전략이다. 그러니 이 컨닝 페이퍼를 활용하자. 내가 그랬듯 투자에 확신이 생기는 순간을 경험할 수 있을 것이다.

차례

CHAPTER
03 '버핏의 영원한 깐부' 찰리 멍거

CHAPTER
04 '성공한 버핏 덕후' 모니시 파브라이

CHAPTER

07 '언더독의 반란' 피터 린치

CHAPTER

08 대가들의 가르침

1장

다 필요 없고 이들의 말만 들어라

01

90%가 주식 투자에 실패하는 이유

나만의 투자관과 방법론을 구축해 나가면서 흔들리지 않는 투자 전략을 구사할 수 있어야 10%의 성공적인 투자자가 될 수 있다.

주식 투자자 90%는 실패한다.

대다수 주린이가 겪는 과정은 비슷하다. 여러 경로를 통해 주식 투자를 접하지만, 결정적으로는 가까운 사람이 투자하는 모습을 보고 '나도 한번'이라는 마음으로 시작한다. 책, 인터넷, 유튜브 등에 널린 정보를 찾아 열심히 공부도 한다. 충분히 조사했다는 판단이 들면 드디어 괜찮아 보이는 종목을 매수한다.

그러나 항상 잘될 수는 없다. 매수한 종목의 주가가 하락하면 주식 관련 카페, 블로그, 유튜브를 뒤지며 이유를 찾는다. 원인을 파악하고 투자를 이어 가지만, 손실이 거듭되면 경험은 실패로 쌓이고 길을 잃기 시작한다. 실패가 반복되면 두려움이 커지고, 결국 조금만 손해가 나도 주식을 매도하게 된다.

주식 투자가 처음이라면 누구나 이런 실수를 한다. 문제는 이 실수를 계속 반복하는 사람이 있다는 것이다. 왜일까? 나는 자신만의 주관과 철학이 없기 때문이라고 본다. 단언컨대, 남들이 하는 투자를 그대로 따라 해서는 결코 성공할 수 없다.

이렇게 말할 수 있는 몇 가지 이유가 있다.

첫째, 남들을 따라 하는 것만으로는 평균 이상의 수익을 내기 어렵다. 투자자 대부분이 몰리는 곳에는 이미 많은 자본이 쏠려 있다. 주식 시장에서 관심과 돈이 집중된 종목은 대체로 고평가된 경우가 많다. 여전히 수익을 낼 수는 있겠지만, 시장 수익률을 뛰어넘는 초과 수익을 기대하기는 힘들다.

둘째, 남들을 따라 하는 투자는 장기적으로 전략을 유지하기 어렵다. 잘 알지도 못하는 주식을 남의 말만 듣고 샀다면, 결과가 좋지 않을 때 후회만 두 배로 커진다. '별로 사고 싶지 않은 주식이었는데 괜히 샀네. 그냥 팔아버려야지'라는 생각이 들기 쉽다. 주식 시장에서 오래 살아남으려면 남들과는 다른, 나만의 투자관과 철학이 필요하다.

모건 하우절의 《돈의 심리학》은 투자 심리를 다룬다. 그가 강조하는 것 중 하나는 아무 감정도 들지 않는 주식보다 애착이 가는 주식에 투자하라는 것이다. 전문가가 추천하는 종목이나 전략은 이상적으로 보일 수 있다. 그러나 내가 좋아하지 않는 기업이거나 내키지 않는 전략이라면 결국 상황이 나빠졌을 때 쉽게 포기하게 된다. 조사와 분석에 기반한 애착이 있다면 쉽게 팔지 않고 장기 보유할 가능성이 높다.

애초에 절대적으로 이상적인 투자 전략은 없다. 설령 그런 전략이 존재해 모두에게 공개되더라도, 모든 투자자가 똑같이 따르지는 않을 것이다. 하물며 내 신념과 스타일에 맞지 않는 전략을 20~30년 동안 일관되게 따르는 것은 불가능하다.

주식 시장에는 수많은 사건과 잡음이 가득하다. 당장은 절대적인 전략처럼 보여도, 1~2년 안의 시장 변동성으로 손실을 보면 그 전략을 의심하기 마련이다. 만약 투자 기간이 20년 이상이라면 어떨까? 지난 20년간만 봐도 미국 시장에는 닷컴 버블, 금융위기, 코로나 위기 등 세 차례의 중대한 사건과 대세 하락장이 있었다.

하우절은 역사적으로 미국 시장에서 돈을 벌 확률은 하루 단위로 보면 50 대 50, 1년은 68%, 10년은 88%, 20년은 100%라고 말한다. 핵심은 '긴 투자 기간'이다. 그렇다면 중간에 라이프 포인트를 잃지 않고 최종 보스까지 도달할 수 있는 게임 전략이 필요하다. 이 전략은 사람마다 다르다. 게임에서 최종 보스를 깨기 위해 가장 중요한 것은 '최종 보스를 어떻게 이길까'가 아니라 '최종 보스 단계까지 어떻게 생존할 것인가'다.

투자자로서 생존하며 게임을 이어 갈 수 있는 나만의 전략을 찾아야 한다. 자신만의 투자관과 방법론을 세워 흔들림 없는 전략을 구사할 수 있을 때 비로소 10%의 성공적인 투자자가 될 수 있다.

02

대가들에게 과외받는 절호의 기회

잘 모르는 분야에서 성공하고자 한다면, 이미 그 분야에서 성공한 사람들이 거쳐 온 과정과 비결을 파악하는 건 너무도 당연하다.

성공하는 투자자가 되기 위한 나만의 투자 전략을 어떻게 구축할 수 있을까? 한 가지 치트키가 있다. 투자에서 장기적으로 성공한 투자 대가들의 교훈을 배우는 것이다.

우리는 지금 축복받은 시대에 살고 있다. 50년 전만 해도 몇 안 되는 책을 읽는 정도였을 뿐 대가들의 투자 철학과 전략을 배우는 게 쉽지 않았다. 하지만 이제는 아니다. 유튜브만 실행하면 대가들의 수많은 인터뷰 영상이 펼쳐지고, 대가들의 투자 전략을 분석해 해설까지 덧붙여 주는 친절함 넘치는 영상도 많다. 물론 참고할 만한 훌륭한 유튜브 채널로는 필자가 진행하는 '타민더마켓'도 빠질 수 없다. 인터넷 검색만 해도 대가들의 매매기록까지 전부 찾아볼 수 있는 세상이다.

잘 모르는 분야에서 성공하고자 한다면, 이미 그 분야에서 성공한 사람들이 거쳐온 과정과 비결을 파악하는 건 너무도 당연하다. 롤을 잘하고 싶다면 페이커의 영상들을 보고, 축구를 잘하고 싶다면 손흥민 하이라이트와 연습법 영상을 보는 게 당연하지 않은가. 투자도 마찬가지다. 워런 버핏도 벤저민 그레이엄이라는 스승을 만나 가치 투자를 처음 배웠다. 투자에 관심 없었던 모니시 파브라이와 리 루도 워런 버핏의 인터뷰와 강연을 보고 주식 투자의 길로 접어들었다. 파브라이와 리 루는 버핏의 전략을 따라 해서 성공한 투자 대가가 되었다.

나만의 투자 전략을 구축하고 싶은 여러분에게 6명의 과외 선생님을 소개하겠다. 워런 버핏, 찰리 멍거, 모니시 파브라이, 닉 슬립, 리 루, 피터 린치다. 주식 투자계의 올스타 라인업이다. 훌륭한 투자의 대가들은 많지만, 투자 철학을 근본부터 잘 잡아줄 수 있는 대가들만 선정했다. 나 또한 이들의 투자 전략과 철학을 많이 공부했다. 몰랐다면 여전히 잘못하고 있었을 나의 투자 습관들을 바로잡을 수 있었고, 주식 시장에서 이길 수 있는 효과적인 투자 전략과 방법론들을 내 것으로 만들 수 있었다.

투자 대가 6명의 교훈 중 핵심만 정리했다. 이 책 한 권으로 대가 6명에게 과외를 받을 수 있는 것이다. 물론 6명 모두 다 여러분의 투자 스타일에 맞지는 않을 수 있다. 하지만 당신이 주식 투자에 관해 진지하게 고민 중이라면, 절박하게 찾아 헤매던 답 하나씩은 얻을 수 있을 것이라 장담한다.

03

성공을 배우는 우리의 준비 자세

6명의 대가에게 과외받으면서 그들의 긴 투자 인생에서 얻은 수많은 지혜와 인사이트를 얻는다는 게 핵심이다.

거듭 말하지만, 대가들의 과외를 받을 수 있는 절호의 기회다. 과외를 최대한 활용하려면 몇 가지 준비가 필요하다.

일단, 주식 유튜브 영상들을 믿지 마라. 유튜브를 아예 보지 말라는 말이 아니다. 나도 주식 유튜버라서 차마 그런 말은 못 한다. 맹신하지는 말자는 뜻이다. 다양한 투자 전략을 소개해 주는 유튜브 영상을 100% 맹신하면서 따라 하면 안 된다. 투자 전략 및 매수/매도 기법 등을 다루는 대부분의 주식 유튜브 영상들보다, 대가들의 투자 철학을 배우는 게 투자에 더 도움이 된다고 생각한다. 나도 주식을 처음 배울 때 워런 버핏 등 대가들의 투자 철학을 깊게 파고들었다. 투자의 대가들은 이미 성공으로 그들의 실력을 증명했기 때문이다. 이미 성공한 대가들의 비결을 이해하고 적용하는 게 투자 성공에 더 가깝지 않을까.

열린 마음으로 받아들이자. 대가들의 철학을 배울 때 또 하나 명심해야 할 것은 열린 마음으로 받아들여야 한다는 점이다. 각자의 투자 경험은 모두 다르다. 어떤 사람은 자신만의 주식 매도 기준이 있을 수 있고, 어떤 사람은 5년 이상 장기 투자를 해본 적이 없을 수도 있다. 물론 나만의 투자 철학과 원칙은 매우 중요하다. 하지만 배움에 있어서는 나와 다른 생각을 이해해 보려는 마음가짐이 필요하다.

나 역시 고집스러운 편이라 내 생각과 다른 투자 전략은 잘 받아들이지 않는다. 그래도 무지성으로 무시하는 것과 왜 그 전략을 취하는지 이해한 후에 거부하는 것은 큰 차이가 있다. 대가들의 가르침을 듣다 보면 당연하다고 공감하거나 내 생각과 다른 내용도 있을 수 있다. 나와 다르다고 무조건 무시하지 말고 한 번쯤 왜 대가들이 그렇게 말했는지 생각해 볼 기회로 삼자. 이 책에 나오는 6명의 대가는 모두 다 장기적으로 시장 수익률을 넘는 성과를 이미 보여줬다. 그저 우연이라고 볼 수 있을까? 아니, 그들의 전략이 유효했을 가능성이 크다.

그들의 말을 곧이곧대로 모두 적용하려고 하지 마라. 당연하지만 대가가 한 말이라고 항상 진리는 아닐 것이다. 6명의 대가는 각자 조금씩 다른 시대를 살아왔다. 그들이 현역일 때의 투자 환경과 현재의 투자 환경이 같을 수는 없다. 또한 대가마다 투자 스타일도 다르다. 대가 한 명이 추구한 투자 전략이 다른 대가의 전략과 상반되기도 한다. 6명의 대가에게 과외받으면서 그들의 긴 투자 인생에서 얻은 수많은 지혜와 인사이트를 얻는다는 게 핵심이다.

나한테 맞게 소화해야 한다. 과외를 각기 다른 선생님에게 너무 많이 받다 보면 어떤 가르침을 적용해야 할지 혼란스럽게 느낄 수 있다. 여기서 여러분의 능동적인 자세가 중요하다. 대가들의 과외 중 나에게 좀 더 와닿는 교훈이 있을 것이다. 반대로 나와 맞지 않다고 느껴지는 전략도 있다. 대가들의 투자 환경과 나의 투자 환경은 다르다. 살아온 시대가 다르고, 시드머니 등 투자에 많은 영향을 미치는 요소들도 다르다.

그러니 이 책을 읽으면서 공감하는 내용이나 부족하다고 느꼈던 부분을 정리하며 나에게 맞게 소화해야 한다. 밑줄을 치거나 필사하거나 따로 적어두는 등 여러 번 반복해 꼭 기억에 남기고, 내 투자에 직접 적용해 보자. 그 과정을 통해 투자에 확신이 생기면서 자신감이 붙을 것이다.

주식은 예측을 많이 맞히는 게 아니라,
틀릴 가능성을 최대한 줄이는 게임이다.

아무리 많이 맞혀서 백만장자가 됐더라도,
단 한 번의 큰 실수로
대부분의 돈을 잃을 수 있는 게 주식 시장이다.

2장

'THE GOAT' 워런 버핏

01

버핏, 역사상 가장 위대한 투자자

버핏의 성공 비결을 아는 것과 모르는 것은
수익률에 막대한 차이를 가져올 것이다.

워런 버핏은 어릴 때부터 남달랐다. 1930년 8월 30일, 네브래스카주 오마하에서 태어난 그는 소위 '금수저 집안'에서 자랐다. 아버지 하워드 버핏은 주식 중개회사를 설립하고, 공화당 하원의원에 네 차례나 당선되었다. 외할아버지는 주간지 《네브래스카 웨스트포인트》의 사장이자 편집장이었다.

살림이 넉넉한 집안에서 자랐지만, 버핏은 어려서부터 남다른 사업가 기질을 보였다. 6살 때 그의 첫 사업이 시작되었는데, 할아버지가 운영하는 동네 마트에서 물건을 받아 되팔았다고 한다. 집집을 돌면서 약간의 이윤을 남기고 풍선껌과 코카콜라를 팔면서 사업의 기본을 배웠을 것이다. 조금 더 커서는 골프장에서 골퍼들이 잘못 쳐서 코스 밖으로 나간 공들을 주워다 되파는 골프공 판매도 했다. 매일 오마하 동네를 도는 신문 배달도 겸하면서 틈틈이 돈을 모았다. 17살에는 핀볼 오락기를 이발소에 설치해서 이발소 사장과 수익을 나누는 등 제법 규모가 큰 사업까지 운영하면서 쏠쏠히 벌어들였다.

이렇게 번 돈으로 갖고 싶던 장난감이나 새 옷 같은 소모품을 사는 데 쓰지 않고 투자에 집중했다는 점도 유별나다. 집안 환경의 영향이었을까. 6살 때부터 투자 서적을 읽은 버핏은 복리의 위대함을 접하고, 부자가 되려면 최대한 빨리 투자를 시작해야 한다는 걸 깨달았던 모양이다.

투자 영재였던 버핏이 처음 주식 투자를 시작한 나이는 11살, 우리로 치면 초등학교 4학년이었다. 후에 버핏은 11살도 너무 늦다고 생각한다고 말했다. 15살의 버핏은 1,200달러의 종잣돈을 모아서 오마하에 40에이커, 약 49,000평의 농지를 매입했다. 투자에 일찍 눈을 뜬 버핏은 자신이 35살에 백만장자가 되지 않는다면, 오마하의 가장 높은 빌딩에서 떨어지겠다고 선언했다. 반드시 부자가 되겠다는 버핏의 의지와 어릴 때부터 쌓아온 금융 지식에 대한 자신감이었을 것이다.

단타쟁이 버핏

현재의 버핏 투자 스타일을 생각하면 뭐가 제일 먼저 떠오르는가? 좋은 기업을 적정가에 사는 투자, 훌륭한 기업을 수십 년간 보유하는 장기 투자 등이 생각날 것이다. 하지만 버핏이 처음부터 이런 스타일의 투자를 한 것은 아니었다. 대학생 때의 버핏은 기업 분석보다 주식 차트 공부에 매달렸다. 흔히 말하는 '차트쟁이, 단타쟁이'였던 셈이다.

그러던 어느 날, 단타를 즐기던 버핏의 투자 인생을 완전히 뒤바꾼 사건이 생겼다. 가치 투자의 대가 벤저민 그레이엄이 집필한《현명한 투자자》를 읽은 날이었다. 이 책을 통해 "주식은 기업을 소유할 수 있는 권리다"라는 개념을 처음으로 이해하게 되었다고 한다. 후에 버핏은 이 책에 대해 이렇게 말했다.

"내 인생을 바꿔 놓았다."[1]

벤저민 그레이엄의 사생팬이 되다

그레이엄의 투자관에 푹 빠진 버핏은 그가 컬럼비아 대학원 교수로 재직 중이라는 말을 듣고 컬럼비아 대학원에 입학한다. 그토록 동경하던 그레이엄의 수업을 직접 들을 수 있게 된 것이다. 이미 독서를 통해 예습을 끝낸 버핏은 다른 학생들보다 수업 이해도가 높았을 것이다. 학점을 깐깐하게 주기로 유명한 그레이엄의 수업에서 유일하게 A+를 받은 학생이 되었다.

졸업 후에도 함께하고 싶었던 버핏은, 뉴욕에 있는 그레이엄의 투자 회사 '그레이엄-뉴먼'에서 무급으로 일하겠다고 어필했다. 하지만 당시 그레이엄의 회사에서는 유대인만 채용한다는 철학이 있어서 버핏의 요청을 거절할 수밖에 없었다. 아쉽지만 어쩔 수 없이 오마하로 돌아온 버핏은 아버지의 증권회사 '버핏-포크'에서 투자상품 영업사원으로 일했다. 아버지의 회사에서 일하면서도 버핏은 꾸준히 그레이엄과 투자 아이디어를 주고받았다. 결국 버핏의 노력은 결실을 보았다.

1954년, 마음을 바꾼 그레이엄은 워런 버핏에게 그레이엄-뉴먼의 애널리스트 자리를 제안했다. 꿈의 직장을 갖게 된 버핏은 미칠 듯이 기뻐서 당장 뉴욕으로 날아가 일을 시작했다. 스승 밑에서 일하던 버핏은 몇 년 후 뜻밖의 제안을 받는다. 1956년, 몇 년 전부터 은퇴를 고려 중이던 그레이엄이 그레이엄-뉴먼 회사를 맡아달라고 부탁한다. 버핏은 인생 멘토의 바통을 이어받을 기회라는 걸 알고 있었지만, 한편으로는 고향인 오마하로 돌아가고 싶은 마음도 컸다. 고민 끝에 그는 제안을 거절하고 오마하로 돌아오게 된다.

파이어족을 꿈꾸다

이때만 해도 버핏은 일찍 은퇴하는 걸 고려하고 있었다. 버핏이 대학을 졸업한 1949년 당시 전 재산이 9,800달러였는데, 그레이엄-뉴먼 회사를 나오는 1955년에는 127,000달러까지 불어나 있었다. 버핏은 은퇴하고 고향인 오마하로 돌아와 대학 수업을 들으면서 실컷 책을 읽고 싶다는 꿈이 있었다. 1년에 12,000달러만 있으면 생활 유지가 가능한데, 127,000달러의 복리 수익률을 통해 벌어들이는 돈만으로도 충분히 여생을 즐길 수 있을 거라고 판단했기 때문이다.

오마하에 돌아와 파이어족을 꿈꾸던 버핏은, 가족과 친척을 포함한 주변 지인 7명에게 돈을 대신 투자해 달라는 제안을 받았다. 망설이던 그는 스승 그레이엄이 그랬던 것처럼 파트너십을 만들고, 이들의 돈을 맡아서 투자하기 시작했다. 이것이 바로 그 유명한 '버핏 파트너십'이다. 버핏의 전설적인 투자 커리어는 그렇게 시작되었다.

워런 버핏의 투자 성과는 말하지 않아도 알 것이다. '역사상 가장 위대한 투자자'라는 표현으로도 유명하니까 말이다. 영어로는 흔히 'GOAT(Greatest Of All Time)'라고 부른다. 워런 버핏보다 높은 수익률을 기록한 투자자는 많다. 그러나 버핏처럼 80년이 넘는 동안 꾸준히 시장을 초과하는 높은 수익률을 낸 투자자는 전무후무하다.

솔직히 말하자면 '사람들이 다 버핏에 대해 잘 아는데, 굳이 책에서 자세히 설명해야 할까?'라는 의문이 들었다. 그렇다고 버핏에 대해 다루지 않을 수는 없다는 결론이 나왔다. 가치 투자계의 한 획을 그은 인물이고, 이 책에 나오는 다른 투자 대가들도 대부분 워런 버핏의 투자 철학을 보고 배운 사람들이기 때문이다. 투자 대가의 철학을 다루는 책에서 어떻게 가치 투자계에 가장 큰 영향력을 남긴 사람을 빼놓을 수 있나. 아는 내용도 있겠지만 한 번 더 정리한다는 느낌으로 보길 바란다.

버핏이 얼마나 위대한 투자자인지 말하는 건 입 아프다. 혹시 의심하는 사람이 있을까 봐 1957년부터 2024년까지 워런 버핏의 수익률을 가져왔다. 1957년에서 1968년까지는 버핏 파트너십, 그 이후부터 현재까지는 버크셔 해서웨이의 수익률이다.

버핏 파트너십 수익률

연도	S&P 500 배당 재투자(%)	파트너십 수익률(%)	파트너십 초과 수익률(%)
1957	-10.78	10.40	21.18
1958	43.36	40.90	-2.46
1959	11.96	25.90	13.94
1960	0.47	22.80	22.33
1961	26.89	45.90	19.01
1962	-8.73	13.90	22.63
1963	22.80	38.70	15.90
1964	16.48	27.80	11.32
1965	12.45	47.20	34.75
1966	-10.06	20.40	30.46
1967	23.98	35.90	11.92
1968	11.06	58.80	47.74
누적	11.20	31.60	20.40

출처: 1968년 버핏 파트너십 주주 서한

버크셔 해서웨이 수익률

연도	S&P 500 배당 재투자(%)	버크셔 해서웨이 수익률(%)	버크셔 해서웨이 초과 수익률(%)
1969	-8.40	19.40	27.80
1970	3.90	-4.60	-8.50
1971	14.60	80.50	65.90
1972	18.90	8.10	-10.80

연도	S&P 500 배당 재투자(%)	버크셔 해서웨이 수익률(%)	버크셔 해서웨이 초과 수익률(%)
1973	-14.80	-2.50	12.30
1974	-26.40	-48.70	-22.30
1975	37.20	2.50	-34.70
1976	23.60	129.30	105.70
1977	-7.40	46.80	54.20
1978	6.40	14.50	8.10
1979	18.20	102.50	84.30
1980	32.30	32.80	0.50
1981	-5.00	31.80	36.80
1982	21.40	38.40	17.00
1983	22.40	69.00	46.60
1984	6.10	-2.70	-8.80
1985	31.60	93.70	62.10
1986	18.60	14.20	-4.40
1987	5.10	4.60	-0.50
1988	16.60	59.30	42.70
1989	31.70	84.60	52.90
1990	-3.10	-23.10	-20.00
1991	30.50	35.60	5.10
1992	7.60	29.80	22.20
1993	10.10	38.90	28.80
1994	1.30	25.00	23.70
1995	37.60	57.40	19.80
1996	23.00	6.20	-16.80
1997	33.40	34.90	1.50
1998	28.60	52.20	23.60
1999	21.00	-19.90	-40.90
2000	-9.10	26.60	35.70
2001	-11.90	6.50	18.40

연도	S&P 500 배당 재투자(%)	버크셔 해서웨이 수익률(%)	버크셔 해서웨이 초과 수익률(%)
2002	-22.10	-3.80	18.30
2003	28.70	15.80	-12.90
2004	10.90	4.30	-6.60
2005	4.90	0.80	-4.10
2006	15.80	24.10	8.30
2007	5.50	28.70	23.20
2008	-37.00	-31.80	5.20
2009	26.50	2.70	-23.80
2010	15.10	21.40	6.30
2011	2.10	-4.70	-6.80
2012	16.00	16.80	0.80
2013	32.40	32.70	0.30
2014	13.70	27.00	13.30
2015	1.40	-12.50	-13.90
2016	12.00	23.40	11.40
2017	21.80	21.90	0.10
2018	-4.40	2.80	7.20
2019	31.50	11.00	-20.50
2020	18.40	2.40	-16.00
2021	28.70	29.60	0.90
2022	-18.10	4.00	22.10
2023	26.30	15.80	-10.50
2024	25.0	25.5	-0.50
누적	10.40	19.90	9.50

출처: 2024년 버크셔 해서웨이 주주 서한

"버핏은 이제 한물간 투자자 아냐?"

이런 의문을 가지는 사람들이 있을 수 있다. 버핏은 21세기에 들어 많은 테크주를 놓쳤다. 그래서 투자를 시작한 지 얼마 되지 않은 MZ세대들이 버핏의 위대함을 느끼지 못한다고 해도 그리 놀랍지는 않다. 하지만 버핏을 의심하는 사람들에게 보여주고 싶은 게 있다. 1999년 버핏이 블룸버그와 인터뷰하면서 한 말이다. 참고로 '블룸버그(Bloomberg)'는 전 세계 경제와 주식 시장 뉴스를 빠르게 전달하고, 투자자들이 데이터를 분석할 수 있게 도와주는 미국의 글로벌 금융정보 회사다.

"나에게 투자금으로 백만 달러를 준다면 50%의 수익률을 보여줄 수 있을 것이다. 나는 내가 할 수 있다는 걸 안다. 아니, 확신할 수 있다."

버핏이 이렇게까지 자신 있게 말한 이유는 뭘까? 버핏의 투자 회사인 버크셔 해서웨이는 현재 시가총액이 약 1,592조 원에 달하는 대기업이다. 이런 기업이 눈에 보이는 유의미한 투자 성과를 거두려면 투자할 만한 회사는 제한적이다. 시가총액이 비슷하게 큰 대기업밖에 매수하지 못한다는 말이다.

투자 인생 초기의 버핏에게는 이런 제약이 없었다. 당시 버핏은 50% 수익률을 훨씬 뛰어넘는 많은 주식에 투자했다. 1957년과 1980년 사이, 즉 버핏의 투자 인생 초기 투자 수익률을 보면 34.75%(1965년), 47.74%(1968년), 65.90%(1971년), 105.70%(1976년) 등 어마어마하게 높다.

1980년 버크셔 해서웨이의 시가총액은 50억 달러(한화 약 6.8조 원)로, 2026년 1월에 비하면 0.5% 정도밖에 되지 않는다. 버핏이 더 이상 예전 만큼의 수익률을 내지 못하는 건 역량 부족이 아니라, 투자금이 커지면서 생긴 어쩔 수 없는 제약 때문이라고 보는 게 정확할 것이다. 백만 달러가 주어진다면 50% 이상의 수익률을 낼 수 있다는 그의 말을 믿지 않을 이유가 없다.

나도 버핏의 투자 철학에 가장 많은 영향을 받은 사람 중 한 명이다. 주식에 '주' 자도 모를 때 유튜브에서 우연히 버핏과 관련된 영상을 보게 되었다. 그걸 본 후 나의 투자 가치관은 완전히 바뀌었다. 그토록 어렵고 위험해 보이던 주식 투자를, 이 사람은 어떻게 이렇게 깔끔하고 쉽게 설명한단 말인가?

자연스럽게 버핏의 투자 철학에 빠져든 나는, 버크셔 해서웨이 웹사이트에서 1977년부터 최근까지 워런 버핏이 쓴 버크셔 해서웨이 주주서한을 모두 찾아 읽었다. 내 유튜브 채널을 초창기부터 봐온 구독자들은 알겠지만, 초기에 좋은 반응과 성장을 이끌어준 콘텐츠도 버핏의 투자 철학에 관한 것들이었다. 나는 투자자로서도, 크리에이터로서도 버핏의 덕을 크게 봤다.

버핏의 투자 철학은 명료하다. 훌륭한 기업을 적정가에 사라, 내가 아는 기업에 투자하라, 시장의 변동성에 흔들리지 마라. 이런 명확한 해답이 있는데도 왜 90%의 투자자들은 주식 시장에서 돈을 벌지 못할까?

범생이들은 늘 하나 같이 "교과서 위주로 공부했다"라고 말한다. 우리는 너무 뻔한 말이라고 코웃음 친다. 무작정 교과서만 읽는다고 성적이 오르진 않는다는 걸 수없이 경험해 왔기 때문이다. 그러나 중요한 것은 단순히 교과서만 달달 읽는 게 아니었다. 교과서에 정답이 있어도 이 내용을 어떤 상황에서 활용해야 하는지, 내 상황에서는 어떻게 응용해야 하는지를 알아야 하는 게 핵심이었다.

마찬가지일 것이다. 사람들은 버핏의 투자 철학은 누구나 다 아는 내용이며, 이걸 실행하는 게 어려울 뿐이라고 말한다. 어쩌면 핑계일지도 모른다. 버핏의 발언들을 잘 살펴보면 진짜 비밀이 숨어있기 때문이다. 미디어에서는 잘 보이지 않는 이 비밀들을 쏙쏙 찾아서 여러분에게 알려줄 작정이다. 개인 투자자라면 모두 투자에 적용할 수 있는 '꿀팁'들이다. 버핏의 성공 비결을 아는 것과 모르는 것은 여러분의 수익률에 막대한 차이를 가져올 것이다.

이제 GOAT의 말을 들어보자.

02

투자의 제1원칙, 돈을 잃지 마라

버핏이 강조하는 건 언제나
최악의 시나리오를 고려해야 한다는 점이다.
세상에 위험이 전혀 없는 주식은 없다.

말은 참 쉽다. "성적을 잘 받으려면 공부를 열심히 하면 된다"라는 말과 똑같다. 버핏은 왜 이런 말을 원칙으로 강조하는 걸까?

왜냐하면 이 단순한 원칙도 지키지 못하기 때문이다. 내 주변에는 두 유형의 친구가 있다. 친구 A는 주식에 관심이 많아 매일 주가창을 체크하며 투자한다. 최근에는 코인까지 영역을 넓혀 밤낮 없이 스마트폰을 들여다본다. 친구 B는 좀 다르다. 딱히 큰 관심이 없다. 그냥 월급 중 일정 금액을 떼어내, 연금계좌를 통해 매달 인덱스 펀드에 투자할 뿐이다.

둘 중 누가 더 수익이 좋을까? 놀랍게도 친구 B다. 물론 장이 좋을 때면 매매를 잘하는 친구 A가 가끔 꽤 높은 수익을 볼 때도 있다. 이렇게 단기간에 높은 수익을 내면 어떻게 될까? 인간의 욕심은 끝이 없다는 말이 소환된다. 자신감이 붙어서 투자금을 늘리고 중독적으로 필요 이상의 매매를 거듭하게 된다. 이 친구가 워런 버핏처럼 투자의 귀재라면 아무 문제가 없겠지만, 안타깝게도 워런 버핏은 세상에 단 한 명뿐이다. 친구 A는 실수 한 방으로 그동안 모아온 대부분의 투자금을 잃게 될 수도 있다. 이에 반해 친구 B는 같은 방법으로 차곡차곡 꾸준히 투자를 해와서 웬만하면 마이너스가 될 일이 없다.

투자는 누구에게나 어려운 게임이다. 인간은 감정의 동물이라서 매매할 때마다 감정에 휩싸인 실수를 저지를 확률이 있다. 매번 주식을 사고팔 때마다 항상 어느 정도의 리스크는 있다고 보는 게 정확할 것이다. 내가 땀 흘려서 열심히 번 돈을 하루아침에 30%, 혹은 50% 이상 잃는다고 생각해 보자. 얼마나 억울하고 비참한가. 투자를 안 하느니만 못한 결과다. 단 한 번의 트라우마만으로도 아마 다시는 투자에 손대고 싶지 않을 것이다.

버핏은 본인의 투자에 가장 중요한 원칙 두 가지를 이렇게 정의했다.

제1원칙. 돈을 잃지 마라.

제2원칙. 절대 제1원칙을 잊지 마라.

버핏의 투자 제1원칙을 보면서 많은 사람이 오해하는 게 있다. 돈을 잃지 말랬다고 무조건 보수적으로 로우 리스크 로우 리턴 투자 방식을 선택하라는 게 아니다. 그건 버핏 스타일이 아니다. 버핏이 강조하는 건 언제나 최악의 시나리오를 고려해야 한다는 점이다. 세상에 위험이 전혀 없는 주식은 없다. 어느 주식이든 내일 당장 50%가 빠질 수도 있다. 그런데도 우리는 주식을 살 때면 이 주식의 주가가 몇 배가 될지만 계산하기에 바쁘다. 이런 생각을 바꿔야 한다. 주식을 사기 전에는 항상 이 주식이 망할 수도 있다는 리스크를 먼저 생각해야 한다.

워런 버핏도 이 투자 제1원칙을 지키지 못한 적이 있다. 덱스터 슈(Dexter Shoe) 주식을 매수한 사례다. 덱스터 슈는 당시에 잘 나가는 미국의 신발 브랜드였는데, 버핏은 이 기업을 1993년에 약 4억 3,300만 달러에 매수했다.

경쟁자들에 비해 막강한 경쟁력이 있다고 확신한 버핏은 돌이킬 수 없는 실수를 저지르고 만다. 전체 인수금을 현금이 아니라, 버크셔 해서웨이 주식으로 지급한 것이다. 총 25,303개의 버크셔 A 주식으로 말이다. 버크셔 해서웨이 2007년 주주 서한을 보면, 당시 시가총액으로 버크셔 해서웨이 지분 1.6%를 인수에 썼다고 나온다.

덱스터 슈의 투자 결과는 어땠을까? 참담한 수준이었다. 버핏이 막강하다고 판단했던 브랜드와 사업 모델이 중국이나 브라질에서 건너온 값싼 수입 브랜드에 밀리기 시작했다. 덱스터 슈가 그동안 쌓아온 경쟁력은 단 몇 년 만에 무너졌고, 결국 주가는 0달러까지 떨어졌다. 차라리 현금으로 매수했다면 좋았을 것이다. 덱스터 슈 매수에 쓰인 25,303개의 버크셔 A 주식은 지금 얼마일까? 2026년 1월 현재 기준 버크셔 A 주식 한 주의 가격은 약 744,120달러다. 현재 가치 기준으로 버핏이 덱스터 슈로 잃은 돈은 얼마일까?

744,120달러 X 25,303주 = 18,828,468,360달러

현재 기준 환율로 보면 약 27조 원이 훨씬 넘는 손실이다. 복리는 수익에만 적용되는 게 아니다. 버크셔 A 주식의 기회비용은 수십 년 동안 천문학적으로 늘었다. 만약 당시의 버핏이 본인의 투자 제1원칙을 생각했다면? 덱스터 슈 투자가 실패하면 단순히 투자금을 잃는 게 아니라, 버크셔 A 주식의 미래 기대 수익까지 전부 잃을 수도 있다고 생각했다면? 아마 버핏은 그런 실수를 하지 않았을 거다.

03

안전마진을 챙겨라

이 기회를 잘 노린다면 모두가 두려워하고 있을 때
돈을 잃지 않는 안전하면서도 과감한 투자를 할 수 있다.

워런 버핏이 투자에서 항상 강조하는 개념이 하나 있다. 바로 '안전마진'이다. '안전마진'이라는 개념은 버핏의 스승인 벤저민 그레이엄이 《현명한 투자자》라는 책에서 강조했었다. 쉽게 말하면 최악의 상황에 대비하는 '보험'이라고 보면 된다.

우리가 어떤 주식을 아무리 많이 공부하고 조사해도 알지 못하는 부분은 언제나 존재할 것이다. 만약 우리가 모른 채 지나간 그 이유로 주가가 폭락한다면? 멘탈도 함께 무너지기 십상이다. 이런 사고에 대비하기 위한 안전벨트가 필요하다. 내일 당장 주식이 30% 이상 빠져도 '내 멘탈이 터지지 않을' 안전장치 말이다.

아메리칸 익스프레스

한 가지 좋은 방법은 훌륭한 사업성을 지닌 기업이 단기적인 문제에 시달리고 있을 때 투자 기회를 엿보는 것이다. 버핏의 아메리칸 익스프레스 투자가 좋은 사례다. 1960년대, 아메리칸 익스프레스는 잘 나가는 신용카드 회사였다. 점점 늘어나는 여행객들을 위한 여행자 수표와 연회비를 받는 신용카드로 매출과 수익을 꾸준히 올렸다. 쉽게 찾지 못할, 그야말로 우량 기업이었다.

(단위: 1,000달러)

	1964	1963	1962
매출	118,144	100,418	86,771
순이익	12,541	11,264	10,131
EPS	2.81	2.52	2.27
주당 배당금	1.40	1.40	1.25
주주 자본	83,613	78,696	68,356
평균 자본 수익률(ROA)	15.50%	15.30%	15.30%
EPS 변화율(%)	11.50%	11%	10.20%
	1961	**1960**	**10년 CAGR**
매출	77,378	74,709	12.10%
순이익	9,204	9,007	9.70%
EPS	2.02	2.02	9.70%
주당 배당금	1.20	1.20	9.10%
주주 자본	63,805	60,102	
평균 자본 수익률(ROA)	14.90%	15.50%	
EPS 변화율(%)	2%	6.90%	

출처: 스콧 A. 채프먼, 《더 레슨》, p.338

승승장구하던 아메리칸 익스프레스는 예상치 못한 큰 위기를 맞게 된다. 흔히 '샐러드유 스캔들'이라고 부르는 사기에 휘말린 것이다. 당시 아메리칸 익스프레스에는 위탁 창고에 보관된 물품을 담보로 대출해 주는 위탁 창고 업무 부서가 있었다. 1963년, 이 부서는 얼라이드 크루드 베지터블 오일 정제회사(Allied Crude Vegetable Oil Refining Corporation)가 보관 중이라고 주장한 수백만 파운드의 식물성 기름에 대해 보관 영수증을 발급했다. 이것이 사건의 발단이었다.

얼라이드 크루드는 아메리칸 익스프레스가 발행한 보관 영수증을 은행에 담보로 제출해서 대출을 받았다. 은행은 아메리칸 익스프레스가 보증한 영수증이라서 믿고 대출해 준 것이다. 그러나 이 모든 것은 얼라이드 크루드의 사기였다. 이 회사의 기름 저장소에 기름통이 있는 건 맞지만, 식물성 기름이 아니라 대부분 물로 채워져 있었다. 진짜 기름통은 딱 검사를 통과할 정도만 전략적으로 배치해서 검사관들을 속였다. 철저한 조사 끝에 검사관들은 창고에 저장된 기름통의 90퍼센트가 기름이 아니라 물이라는 것을 밝혀냈다.

이 스캔들이 터진 후 아메리칸 익스프레스의 주가는 62.375달러에서 35달러로 추락했다. 그동안 쌓아온 아메리칸 익스프레스라는 브랜드의 평판이 한 번에 무너질 수도 있는 위기였다. 대부분의 투자자라면 절대 손대고 싶지 않은 주식이었을 것이다. 이때 워런 버핏이 등장했다. 워런 버핏은 아메리칸 익스프레스라는 브랜드가 한 번의 스캔들로 무너지지 않을 거라고 확신했다. 당시 아메리칸 익스프레스는 실제로 샐러드유 스캔들에 책임을 느끼고 채권자들의 피해 보상을 위해 노력하고 있었다. 버핏은 아메리칸 익스프레스의 이런 노력이 잃어버린 신뢰를 되찾는 첫걸음이라고 생각했다.

아무리 확신이 있어도 버핏 역시 본인의 가설을 입증할 증거가 필요했다. 아메리칸 익스프레스가 아직 소비자들에게 완전히 버림받진 않았다는 걸 확인하기 위해, 버핏은 오마하의 로스 스테이크(Ross' Steak House)를 방문했다. 레스토랑에 오는 손님들이 얼마나 많이 아메리칸 익스프레스 신용카드로 결제하는지를 보기 위해 계산대 뒤에 앉아 저녁 내내 확인했다고 한다.

이 외에도 버핏은 아메리칸 익스프레스의 여행자 수표 사용이 감소했는지를 확인하기 위해 오마하의 여러 은행을 방문했다. 버핏은 아메리칸 익스프레스의 펀더멘털, 즉 꾸준히 돈을 벌어들일 수 있는 사업성이 건재한지를 본인의 두 눈으로 직접 확인했다.

모든 조사를 마친 버핏은 1964년 당시 보유 자본의 40퍼센트인 1,300만 달러를 들여 아메리칸 익스프레스 지분 5%를 매입했다. 버핏의 베팅은 큰 성공으로 이어졌다. 아메리칸 익스프레스는 이전의 주가를 회복했고, 그 후로도 수십 년 동안 꾸준히 우상향해 왔음은 물론이다. 굳건한 펀더멘털이 단기적 스캔들을 이겨낸 것이다.

이렇게 주가는 하락했지만, 펀더멘털은 건재한 주식들이 종종 있다. 기업의 분기 매출 감소, 경영진 스캔들, 손해배상이 큰 소송 등 단기적인 문제를 겪을 때 이런 주식들이 두드러진다. 앞에서 분명히 돈을 잃지 않는 투자가 중요하다고 했다. 기업에 문제나 스캔들이 생겼을 때 투자하면 오히려 돈을 잃을 위험이 크지 않을까?

어쩌면 그 반대일 수도 있다. 주가가 떨어졌을 때가 안전마진을 지키면서 투자하기에 아주 좋은 기회일 수 있다는 말이다. 펀더멘털이 건재한 주식들은 시장에서 보통 제값을 받거나 고평가된 경우가 많다. 이런 훌륭한 기업들이라도 단기적인 악재나 경쟁자 위협 등의 이유로 주가가 단기적으로 떨어질 때가 있다. 이럴 때 내가 생각하는 기업 가치의 낙폭보다 시장가격의 낙폭이 크면 안전마진이 생길 수 있다. 다음 도표를 보면 좀 더 쉽게 이해할 수 있을 것이다.

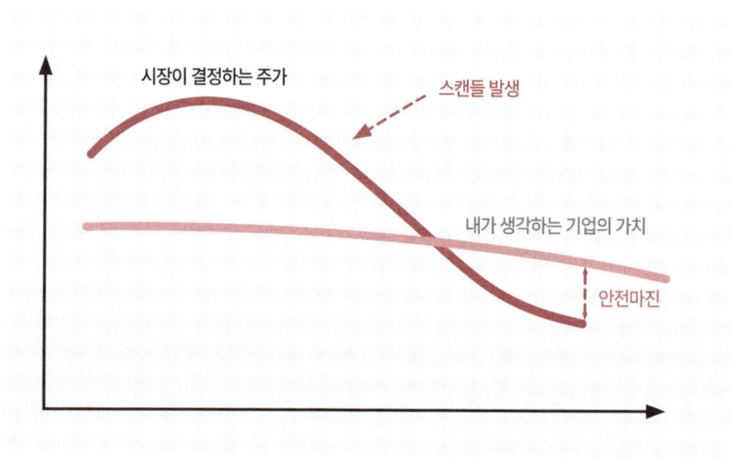

애플

좋은 사례 중 하나가 2016년의 애플 주식이다. 2016년, 애플의 새로운 아이폰 6S 모델의 판매는 부진했다. 2016년 2분기에는 2003년 이후 처음으로 전 분기 대비 매출이 감소했다. 중국 시장의 매출까지 감소하면서 스마트폰 분야 1위 회사였던 애플의 성장 스토리가 단숨에 뒤바뀌었다. 미디어에서는 애플이 아이폰으로 세상을 제패하려는 꿈은 깨졌다고 연일 떠들어댔고, 주가는 고점 대비 25% 이상 하락했다.

이때가 정말 애플의 위기였을까? 전혀 아니다. 사람들은 여전히 애플 제품을 좋아하고 있었다. 아이폰을 한번 쓰기 시작한 사람들은 다른 스마트폰으로 돌아가지 않았다. 애플은 아이폰 외에도 아이패드, 맥, 애플워치, 에어팟 등 수많은 성공적인 제품을 출시했다. 2026년 1월 현재 기준 애플의 시가총액은 약 4조 달러로 미국 2위다. 참고로 애플보다 유일하게 시가총액이 높은 1위 기업은 약 4.6조 달러인 엔비디아뿐이다.

2016년 애플의 주가가 떨어졌을 때 기회를 잡았다면 어땠을까? 이 기회를 잡은 사람들은 많다. 그중 한 명이 버핏이었다. 버핏은 2016년 1분기 애플이 24~25달러 사이였을 때부터 꾸준히 매수했다. 버핏은 당시 폴더폰을 쓰고 있었는데도, 애플이라는 브랜드의 위대함은 알고 있었다. 그는 아이폰이 매년 크게 업그레이드하지 않더라도 사람들이 항상 아이폰을 살 거라는 믿음이 있었다고 한다. 충성 고객들 덕분에 애플이 단기적인 문제를 쉽게 극복할 수 있을 거로 판단한 버핏은 과감히 베팅했다. 결과는 대성공이었다. 애플의 2026년 1월 기준 주가는 270달러를 넘나들고 있으며, 버핏은 무려 10배가 넘는 수익을 올렸다.

주가가 많이 떨어진 주식이 리스크 측면에서 매력적인 이유가 있다. 주가가 많이 떨어져 분위기가 좋지 않을수록 추가 하락의 여지는 크지 않다. 안 좋은 뉴스와 기대치가 주가에 이미 반영되었기 때문이다. 어느 정도 추가 악재에 대한 방어가 가능한 상태다. 자동차에 앞 범퍼 하나를 단 셈이다. 이럴 때 조금이라도 좋은 뉴스가 나온다면? 시장의 기대치가 반전돼서 주가가 한 번에 확 오를 수도 있다.

즉, 떨어질 가능성은 별로 없는데, 주식 가치는 그대로 유지되거나 더 오를 수도 있는 상황이라는 말이다. 이런 경우라면 어느 정도의 안전마진을 가진 채 투자할 수 있다. 최악을 가정해 주가가 더 떨어진다고 해도 손실을 최소화할 수 있다.

버핏의 아메리칸 익스프레스와 애플 투자를 통해 우리가 알아야 할 것은 무엇일까. 사업성이 튼튼한 기업을 '안전마진'이라는 앞 범퍼를 장착한 채 투자하는 방법이다. 만약 이런 기업들이 장기적인 수익성은 훼손되지 않은 채 단기적인 문제에 봉착했다면? 정신 바짝 차리고 집중해야 한다! 우리의 투자금을 장기적으로 꾸준히 늘려줄 수 있는 알짜 자산이 세일 행사를 하고 있을 수 있기 때문이다. 이 기회를 잘 노린다면 모두가 두려워하고 있을 때 돈을 잃지 않는 안전하면서도 과감한 투자를 할 수 있다.

04

주식이 아니라 기업을 사는 거다

좋은 파트너를 만나야 한다.
어떤 역경이 와도 이겨낼 수 있는
단단한 기업 말이다.

사람들은 왜 주식을 어려워할까? 필요 이상으로 어렵게 생각하기 때문이다. 흔히 주식을 수익을 위해 사고파는 상품이라고 생각하는 경우가 많은데, 근본적인 인식부터가 잘못되었다. 워런 버핏이 주식 투자를 설명하는 영상을 본 사람은 눈치챘을 수도 있다. 그의 단어 선택을 잘 봐야 한다. '주식(Stock)'이 아니라 '기업(Business)'이라고 말한다. 그렇다. 우리는 주식을 사는 게 아니라 기업을 사는 것이다.

기업을 산다는 것은 무슨 의미일까? 맞다. 바로 '동업'이다. 내가 스스로 사업을 시작하는 건 정말 어렵다. 좋은 아이디어도 있어야 하고, 시장 조사도 많이 해야 한다. 자본금도 당연히 많이 필요하다. 반면에 주식 투자를 통해 동업한다면 얘기가 전혀 달라진다. 내가 유망한 사업이라고 생각하는 기업의 경영진에게 돈만 대주면 된다. 나머지는 경영진이 다 알아서 한다. 내가 준 돈으로 건물을 사고 투자도 한다. 내가 준 돈으로 성장하고, 이익의 일부를 나에게 나눠 준다. 이게 주식 투자의 근본이다. 자본주의 사회에 살면서 투자자들이 누릴 수 있는 특권과도 같다.

시장에 있는 많은 주식 투자자가 투자의 이런 근본을 무시한다. 단순히 내일 당장 혹은 다음 달에 가격이 오를 것 같으면, 어디서 한 번 들어보지도 못한 사업이나 경영진과도 기꺼이 관계를 맺는다. 현실 세계에서라면 어림도 없을 일이다.

쇼핑할 때 우리는 '깐깐'하다. 2만 원짜리 치킨을 사 먹으면서 배달비 3천 원은 아까워한다. 컴퓨터를 새로 사도 스펙은 어떤지, 부품은 어디 제품인지 꼼꼼히 확인한다. 그러면서 왜 주식 투자를 할 때는 그렇지 못한 걸까? 내 소중한 돈을 한 번도 만나 본 적 없는 사람에게 왜 맡겨야 하는가? 그 돈이 내 사업에 들어가는 비용이라고 생각한다면, 함부로 아무 기업 주식이나 사지는 못할 것이다.

그렇다면 좋은 동업을 하려면 어떻게 해야 할까? 좋은 파트너를 만나야 한다. 어떤 역경이 와도 이겨낼 수 있는 단단한 기업 말이다. 온갖 사기가 난무하는 요즘 이런 기업을 만나는 건 쉽지 않다. 투자자들에게 최고의 동업자가 되는 기업들은 공통으로 몇 가지 훌륭한 자질을 갖추고 있다. 워런 버핏은 흔히 이 자질들을 '경제적 해자'라고 부른다.

해자란 적의 침입으로부터 방어하기 위해 성의 둘레를 파서 물을 채워 놓은 시설을 말한다. 버핏은 훌륭한 기업들은 해자가 깊고 넓어서 경쟁자들이 함부로 성을 침략해서 무너뜨리지 못한다고 했다. 오랜 기간 경쟁 속에서도 살아남을 경쟁력이 있다는 것이다. 기업의 어떤 특징들이 경제적 해자를 만드는지 하나씩 알아보자.

브랜드 파워

코카콜라, 아메리칸 익스프레스, 시즈 캔디, 애플……. 버핏의 성공 투자 사례 중 몇 개만 읊어봐도 이 정도다. 이름만 들어도 알 만한 미국의 대표적인 브랜드들이다. 하지만 경제적 해자는 단순히 브랜드 이름에서 생기는 게 아니다. 그 브랜드만의 '파워'가 필요하다.

브랜드 파워란 무엇일까? 5,000원짜리 흰 티셔츠에 나이키 로고만 하나 박아도 2만 원이 된다. 소비자들이 비싼 돈을 주더라도 구매할 만한 가치가 입증되었기 때문이다. 우리가 100만 원이 훌쩍 넘는 애플 아이폰을 사는 이유를 기술적으로 설명할 수 있는 사람이 얼마나 될까? '그냥 애플이고, 그냥 아이폰이니까'가 대다수의 정답이다. 내가 그동안 써왔던 브랜드라서 믿고 기꺼이 돈을 더 낼 의향이 있는 거다.

우리는 본능적으로 평균보다 비싼 돈을 주고 물건을 사는 걸 싫어한다. 인간은 누구나 손실회피 경향이 있는데, 이 본능을 거스르게 하는 것이 브랜드 파워다. 브랜드 파워의 핵심은 소비자 로열티다. 로열티는 소비자가 그 브랜드의 제품을 얼마나 믿고, 충성을 다해 꾸준히 사 주는가에 달려 있다. 브랜드 파워가 센 기업들의 특징을 보면 종교에 가까울 정도로 맹신하는 소비자들이 있다는 점이다. 뭐든지 애플 제품만 사는 '앱등이'나 음료수는 코카콜라 아니면 입도 안 댄다는 사람들 말이다.

소비자 로열티의 최대 강점은 무엇일까? 가격을 높여서 판매하기가 수월하다는 점이다. 어차피 충성 소비자들의 주요 구매 이유는 가격이 저렴해서가 아니다. 그 브랜드와 제품을 사랑하기 때문이다. 충성 소비자들은 사랑하는 브랜드의 제품 가격이 조금 높아도 크게 신경 쓰지 않는다. 기업이 가격을 쉽게 높일 수 있다는 건 엄청난 경쟁력이다. 인플레이션 시대에 원가가 계속 비싸져도 판매 가격을 그만큼 높일 수 있으니, 장기적으로도 이익률을 계속 유지할 수 있다.

브랜드 파워와 가격 전가력을 잘 활용한 워런 버핏의 대표적인 투자 사례가 바로 시즈 캔디(See's Candies)다. 시즈 캔디는 '밸런타인데이에 연인에게 선물하면 첫 키스를 할 수 있다'는 말이 전해질 정도로 유명한 사탕·초콜릿 브랜드다. 버핏은 시즈 캔디의 가격 전가력을 이렇게 표현했다.

"10대 소년이 시즈 캔디를 선물하고서 여자 친구로부터 키스를 받을 수만 있다면 캔디 가격은 전혀 문제가 되지 않겠지요."[2]

워런 버핏은 시즈 캔디의 강력한 가격 전가력을 높이 평가해 회사를 인수했고, 이후 과감하게 제품 가격을 인상했다. 버핏이 회사를 인수한 1972년, 시즈 캔디의 평균 사탕 판매가격은 1.75달러였다. 10년 후인 1982년에는 거의 똑같은 사탕을 평균 5.11달러에 팔았다. 놀라운 점은,

10년 동안 판매가격이 거의 3배 가까이 올랐어도 판매량이 꺾이지 않았다는 것이다.

아니, 오히려 꾸준히 올랐다. 1982년에는 연간 2,420만 파운드의 사탕을 판매하며, 10년 전보다 약 50%나 판매량이 증가했다. 버핏의 적극적인 가격 인상 전략과 충성 소비자들 덕분에, 시즈 캔디는 10년간 연평균 16%의 매출 성장률과 17%의 세전이익 성장률을 기록했다.[3]

어쩌면 현재의 막강한 버크셔 제국이 탄생할 수 있었던 건, 어떤 위기에도 흔들림 없이 소비자에게 가격을 전가할 수 있었던 시즈 캔디 덕분이 아닐까?

적은 자본 지출

자본 지출(CAPEX, Capital Expenditure)이란 사업을 유지하는 데 필요한 건물, 장비, 새로운 지점 등 자본이 들어가는 모든 비용을 말한다. 워런 버핏은 자본 지출 중에서도 기본적 사업 유지에 필요한 유지 자본 지출(Maintenance CAPEX)이 적은 기업을 선호한다. 유지 자본 지출에는 사업에 쓰이는 설비 시설과 장비를 교체하거나 수리하는 데 드는 비용들이 포함된다.

버핏에게 자본 지출이 많이 필요한 사업은 매력적이지 않다. 오래되고 잔고장이 많은 중고차를 떠올리면 쉽게 이해할 수 있다. 싼값에 샀더라도, 일 년에도 몇 번씩 장비를 바꿔주거나 수리를 맡겨야 한다. 여기에 드는 비용도 무시하지 못할 수준일 것이다.

새로운 사업 확장이나 기술 개발 등 미래 매출 성장을 위해 쓰이는 성장 자본 지출(Growth CAPEX)도 있다. 버핏은 유지 자본 지출보다는 매력적이라고 했다. 유지 자본 지출을 많이 안 들이고도, 꾸준히 매출과 이익이 성장하는 기업을 좋아하기 때문이다.

기업에서 자본에 돈을 쓴다는 것은 결국 투자다. 모든 투자에는 리턴이 있어야 한다. 유지 자본 지출은 사업의 현재 영업 레벨을 유지하는 데만 쓰인다. 즉, 자본 지출을 통한 기대 수익률이 거의 없거나 낮다는 말이다. 반대로 새로운 공장이나 가게를 짓는 성장 자본 지출은 직접적으로 매출을 올릴 수 있기 때문에 기대 수익률이 높아진다.

한 마디로, 버핏이 좋아하는 건 유지 자본 지출이 적은 회사다. 원가가 높아지는 인플레이션이나 대출 이자율이 높아지는 고금리 시대가 왔다고 해보자. 사업을 유지하는 데만 돈을 쏟아붓는 회사는 높아진 원가와 비용의 타격을 정통으로 맞는다.

반대로, 자본 지출이 많이 필요하지 않은 기업은 큰 타격 없이 위기를 버틸 수 있다. 여기에 앞서 말한 가격 전가력까지 갖춘다면, 비용이 다소 오르더라도 가격을 인플레이션 수준이나 그 이상으로 인상할 수 있어 수익성을 유지하거나 오히려 개선할 가능성도 크다.

네트워크 효과

네트워크 효과란 이용자가 늘수록 제품이나 서비스 가치가 늘어나는 효과를 말한다. 페이스북이나 인스타그램 같은 소셜 미디어 서비스가 아주 좋은 예다. 최근에 많이 바뀌긴 했지만, 인스타그램 초기를 생각해 보자. 내가 아는 친구들이 아무도 인스타그램에 사진이나 스토리를 올리지 않으면 자주 들여다보지 않을 것이고, 점점 내 스마트폰에서 사용할 일도 없어질 것이다. 반대로 내 주변 친구들이 너 나 할 것 없이 모두 인스타그램에 포스팅을 올리고 활발히 활동한다면? 재밌어서 더 자주 더 오래 볼 것이다. 사람이 모이고 이용자들이 많아지면 광고주들도 더 많은 광고를 인스타그램에 맡기게 된다.

이게 바로 네트워크 효과다. 핵심은 이용자들을 많이 끌어들이는 것이다. 이용자들이 하나의 유기적 생명체처럼 끈끈히 묶여 네트워크를 형성한다. 이 네트워크 자체가 기업에는 엄청난 해자가 된다.

워런 버핏이 투자했던 아메리칸 익스프레스도 네트워크 효과라는 경제적 해자를 갖고 있는 기업이다. 신용카드 회사의 고객은 크게 두 부류다. 하나는 신용카드 결제를 받아주는 상점, 다른 하나는 신용카드를 직접 사용하는 소비자다. 상점은 아무도 쓰지 않는 신용카드를 수수료까지 내가며 받아줄 이유가 없다. 반대로, 이 카드를 사용하는 소비자가 점점 늘어난다면 상황은 완전히 달라진다. 버핏은 아메리칸 익스프레스를 사용하는 미국 중산층 이상 소비자들의 네트워크를 활용해서 성공적인 투자를 할 수 있었다.

원가 우위

낮은 가격에 제품이나 서비스를 제공하는 게 중요한 산업에서는 원가 우위가 빛을 발한다. 쉽게 말해 다른 경쟁사들보다 낮은 비용으로 제품이나 서비스를 생산할 수 있는 능력이다. 애플이 좋은 예 중 하나다. 애플은 전 세계에 광범위한 제조 공장 네트워크를 가지고 있다. 수많은 회사가 애플에 원자재와 부품을 납품한다.

애플은 이 수많은 회사의 위 즉 '갑'의 위치에 있다. 애플의 아이폰과 맥북에는 수억 개의 부품들이 들어간다. 애플에 한 번이라도 납품할 수 있는 기회를 넘보는 회사들이 전 세계에 줄을 선다. 이 구조 덕분에 애플은 좀 더 합리적인 가격에 원자재와 부품 구매 협상을 할 수 있다. 애플에 유리한 협상 조건은 낮은 원가와 높은 영업이익으로 연결된다. 아무나 애플처럼 납품업체에 원하는 걸 다 요구할 수 있는 건 아니다. 애플의 협상과 원가 우위는 타 경쟁사가 쉽게 따라잡을 수 없는 애플만의 경제적 해자다.

지금까지 나열한 경제적 해자가 전부는 아니다. 기업이 가질 수 있는 경제적 해자는 이 외에도 무수하다. 워런 버핏은 기업의 경제적 해자가 단순히 일회성이 아니라 장기간 지속 가능해야 한다고 했다. 경제적 해자가 장기간 지속되는 걸 좀 더 객관적으로 확인할 방법은 무엇일까? 바로 자기자본이익률(ROE)이다.

앞서 설명한 모든 경제적 해자는 사실 ROE를 통해 확인할 수 있다.

ROE는 기업이 1년 동안 벌어들인 수익을 기업의 총자본 가치로 나눈 값이다. 기업이 가진 자본을 활용해서 얼마만큼의 수익률을 냈는지를 나타내는 지표라고 생각하면 쉽다. 주식 투자자들의 주식 계좌에 찍히는 투자금 대비 수익률과 비슷한 개념이다. 워런 버핏이 느끼는 진정한 경제적 해자를 지닌 기업은 ROE가 지난 10년 이상 경쟁사들보다 높게 유지된 기업들이다.

산업마다 다르긴 해도 ROE가 10~15%만 넘겨도 좋은 이익률로 본다. 하지만 여기서 더 중요한 조건은 ROE가 '10년 이상 장기간 높은 수준으로 유지'되어야 한다는 것이다. 왜냐하면 자기자본이익률을 1~2년이라는 짧은 기간만 높이는 건 그리 어렵지 않기 때문이다.

대표적으로 활용하는 방법이 부채다. 많은 돈을 빌려서 매출과 이익을 높이는 자산에 대폭 투자할 수 있다. 부채를 썼으니 내 자본은 그대로이면서 이익은 올라가는 효과를 누릴 수 있다. 그러나 빚을 지는 방법이라 그만큼 부도 위험도 늘어난다. 장기간 유지할 수 있는 전략이 아닌 것이다.

갈수록 경쟁이 심해지는 자본주의 세계에서 높은 ROE를 계속 유지하는 건 쉽지 않다. 어떤 기업이 높은 수익률을 내면 수많은 경쟁자들이 이익을 나눠 먹기 위해 그 산업에 뛰어들기 때문이다. 따라서 지난 10년 동안 흔들리지 않고 경쟁사들보다 우월한 ROE를 유지한 기업이 있다면, 워런 버핏이 추구하는 경제적 해자를 지닌 기업일 가능성이 크다.

워런 버핏이 투자한 대표적인 기업들의 ROE

애플의 지난 10년 ROE

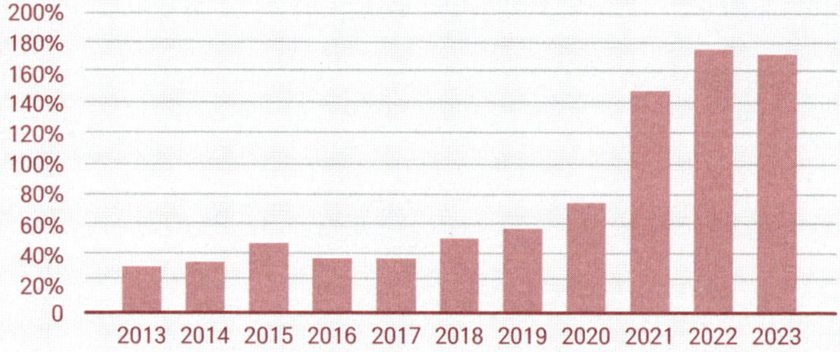

코카콜라의 지난 10년 ROE

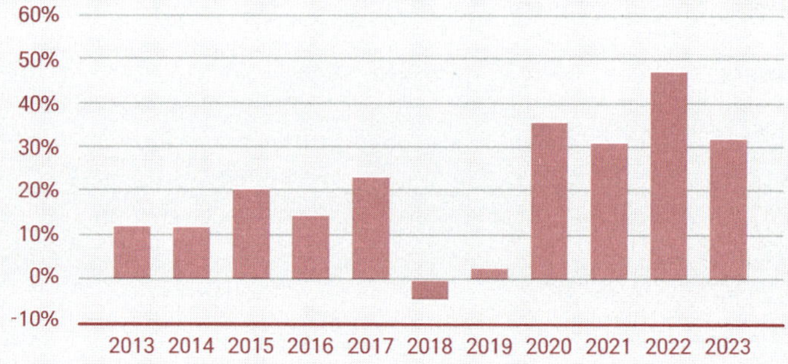

아메리칸 익스프레스의 지난 10년 ROE

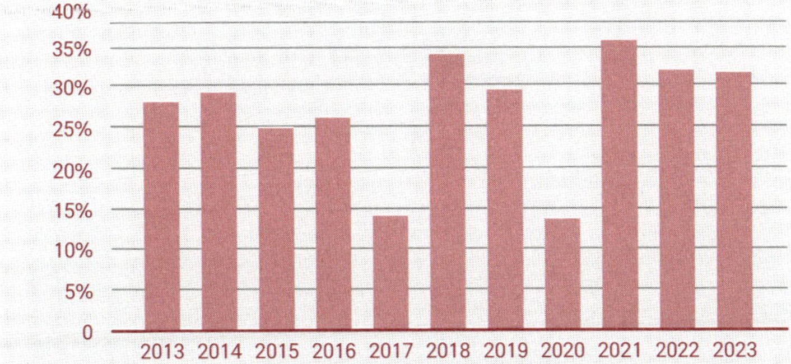

출처: Quickfs.net

05

스트라이크 존에 들어왔을 때만 스윙하라

버핏의 투자를 따라 한답시고 버핏이 투자한
산업에서만 투자 기회를 노리는 것은 어리석다.
나만의 능력 범위를 찾아야 한다.

버핏은 주식 투자를 설명할 때 야구에 자주 비유한다. 그중에서도 MLB 역사상 마지막 4할 타자인 테드 윌리엄스를 자주 언급하면서, 주식 투자를 테드 윌리엄스처럼 해야 한다고 말한다.

"스트라이크 존에서 테드 윌리엄스는 본인이 잘 치는 위치로 공이 온다면 4할을 칠 수 있습니다. 하지만 그가 선호하지 않는 낮은 코너 쪽으로 공이 온다면 2할 3푼 5리 정도밖에 못 칠 겁니다."

"If he waited for the pitch that was really in his sweet spot, he would bat .400," Buffett explains. "If he had to swing at something on the lower corner, he would probably bat .235."[4]

눈 좋은 사람에게는 성공 포인트가 보였을 거다. 바로 내가 자신 있는 공에만 스윙하는 것이다. 투자의 세계에서는 나에게 많은 공들이 날아온다. 대부분은 내가 원하지 않을 때도 쉴 새 없이 날아온다. 매일매일 스마트폰만 켜면 뜨는 각종 뉴스, 연준의 금리 결정, 회사들의 실적 발표 등 마치 무제한으로 스윙할 수 있는 배팅 연습장에 온 기분이다.

문제는 이 공들이 결코 치기 좋게 오지 않는다는 점이다. 배트 끝이 간신히 닿을 만큼 높게 날아오거나, 때로는 머리를 정통으로 맞힐 수도 있는 빈볼이 날아들기도 한다. 만약 내가 이런 모든 공들을 억지로 받아치려 한다면? 당연히 타율, 즉 성공률은 떨어질 수밖에 없다.

능력 범위

정보의 홍수 속에서 흔들리지 않으려면 나만의 스트라이크 존이 필요하다. 스트라이크 존은 사람마다 다르다. 누구는 안쪽 낮은 공을, 다른 누구는 정중앙 높은 공을 선호할 것이다. 버핏은 각자의 스트라이크 존을 '능력 범위(Circle of Competence)'라고 표현한다. 쉽게 말하면 내가 자신 있고 잘 아는 범위다.

버핏은 능력 범위가 넓은 것보다 능력 범위가 어디까지인지를 정확히 파악하는 게 훨씬 중요하다고 말한다. 나의 능력 범위 안에서만 투자한다면 평균보다 높은 수익률을 낼 확률이 높다. 나의 능력 범위 안에서는 내가 평균적인 다른 사람들보다 더 많이 알기 때문이다.

주식 투자자라면 누구나 한 번쯤은 돈을 잃어본 경험이 있다. 자신의 투자 실패 사례를 돌아보자. 어떤 분야의 주식이었는가? 친구 말만 믿고 전혀 모르는 바이오 주식을 사지는 않았나? 혹은 생전 관심 없던 반도체 주식을 '슈퍼사이클'이라는 말만 듣고 매수한 적은 없는가?

우리의 실수는 대개 내가 잘 모르는 분야, 혹은 잘 안다고 착각했지만 실제로는 알지 못하는 분야에서 발생한다. 내 능력 범위를 벗어난 주식에 투자하면 열에 아홉은 실패할 가능성이 높다. 문제는 이유를 막론하고 주가가 하락하면, 우리는 대개 패닉에 빠진다는 것이다.

'왜 주가가 빠지지?'

'내가 생각한 만큼 좋은 주식이 아닌가?'

'나만 모르는 무언가가 있나?'

이런 잡생각이 들기 시작한다. 10~20% 정도까지 하락이 계속되면 패닉은 더 심해진다. 결국 주가가 더 떨어질 게 두려워서 손절하게 된다.

반대로 주가가 오른다면? 우리는 먼저 내 판단이 맞았다고 기뻐한다. 하지만 이때도 문제는 있다. 언제 팔아야 할지 전혀 감이 없는 것이다. 잘 모르는 분야라서 이 주식의 잠재력이 어디까지인지를 가늠할 수 없다. 결국 너무 일찍 팔거나, 반대로 한참 늦게 팔게 된다. 절대적으로는 수익이 났더라도, 사실상 손해에 가깝다. 만약 내가 잘 아는 분야의 주식에 투자했다면 더 적절한 시점에 매도했을 것이고, 그만큼 더 큰 수익을 볼 수 있었을 것이다. 능력 범위를 벗어난 주식에 투자하면 이렇게 더 많은 수익을 놓치는 기회비용이 발생한다.

워런 버핏은 본인의 능력 범위 안에서 철저히 투자하는 것으로 유명하다. 많은 사람이 그를 21세기 테크주 트렌드를 놓쳤다고 비판하지만, 그는 꾸준히 본인이 아는 분야에만 투자해 왔다. 가이코, 내셔널 인뎀니티 등의 보험회사와 코카콜라, 시즈 캔디, 질레트 같은 소비재 회사들이 좋은 사례다. 버핏이 어떻게 본인의 능력 범위를 찾았는지를 보면서, 나만의 능력 범위를 찾는 방법을 알아보자.

플로트를 일깨워 준 회사, 가이코

코카콜라, 아메리칸 익스프레스, 무디스, 애플, 가이코, 워싱턴 포스트 등 워런 버핏이 지금까지 성공적으로 투자한 회사는 너무나 많다. 이 중 버핏이 투자할 때 가장 확신했던 산업이나 기업이 있을지 궁금했다. 의견이 분분하겠지만 나는 보험 산업이라고 생각한다. 그 이유는 2013년 CNBC와의 인터뷰에서 찾을 수 있다.

베키: "버크셔 해서웨이가 전체 혹은 일부를 보유한 기업이나 주식 중에서, 하나만 남겨야 한다면 어디를 선택할 건가요?"

버핏: "저는 아마 가이코를 고를 겁니다. 가이코 주식을 보유한 건 62년 전으로 돌아갑니다. 제 인생을 바꾼 날이죠. 가이코는 훌륭

한 기업입니다. 만약 20년 전에 가이코를 방문하지 않았거나 그곳에서 만난 '그분'이 보험 산업에 대해 저한테 설명해 주지 않았다면 제 인생은 완전히 달라졌을 겁니다. 저는 가이코를 선택할 수밖에 없습니다."

왜 이렇게 가이코라는 기업을 좋아할까? 20년 전에 만난 '그분'에게서 버핏은 무엇을 배운 걸까? 버핏은 본인이 가이코라는 회사를 알게 된 건 행운이라고 버크셔 해서웨이 주주 서한에서 몇 번이나 언급했다.

때는 1951년으로 돌아간다. 20살, 컬럼비아 대학원을 다니던 워런 버핏은 당시에는 보험업에 대해 아는 게 거의 없는 학생이었다. 그날도 버핏은 그가 존경하는 가치 투자의 아버지 벤저민 그레이엄에 대해 알아보는 중이었다. 그러다가 문득 놀라운 사실을 하나 발견했다. 그레이엄이 보험회사 가이코의 회장이라는 사실이었다. 이걸 알게 된 버핏은 당장 직접 가보기로 결심했다.

버핏이 가이코 본사에 도착했을 때, 회사 건물의 문은 잠겨있었다. 아쉬운 마음에 문을 미친 듯이 두드렸고, 마침내 경비원 한 명을 마주치게 되었다. 버핏은 다급하게 경비원에게 회사 직원이 아무도 없는지 물었다. 경비원은 홀로 근무 중이던 직원 한 명에게 데려다주었다. 아마 버핏 인생을 통틀어 가장 운수 좋은 날 중 하나였을 것이다.

이때 버핏이 마주한 가이코 직원의 이름은 로리머 데이비드슨. 당시 가이코의 선임 투자 책임자이자 추후 가이코 CEO가 된 인물이다. 이런 대단한 인물을 마주친 것도 모자라 버핏은 또 다른 행운을 마주한다.

데이비드슨은 버핏이 그레이엄의 제자라는 말을 듣고 선뜻 4시간 동안 가이코와 보험업에 대해 친절히 가르쳐줬다.

데이비드슨이 버핏에게 해준 이야기들은 보험업에 대해 아무것도 모르던 버핏을 신세계로 인도했다. 가이코가 다른 보험회사보다 앞설 수 있던 경쟁우위는 간단했다. 바로 대리점 없이 우편을 통해 소비자들에게 보험을 직접 판매한다는 점이었다.

당시 대리점을 통해서 고객을 유치하는 데만 집중했던 대부분의 보험회사와 달랐다. 가이코는 비교적 자동차 사고 위험이 낮은 공무원들을 대상으로 우편을 이용해 보험을 판매했다. 대리점에 지급해야 하는 수수료를 절감함으로써 경쟁자들보다 비용이 적게 드는 구조를 만든 것이다. 가이코의 보험 심사와 보험금 지급 비용은 보험료의 25%로, 대리점을 통해 보험을 판매하는 경쟁사들이 부담하는 35~45%에 비해 훨씬 낮았다.[5]

버핏은 데이비드슨이 알려준 가이코의 사업 모델에서 큰 감명을 받았다. 바로 다음 날 버핏은 본인의 포트폴리오 9,800달러 중 75%를 가이코로 채웠다.[6] 가이코는 경쟁사들보다 근본적으로 낮은 비용 구조였다. 무엇보다 버핏이 가장 높게 평가했던 가이코의 강점은 바로 '플로트'라는 개념이었다.

플로트(float)란, 회사가 고객에게 미래의 서비스를 약속하며 미리 받는 현금을 뜻한다. 예를 들어 우리가 백화점 상품권을 살 때 내는 현금, 스타벅스 앱에 충전하는 금액, 자동차 보험료 등이 모두 플로트에 해당

한다. 모든 기업이 플로트를 가질 수 있는 건 아니다. 플로트를 가진 기업은 소비자에게 가치를 제공하기 전에 현금을 '미리' 받을 수 있다. 따라서 기업 유동성에 큰 도움이 된다. 플로트를 잘 관리하면, 이를 투자에 활용해 더 큰 수익을 볼 수도 있다. 이자 없는 대출을 받는 것이나 마찬가지이기 때문이다.

보험회사의 플로트는 고객이 보험회사에 주기적으로 내는 보험료다. 보험업은 약속을 판매하는 산업이다. 사고 위험에 대비하기 위해 고객들은 매달 보험회사에 보험료를 낸다. 대신 보험회사는 고객들에게 사고가 났을 때 손해금을 일정 부분 혹은 전부 대신 감당해 준다. 쉽게 말하면 보험회사는 고객들에게 언제 일어날지 모르는 사고와 얼마나 클지 모르는 손해비용을 부담해 주겠다는 약속을 판매하는 것이다.

보험회사는 고객에게 보험료를 먼저 받고, 나중에 사고가 발생하면 그동안 모아둔 보험료 일부를 보상금 지급에 사용한다. 그런데 우리가 살면서 보험금을 청구할 만한 사고가 과연 몇 번이나 일어날까? 예를 들어 자동차 사고만 해도 평생 한 번도 겪지 않는 사람도 있고, 많아야 다섯 번 이내인 경우가 대부분이다. 보험회사는 이 다섯 번의 사고가 일어나기 전까지, 수십 년 동안 꾸준히 고객들의 보험료를 받을 수 있다.

이것이 바로 플로트의 핵심이다. 고객에게 보험료를 현금으로 미리 받는 것, 그리고 그 돈을 다른 곳에 투자해 추가 수익을 올리는 것이다. 은행이 우리가 맡긴 예금을 다른 사업체나 개인에게 대출해 주고 이자로 수익을 내는 원리와 비슷하다. 버핏이 보험사뿐만 아니라 웰스파고, 뱅크 오브 아메리카 같은 은행 주식에 투자한 건 결코 우연이 아니다.

플로트는 워런 버핏의 능력 범위 정중앙에 있는 개념이다. 워런 버핏의 투자 인생은 데이비드슨에게 가이코와 보험 산업의 플로트에 대해 배우고 난 후 새로운 국면으로 접어들게 된다. 버핏은 보험회사가 보험 손실 확률과 비용을 보수적으로 계산하는 게 중요하다고 생각했다. 그래야 플로트로 보유한 현금보다 손해보상 비용으로 더 많은 자금을 지급하는 최악의 상황을 피할 수 있기 때문이다.

가이코처럼 훌륭한 플로트 기업만 보유할 수 있다면 무이자로 투자금을 얻게 된다. 버핏은 플로트와 투자할 기업을 골라낼 수 있는 본인의 안목이 합쳐진다면 무적의 성공 방정식이 완성된다고 생각했을 것이다.

또 다른 플로트, 블루칩 스탬프

가이코로 처음 플로트의 개념에 입문한 버핏은 보험 산업 외에도 플로트가 존재하는 다른 산업을 발견했다. 바로 블루칩 스탬프(Blue Chip Stamps)라는 회사였다. 이 회사의 사업 모델도 단순했다. 소비자가 마트 등 상점에서 사은품으로 교환할 수 있는 쿠폰을 판매하는 것이었다.

쿠폰을 판매할 때 블루칩 스탬프는 소비자에게 먼저 현금을 받는다. 소비자는 쿠폰을 모아 나중에 사은품으로 교환한다. 블루칩 스탬프는 소비자에게 먼저 돈을 받고, 혜택은 나중에 제공한다는 게 핵심이다. 보험회사의 플로트와 아주 비슷한 개념이었다. 가이코를 통해 이미 플로트라는 개념을 배운 버핏은 블루칩 스탬프를 보며 "빙고!"를 외쳤을 것이다.

비슷해 보이지만 보험 산업과 다른 블루칩 스탬프 플로트만의 강점이 있었다. 블루칩 스탬프의 플로트는 보험 산업보다 훨씬 예측이 수월했다. 보험업은 사고가 얼마나 자주, 얼마나 크게 일어날지 예측하는 게 어렵다. 반면 블루칩 스탬프가 속한 소매업은 달랐다. 소비자에게 쿠폰을 판매하면 그들이 쿠폰을 언제쯤 사용할지 예측하기가 좀 더 수월했다. 쿠폰에는 유효기간이 있으니 말이다.

버핏은 예측하기 쉬운 블루칩 스탬프의 플로트를 활용해 적극적으로 다른 곳에 투자할 수 있었다. 버핏의 위대한 투자처 중 하나인 시즈캔디도 블루칩 스탬프의 플로트로 투자한 기업이었다.

하지만 블루칩 스탬프에는 치명적인 약점이 있었다. 쿠폰을 활용한 마케팅 방식이 시대 변화에 뒤처지고 있었던 것이다. 1980년대 미국에는 대형 할인점들이 속속 등장했고, 쿠폰을 사용해 쇼핑하는 소비자는 점점 줄어들었다. 기업이 성장하지 못하면 플로트 역시 늘어날 수 없는 것이 당연하다. 결국 블루칩 스탬프의 매출은 급감했고, 버핏의 투자도 실패로 돌아갔다.

블루칩 스탬프 투자에는 실패했지만, 버핏은 블루칩 스탬프의 플로트를 활용해 시즈 캔디라는 '대박'을 터트렸다. 게다가 이 경험을 토대로 버핏은 플로트 개념을 훗날 버크셔 해서웨이 운영에도 적극적으로 적용할 수 있었다.

버크셔 제국의 시작, 내셔널 인뎀니티

버핏이 찾은 또 다른 플로트 기업은 보험회사 내셔널 인뎀니티(National Indemnity)였다. 블루칩 스탬프의 치명적인 단점은 장기 성장 가능성이 없다는 것이었다. 버핏이 생각하기에 보험은 모든 사람에게 필요한 상품이었고, 장기적으로 성장할 수밖에 없는 산업이었다. 꾸준히 성장하는 보험업에서 계속 늘어나는 플로트를 얻을 수만 있다면, 그 돈으로 많은 투자가 가능한 상황이었다.

버핏은 플로트를 활용하기 위해 1967년에 내셔널 인뎀니티라는 보험회사를 인수했다. 내셔널 인뎀니티에서 얻은 플로트로 향후 수십 년 동안 수많은 위대한 기업들에 투자했다. 우리가 흔히 아는 아메리칸 익스프레스, 코카콜라 등의 투자는 버크셔 해서웨이 안의 보험업에서 나온 플로트로 가능한 것들이었다.

버핏이 보험업을 통한 플로트를 누구보다 잘 이해하고 있었다는 건 부정할 수 없다. 그러나 보험업과 플로트가 버핏의 유일한 능력 범위는 아니다. 버핏은 이 외에도 웰스파고·뱅크 오브 아메리카 등의 금융업, 코카콜라·질레트 등의 소비재, 디즈니·워싱턴 포스트 등의 미디어 기업에도 다양하게 투자했다.

내 능력 범위를 찾는 법

정리해 보자면 워런 버핏의 능력 범위는 다음과 같지 않을까?

보험업 > 금융업 > 정유업 = 미디어 = 소비재 > 요식업

앞에서도 말했지만 능력 범위는 사람마다 다르다. 버핏의 투자를 따라 한답시고 버핏이 투자한 산업에서만 투자 기회를 노리는 것은 어리석다. 나만의 능력 범위를 찾아야 한다. 나의 성장과 시간의 흐름에 따라 능력 범위도 바뀔 것이다. 현재 나의 능력 범위를 알고 싶다면 크게 세 가지에 집중해 보길 권한다.

1. 내가 좋아하는 분야
2. 내가 잘하는 분야
3. 내가 돈을 많이 쓰는 분야

이 세 분야에 맞는 제품이나 서비스를 리스트로 작성해 보자. 그리고 그 제품이나 서비스를 제공하는 회사들을 조사하면서 내 관심을 끄는 기업들을 찾아보자.

스포츠/운동 > 레스토랑/음식 > 소셜 미디어 = 사무용품
= 중고형 할인매장 > 테크제품 > OTT

위 그림은 나의 능력 범위를 써본 것이다. 전부는 아니지만 주요한 것들만 몇 개 정리했다. 내가 평소에 좋아하는 것, 잘하는 것, 돈을 많이 쓰는 것들의 총집합이다. 정하는 기준은 간단하다. 내가 이 분야에 대해서 다른 모든 사람의 평균보다 많이 알고 있으면 된다. 이런 방식으로 나만의 능력 범위를 찾아 투자에 접근해 보자. 막연히 아무 기업이나 찾는 것보다 투자 과정이 훨씬 재밌고 의미 있을 것이다.

06

인생 주식 몇 개 외에는 다 망해도 괜찮다

모든 투자에서 반드시 성공할 필요는 없다.
4할 타자 테드 윌리엄스처럼 10번 중
4~5번만 제대로 맞혀도 엄청난 성과를 거둘 수 있다.

전설의 MLB 타자, 테드 윌리엄스는 스트라이크 존에서 자신이 좋아하는 구역의 공에만 스윙해서 MLB 마지막 4할 타자가 되었다. 신기하게도 야구는 성공률이 50% 이하여도 존경받을 수 있는 몇 안 되는 분야 중 하나다.

외과 의사가 수술을 50%만 성공시킨다거나 비행기 조종사가 50%의 확률로 사고 없이 비행한다면, 그 의사나 조종사는 바로 해고될 뿐만 아니라 퇴직선물로 수많은 사람에게 고소장을 받게 될 것이다. 우리 인생에서 50% 이하의 성공률은 대개 용납되지 않는다. 학교 중간고사에서 50점을 맞는다면 여러분의 등짝은 어머니한테 맡겨야 할 것이다.

투자의 세계는 다르다. 야구에서 4할 타자가 레전드가 되는 것처럼,

주식 투자에서도 4할만 치면 성공할 수 있다. 4할이 제대로 된 '히트'이기만 하면 된다.

다들 버핏이 손댄 투자는 대부분 성공했다고 생각하지만 그렇지 않다. 성공한 사람들을 볼 때 범하는 매우 흔한 심리적 오류일 뿐이다. 성공한 사례만 강조되고, 실패 사례는 잘 알려지지 않은 탓이기도 하다. 성공한 사람들은 계속 승승장구했다고 판단하기 쉽다. 워런 버핏이 지금까지 투자한 주식은 수백 개인데, 그중 지금의 버핏을 만든 주식은 몇 개나 될까? 아마 손에 꼽을 정도일 것이다.

"우리의 만족스러운 투자 결과는 대략 12개 정도의 훌륭한 결정들로만 이뤄냈습니다. 5년에 한 번꼴이죠."[7]

버핏이 말하는 12개의 주식 외에 나머지 주식들의 투자 결과는 어땠을까? 대부분 평범했다. 다만 5년에 한 번꼴로 나타난 위대한 결정들이 나머지 평범한 주식들을 모두 메꿨다는 게 우리와 다른 점이다. 게임을 좋아하면 알겠지만 우리는 흔히 이걸 '캐리했다'라고 표현한다.

지금의 버크셔 해서웨이와 워런 버핏의 성공을 만든 12개의 '위대한 결정'들은 어떤 것들일까? 성공한 버핏 덕후로 평가받는 가치 투자자 모니시 파브라이가 이 12개의 결정들을 예상해 본 적이 있다. 모니시 파브라이는 뒤에서 따로 자세히 알아볼 예정이다.

모니시 파브라이가 말하기를, 버핏이 1965년에 버크셔 해서웨이를 인수한 이후로 내린 투자 결정은 총 300건이 넘는다고 한다. 기업 전체 인수만 80건 이상, 일부 지분 투자 210건 이상, 중요한 인사 채용은 10건 이상이었다. 58년이 넘는 세월 동안 버핏이 내린 300여 개의 투자 결정 중 지금의 버핏을 만든 결정적 목록 12개는 다음과 같다.[8]

1. 가이코
2. 코카콜라
3. 아메리칸 익스프레스
4. 시즈 캔디
5. 애플
6. BNSF
7. 미드아메리칸 에너지
8. 내셔널 인뎀니티
9. 질레트
10. 워싱턴 포스트
11. ABC
12. 버크셔 해서웨이의 보험 담당 아지트 자인

물론 이 리스트는 '버핏 덕후' 모니시 파브라이의 뇌피셜이라 실제로 버핏이 생각하는 12개의 결정과는 다를 수도 있다. 그래도 가이코, 애플, 아메리칸 익스프레스, 코카콜라, 시즈 캔디 같은 대표적인 버핏의 성공 투자 사례는 이견 없이 탑 12 리스트에 들어갈 것이다. 이 위대한 기업들만 골라서 투자한 버핏이 천재로 느껴질 수도 있다.

그러나 우리가 여기서 주목해야 할 것은 따로 있다.

'4%!'

버핏의 투자 성공률이다. 58년 동안 버핏이 내린 300건이 넘는 투자 결정 중 진정한 '대성공'은 단 12개뿐이었다. 그렇다고 나머지 투자가 모두 실패했다는 뜻은 아니다. 실제로 성공적인 투자도 많았다. 다만, 현재 시가총액 1,592조 원이 넘는 버크셔 해서웨이를 만든 굵직한 투자 사례는 약 12개에 불과하다. 평범한 투자 결정들까지 합치면 300건을 훨씬 넘을 가능성이 높다. 따라서 4%라는 성공률은 오히려 보수적으로 잡은 수치다.

아까 주식에서는 4할만 돼도 성공한다고 했던 걸 기억할까? 버핏은 4푼(4%)만으로도 성공할 수 있다는걸 증명했다. 버크셔 해서웨이의 막대한 자금력 덕분이라고 하는 사람도 있을 것이다. 사실이 그렇다고 해도 '투자계의 전설'이 4%를 제외한 96%의 투자에서는 우리와 별로 다르지 않다는 걸 확인한 것만으로도 굉장한 힘이 된다.

물론 개인 투자자에게 4%의 성공률은 위험할 수 있다. 우리는 버핏처럼 넉넉한 시드머니를 갖고 있지 않다. 총알이 버핏만큼 많지 않으니 100번 중 4번보다는 더 높은 성공률을 올려야 확실한 성과를 기대할 수 있다. 중요한 점은, 모든 투자에서 반드시 성공할 필요는 없다는 것이다. 4할 타자 테드 윌리엄스처럼 10번 중 4~5번만 제대로 맞혀도 엄청난 성과를 거둘 수 있다.

1,000만 원이 있다고 하자. 500만 원씩 나누어 두 종목에 투자했다. 주식 A는 회사에 대형사고가 터져 0원이 됐다. 반대로 주식 B는 대박이 나 5배인 2,500만 원이 됐다. 이 포트폴리오의 수익률은 1,000만 원의 2.5배인 150%다. 포트폴리오 절반이 사라졌는데도 150%의 수익률이면 만족할 만하지 않을까?

투자 결정을 남발하라는 뜻이 아니다. 중요한 것은, 나만의 투자 철학을 바탕으로 꾸준히 투자하며 확률이 유리한 게임을 계속 노리는 것이다.

07

시장을 따라가지 말고 이용하라

서핑이 파도를 타는 기술이듯 시장을 잘 이용해서
파도에 올라타면 멋지게 서핑할 수 있다.

100조 원이 넘는 자산가치를 보유한 워런 버핏은 지금도 시골 동네인 오마하에 살고 있다. 고향이긴 하지만, 다른 좋은 도시 다 놔두고 왜 하필 오마하일까? 버핏은 대학과 직장생활 몇 년을 제외하면 평생을 오마하에서 지냈다. 현재 살고 있는 곳도 1958년에 그가 직접 샀던 집이다. 그의 회사인 버크셔 해서웨이 본사 역시 오마하에서 단 한 번도 떠난 적이 없다.

주식 투자에 평생을 바쳤으면서도, 왜 버핏은 투자 산업이 발달한 뉴욕에 살지 않았을까? 월가가 바로 코앞일 텐데 말이다. 단순히 검소하고 차분한 삶을 선호해서일 수도 있다. 하지만 그보다 더 중요한 이유가 있다. 버핏은 오마하에서 사는 것이 자신의 투자 원칙을 지키는

데 도움이 된다며 이렇게 말했다.

"(오마하에서는) 월스트리트 같은 곳에서 들리는 온갖 잡음과 소음을 듣지 않아도 된다. 몇 년 동안 일해 봤는데 그곳의 사람들은 10초마다 나타나서 내게 속삭여댔고, 나는 과도하게 자극받았다. 1년에 단 하나의 좋은 아이디어만 있으면 충분하다. 오마하는 그런 아이디어를 얻기 좋은 곳이다."[9]

월가에 가까워질수록 버핏의 투자 철학에 방해되는 잡음과 방해 요소가 많았다는 말이다. 뉴욕의 월가와 오마하 시골 동네를 비교해 보자. 영화에 나오는 월가만 봐도 정신없다. 사람들은 거의 뛰다시피 바쁘게 걸어 다닌다. 건물 사이 빽빽한 길들은 차들과 택시로 막혀 있다. 월가의 증권맨들은 새로운 뉴스를 분석하고, 매일매일 거래를 성사하기에 바쁘다. 반대로 오마하는 어떤가? 뉴욕과 비교하면 말도 안 되는 시골이다. 인구 수만 해도 뉴욕의 17분의 1도 안 된다. 봐줄 만한 거라고는 워런 버핏과 버크셔 해서웨이뿐이다.

버핏이 월가의 넘쳐나는 주가창보다 오마하의 푸른 나무를 선택한 이유는 너무나 간단하다. 버핏과 시장은 다른 게임을 하고 있기 때문이다. 버핏은 투자할 때 본인이 생각하는 가치만을 생각한다. '가치'는 시장에서 매겨지는 '가격'과는 다르다. 투자라는 건 가격이 가치보다 싸졌을 때 사는 것이다. 우리가 투자자로서 더 중요하게 여겨야 하는 것은 가격이 아니라 가치다.

가격은 우리가 가치의 기준을 잡았을 때 지금 사야 할지 말지를 확인하는 숫자에 불과하다. 월가에서는 가격을 필요 이상으로 노출한다. 어지간히 숙달된 투자자가 아니라면 내가 생각하는 가치와 시장의 가격 사이에서 큰 혼동이 올 수 있다.

시장의 가격 변동에 휘둘리지 말고, 시장을 이용할 줄 알아야 한다. 서핑이 파도를 타는 기술이듯 시장을 잘 이용해서 파도에 올라타면 멋지게 서핑할 수 있다. 반대로 파도를 잘못 읽으면 파도와 맞서다가 서핑보드가 뒤집히기 쉽다.

변덕쟁이 미스터 마켓

워런 버핏을 조금이나마 아는 사람은 모두 '미스터 마켓'이라는 비유를 들어봤을 것이다. 워런 버핏의 스승 벤저민 그레이엄이 《현명한 투자자》에서 설명한 개념이다. 미스터 마켓은 매일 내 집 앞에 나타나서 본인의 사업을 팔고 싶은 가격을 말해준다.

그런데 이 사람은 감정 기복이 심하다. 어느 날은 본인의 사업이 너무 잘될 것 같고, 그 수익을 남에게 넘기는 게 아까워서 터무니없는 가격을 부른다. 또 다른 날은 갑자기 비관적인 태도로 변해서 본인의 사업과 세상이 모두 망할 것처럼 얘기한다. 그러면서 말도 안 되게 싼 가격에 사업을 팔겠다고 한다. 미스터 마켓의 웃긴 점은 내가 그를 무시해도 신경 쓰지 않는다는 것이다. 매일 똑같이 내 집 앞에 찾아와서 날

마다 다른 가격을 부른다.[10]

버핏은 미스터 마켓이 주식 시장과 똑같다고 했다. 주식 시장은 휴일을 제외하고는 영업시간에 무조건 오픈해야 한다. 수많은 구매자와 판매자들이 시장을 기다리고 있다. 주식 시장은 시장 참여자들에게 매일 시장가를 제공해야 할 의무가 있다.

시장가는 시장 참여자들의 수요와 공급에 따라 결정된다. 만약 많은 사람이 그날 시장과 전망에 비관적인 생각을 갖는다면 시장가는 낮아진다. 호재가 쏟아지고 사람들이 낙관적으로 생각하는 순간, 시장가는 올라간다. 시장의 분위기에 따라서 주식의 가격은 매일매일 요동치는 것이다.

미스터 마켓을 대하는 우리의 자세

그렇다면 투자자인 우리는 매일 변하는 시장의 변동성에 어떻게 대응해야 할까? 답은 이미 버핏이 말했다. 대응하지 말고, 무시하면 된다. 좀 더 정확히 말하면, 평소 90%의 상황은 무시하되 나에게 유리한 10%의 상황에서는 귀를 기울여야 한다.

매일 쏟아지는 시장 정보는 현명한 투자자에게는 필요 이상으로 과하다. 그러니 대부분은 무시하고 지내다가, 어느 날 시장 분위기가 가라앉고 '미스터 마켓'이 매력적인 가격을 제시하는 순간이 오면, 그때 과감히 움직이면 된다.

그러나 시장 참여자 대부분은 시장의 유혹을 이겨내지 못한다. 기술의 발전과 날이 갈수록 넘쳐나는 정보의 홍수 속에서 투자자들은 '뭐라도 해야 한다'라는 강박을 느낀다. 다음 그림을 보자.

미국 기업 보통주의 평균 보유 기간

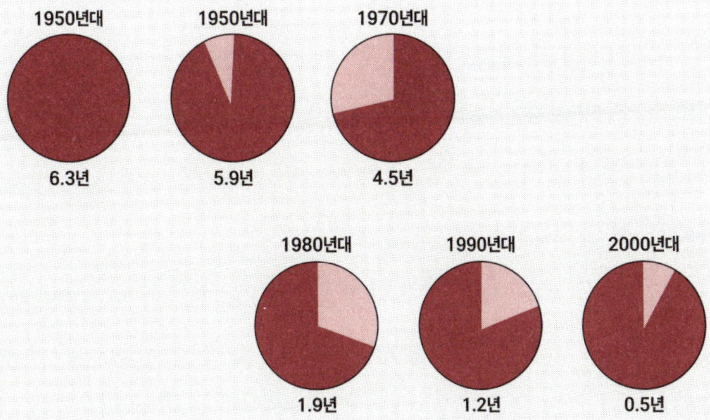

출처: 네이트 실버, 《신호와 소음》, 그림 11-1, p.489

1950년대 미국 기업 보통주의 평균 보유 기간은 6.3년이었다. 이 기간은 시대가 지날수록 짧아지고 2000년대에는 1년도 채 안 된다. 아마도 2020년대인 현재는 0.5년보다 더 짧아질 것 같다. 투자자들의 투자 기간이 짧아진 데는 여러 이유가 있다. 계속해서 증가하는 정보의 양과 빈도수, 늘어나는 금융 상품과 이를 판매하는 금융업의 발달, 미디어를 통해 접하는 짧은 기간에 빠르게 돈을 번 투자 사례 등 이유는 정말 많다. 하지만 이것 하나는 확실하다.

투자 기간이 짧아질수록 돈을 잃을 확률은 더 높아진다는 것이다. 우리는 시장의 변동성을 예측할 수 없고, 1년 안에 무슨 일이든 일어날 수 있다. 아무리 훌륭한 기업이라도 단기간의 이슈로 주가가 크게 하락할 수 있다. 1963년에 있었던 아메리칸 익스프레스의 '샐러드유 스캔들'을 잊지 말자.

반대로 투자 기간이 길어진다면 투자한 기업의 펀더멘털이 튼튼하다는 전제하에 돈을 잃을 확률은 현저히 낮아진다. 변동성을 극복하고 다시 우상향할 확률이 높기 때문이다. 미국의 대표 지수 S&P 500 지수만 봐도 그렇다.

1871년부터 2025년까지 매달 지난 1년간의 수익률을 계산해 보면 약 27%가 손실 구간이다. 하지만 투자 기간을 30년으로 늘리면 손해 구간이 하나도 없는 예쁜 그림이 나타난다. 평균 수익률도 10~12%대로 높게 유지되는 게 보일 것이다. 쉽고 빠르게 돈을 벌 생각으로 단기적 뉴스에 일희일비하는 투자자들이 얼마나 큰 리스크를 부담해야 하는지를 알 수 있는 결과다.

"투자자들은 자신도 모르게 나와 다른 게임을 하는 투자자로부터 신호를 읽는다."

《돈의 심리학》의 저자 모건 하우절은 시장에는 투자 목표가 다른 수많은 사람이 있고, 이들의 감정과 움직임이 시장 가격을 만든다고 말했다. 나와 다른 목표를 가진 투자자들의 결정을 따라가는 것은 내 직업과

S&P 500 연간 수익률

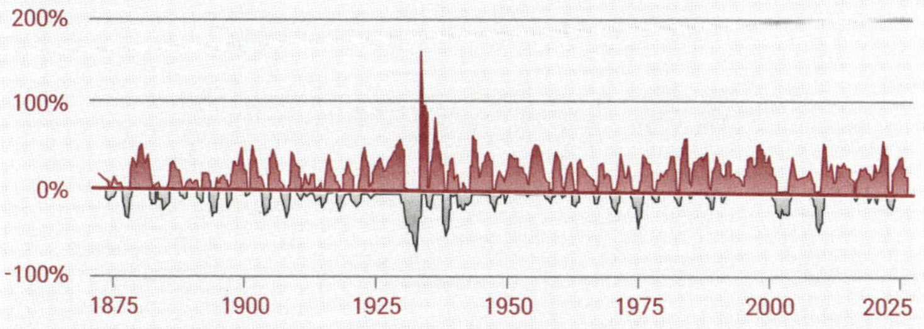

출처: lazyportfolioetf.com

S&P 500 과거 30년 기간별 수익률

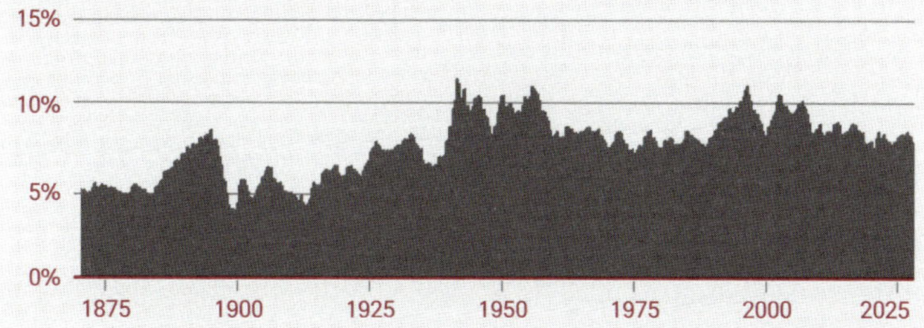

출처: lazyportfolioetf.com

전혀 관계없는 자격증을 따기 위해 공부하는 것과 같다. 시대가 변할수록 시장 참여자들은 더 조급해지고 비이성적으로 바뀌고 있다. 우리가 이를 인지하고 투자자들의 오버 액션을 포착할 수만 있다면, 버핏이 그랬듯 가치보다 싼 시장가를 낚아채 큰 성공을 거둘 수 있을 것이다.

투자 노트

워런 버핏이 투덜대는 요즘 투자자들의 문제점

투자자들이 욕망과 자극에 휘둘리며 돈을 잃고 있을 때
버핏은 돈을 잃을 수 있는 실수를 최대한 피하며 기다린다.

워런 버핏이 투자를 시작한 지도 벌써 80여 년이다. 그동안 세상은 끊임없이 변해왔다. 버핏은 긴 세월 동안 꾸준히 흔들리지 않는 투자 철학으로 투자했고, 그 성과는 전 세계가 인정한다. 버핏이 보기에 현대 투자자들의 투자는 탐탁지 않다. 시장은 점점 도박장으로 변해가고, 투자자들의 거래는 더욱 빈번해지고 있다. 버핏은 자신이 젊었을 때는 상상도 하지 못할 정도로 요즘 투자자들이 잘못된 방향으로 투자하고 있다고 말한다. 버핏이 현대의 주식 시장에 날린 일침을 2023년 버크셔 해서웨이 주주 서한에서 가져왔다.

"주식 시장이 우리가 투자를 시작했던 옛날보다 훨씬 커지긴 했죠. 하지만 현대의 활발한 시장 참여자들은 제가 학교 다닐 때보다 훨씬 더 감정적으로 휘둘리고, 더 못 배웠습니다. 왠지 모를 이유로 현재 시장은 제가 어렸을 때보다 더 카지노 같은 모습을 보여줍니다. 이 카지노는 사람들이 사는 모든 집에 분포돼 있고, 끊임없이 참여자들을 유혹해요."

버핏은 현대 주식 시장을 카지노에 비유했다. 주가등락을 보며 매일 일희일비하고, 최대한 빨리 수익을 보고 나가려는 요즘 투자자들을 보면 그럴 만도 하다. 점점 더 큰 자극과 희열을 추구하게 만드는 현대 사회의 분위기도 일조한다.

현대인들은 매일매일 도파민에 노출되어 있다. 퇴근 후 침대에 누워서 스마트폰을 뒤적이며 3~4시간씩 쇼츠와 릴스 영상을 보는 게 요즘 세대다. 스마트폰 자체가 존재하지 않는 버핏이 살던 시대와는 정반대다. 버핏에게 도파민과 보상은 열심히 노동하거나 투자해서 돈을 벌었을 때 느끼는 것이었다. 자극과 보상 체계부터 달랐던 버핏이 도파민에 절어 사는 현대인들의 투자를 이해하지 못하는 건 어찌 보면 당연하다.

버핏은 현대인들의 '도파민 투자'가 단순히 투자자들의 문제만은 아니라고 말한다. 본능을 자극하는 투자업계의 영업과 마케팅도 투자자들을 유혹한다. 물론 증권사도 고객들이 돈을 벌면 좋다. 그러나 결국 펀드의 수입을 높여주는 건 고객들의 투자 수익이 아니라 그들의 광적인 매매 활동이라는 건 부정할 수 없다.[11]

사실 투자 업계는 그럴 수밖에 없는 구조다. 고객이 투자로 돈을 버는 것보다 매매를 많이 하는 게 중요하다. 그래야 증권사가 수수료를 최대한 많이 챙겨 수익을 높일 수 있기 때문이다. 투자자의 목표는 수익을 내서 돈을 버는 것이지만, 증권사의 목표는 고객 거래량을 늘리는 것이다. 고객을 위한다며 온갖 마케팅을 펼치지만, 투자 업계의 영업 목표는 고객의 목표와 다를 수밖에 없다는 사실을 이해해야 제대로 투자할 수 있다.

버핏이 보기엔, 요즘 투자자들의 모습은 어쩌면 끔찍한 혼종일지도 모른다. 매일 넘쳐나는 도파민과 자극에 노출되는 현대인들과 이 현대인들을 끊임없이 현혹하는 투자 업계의 마케팅. 이 두 가지 요소가 절묘하게 겹치면서 현재의 투기 열풍을 만들었다. 버핏은 이런 현상을 투자라고 생각하지 않는다. 내가 산 물건의 가격이 올라서 다른 사람에게 비싸게 팔 수 있기만을 기도하는 건 단순히 '투기'에 불과하다.

버핏은 이런 카지노 장세에서 버크셔 해서웨이가 여전히 기회를 잡을 수 있다고 생각한다. 2025년 3분기 기준 버크셔 해서웨이의 현금은 3,817억 달러, 한화로 약 550조 원 정도다. 2026년 1월 기준 테슬라의 시가총액은 약 1.46조 달러다. 버크셔 해서웨이는 테슬라 시가총액의 약 26%가 넘는 금액을 현금으로 보유하고 있다. 예나 지금이나 버크셔 해서웨이의 투자 제1원칙은 바뀌지 않았다.

'절대 돈을 잃지 마라.'

버핏은 현대의 투기 열풍에 흔들리지 않고, 꾸준히 현금을 모으면서 기회를 엿보고 있다. 투자자들이 욕망과 자극에 휘둘리며 돈을 잃고 있을 때 버핏은 돈을 잃을 수 있는 실수를 최대한 피하며 기다린다. 이것이 현대에도 버핏이 여전히 평균보다 훨씬 뛰어난 수익률을 낼 수 있는 비결이 아닌가 싶다. 시장이 감정과 욕망에 휩싸일수록 가만히 있는 버핏의 경쟁우위는 커진다. 위에서 본 2023년 버크셔 해서웨이 주주 서한은 버핏이 젊은 세대들에게 남기는 따끔한 조언이 아닐까?

3장

'버핏의 영원한 깐부' 찰리 멍거

01

멍거, 버크셔 해서웨이의 건축가

찰리 멍거가 없었다면
지금의 버크셔 헤서웨이와 워런 버핏도 없다.

"찰리는 버크셔의 건축가였고, 저는 그의 비전을 매일매일 건설하는 시공자에 불과했습니다."

2023년 버크셔 해서웨이 주주 서한에서 워런 버핏이 한 말이다. 그의 영원한 동반자이자 '깐부', 어쩌면 워런 버핏보다 지금의 버크셔 해서웨이 성공에 더 막대한 영향을 끼친 인물일지도 모른다. 그의 이름은 찰리 멍거다. 투자자로서 워런 버핏의 위대함은 두말할 필요도 없지만, 찰리 멍거의 위대함과 투자 지혜를 간과하는 사람이 많다. 나는 찰리 멍거가 없었다면 지금의 버크셔 해서웨이와 워런 버핏도 없었다고 생각한다.

대학에서 금융학이나 회계와 관련된 수업을 한 번도 듣지 않았던 찰리 멍거가 어떻게 투자계의 전설이 될 수 있었을까? 그의 인생을 돌아보면 투자에서 정말 중요한 본질이 무엇인지를 파악할 수 있다.

찰리 멍거는 1942년 1월 1일, 네브래스카주 오마하에서 태어났다. 워런 버핏보다 나이가 7살이나 많았던 찰리 멍거는 같은 동네에 살았지만, 어린 시절에는 서로를 모르고 지냈다고 한다. 멍거의 첫 직장이 워런 버핏의 할아버지가 운영하던 식료품 가게였다는 것도 아이러니하다. 당시의 멍거는 가게 주인의 손자가 자기 인생을 어떻게 바꿀지 꿈에도 몰랐을 것이다. 매장에서 재고가 어떻게 관리되는지, 손님들이 어떤 제품을 주로 구매하는지, 가게의 현금흐름은 어떻게 이뤄지는지 등 어린 멍거는 식료품 가게에서 '알바'를 하면서 사업의 기본을 배웠다.

멍거는 어렸을 때부터 독서광이었다. 멍거의 부모님은 항상 독서를 장려했고, 크리스마스 선물로 책을 선물하기도 했다. 덕분에 멍거는 다양한 분야의 책을 읽고 지식을 쌓는 걸 좋아했다. 특히 미국의 건국 공신이자 작가이며 발명가이기도 한 벤저민 프랭클린을 유독 좋아했다. 어린 멍거는 아버지의 친한 친구인 의사 데이비스 부부 집에 자주 놀러 가 의학 저널을 읽으면서 과학에도 관심을 보였다.

어릴 적 멍거에게는 유별난 취미가 있었다. 그는 집에서 기르던 햄스터를 다른 친구들과 교환하곤 했는데, 이때부터 이미 협상의 대가였다. 협상을 통해 더 크거나 특이한 색깔을 지닌 햄스터를 얻어냈고, 그렇게 모은 햄스터는 34마리까지 늘어났다. 냄새나니 그만 키우라는 어머니의 말이 떨어진 건 당연하지 싶다.[12]

고등학교를 졸업한 17살에 멍거는 미시간 대학교에 입학해 수학을 전공했다. 얼마 지나지 않아 진주만 공격이 일어났고, 당시 19살이던 그는 대학을 중퇴하고 미 육군 항공단에 입대했다. 항공단 소속으로 캘리포니아 공과대학교에서 기상학을 공부했으며, 이후 기상 장교로 복무하다가 1946년에 제대했다.

전쟁이 끝난 후 공부를 계속하고 싶던 멍거는 하버드 로스쿨에 지원했지만, 대학 졸업장이 없어 쉽지 않았다. 다행히 가족의 친구 중 한 명이던 하버드 로스쿨 전 학장의 도움을 받아 간신히 입학에 성공했다. 입학 과정은 순탄치 않았지만, 멍거는 그 어렵다는 하버드 로스쿨을 완벽하게 졸업했다. 1948년 멍거는 전체 졸업생 335명 중 상위 12명에게만 주어지는 '마그나 쿰 라우데(Magna cum laude)'를 받았다.

하버드 로스쿨을 졸업한 멍거는 예전에 기상학을 공부했던 캘리포니아로 돌아가 유명한 로펌에서 변호사 일을 시작했다. 로펌에서 열심히 일하는 한편 부업으로 부동산 투자를 겸했다. 그러다가 변호사 일만으로는 결코 진정한 부자가 될 수 없다는 걸 깨달았다. 평탄하고 안정적인 변호사 연봉이 아니라 자신이 직접 일하지 않아도 돈이 불어나는 구조가 필요하다고 느꼈다.

워런 버핏을 만나다

1959년 부친상으로 고향 오마하를 다시 찾은 그는 뜻밖의 행운을 마주한다. 어릴 때부터 잘 알고 지내던 의사 데이비스 부부가 멍거를 워런 버핏에게 소개한 것이다. 둘은 첫눈에 서로에게 푹 빠졌다. 멍거와 버핏은 몇 시간씩이나 사업과 주식에 대해 떠들었다. 심지어 나중에 멍거가 캘리포니아로 돌아간 후에도 매일 통화할 정도로 서로를 좋아했다.

버핏 덕분에 주식 투자에 눈을 뜬 멍거는 1962년 오랜 친구와 함께 윌러, 멍거 앤 컴퍼니(Wheeler, Munger & Co.)라는 투자 파트너십을 설립한다. 멍거의 투자 파트너십은 처음부터 승승장구했다. 1962년부터 1975년까지 멍거의 투자 파트너십 연평균 수익률은 24.3%였다. 같은 기간 다우 존스 시장 평균 수익률이 6.4%였던 것에 비하면 3.8배에 가까운 압도적인 수익률이었다.

이때 투자한 유명한 주식 중 하나가 바로 블루칩 스탬프다. 앞서 워런 버핏의 투자 인생을 설명할 때 언급했던 바로 그 쿠폰 회사다. 기업이 고객에게 제공하기 위해 블루칩 스탬프 쿠폰을 구매했고, 고객들은 쿠폰을 모아 나중에 상품으로 교환한다. 블루칩 스탬프가 쿠폰을 판매하는 시점과 고객이 상품을 교환하는 시점 사이에서 플로트가 생긴다. 고객에게 미리 받은 현금으로 멍거는 공격적인 투자를 할 수 있었다. 추후 버크셔 해서웨이에서 시즈 캔디 투자를 가능하게 한 것도 바로 블루칩 스탬프의 플로트였다.

1972년, 찰리 멍거는 투자자 릭 게린과 함께 뉴아메리카펀드(New American Fund)라는 펀드의 지분을 확보했다. 1977년, 뉴아메리카 펀드가 데일리 저널 코퍼레이션(Daily Journal Corporation)이라는 신문 및 잡지 출판 회사를 인수했고, 멍거는 이 회사의 회장이 되었다. 이때부터

2023년에 별세할 때까지 찰리 멍거는 데일리 저널의 회장직을 맡아 꾸준히 투자를 이어왔다.

버핏과 오랜 시간 투자 아이디어를 나눠온 멍거는 1979년에 버핏의 부탁으로 버크셔 해서웨이의 첫 부회장이 되었다. 이후 버핏과 멍거는 40년이 넘는 세월 동안 투자를 함께 해왔고, 버크셔 해서웨이라는 제국을 건설했다.

버핏의 영향으로 주식 투자를 시작했지만, 오히려 멍거가 버핏의 투자 스타일을 크게 변화시켰다. 벤저민 그레이엄의 담배꽁초 투자를 보고 배운 버핏과 멍거의 투자관은 달랐다. 멍거는 싼 가격이 아니라 제값을 주더라도 훌륭한 기업에 투자하는 것에 집중했다. 멍거가 버핏을 설득해서 시즈 캔디를 인수하지 않았다면 버크셔 해서웨이의 역사는 바뀌었을 것이다. 이후에 버크셔 해서웨이에서 코카콜라, 질레트 같은 거물급 투자가 나오지 않았을 수도 있다.

천재가 의지와 철학까지 갖춘다면?

천재가 의지력과 올바른 투자 철학까지 갖추게 되면 얼마나 무서운지를 보여주는 아주 좋은 사례가 바로 찰리 멍거다. 어려서부터 책벌레였던 멍거는 심리학, 역사, 수학, 물리학, 통계학, 경제학 등 모든 분야의 지식을 빠르게 습득하는 학습 기계였다. 다방면으로 박학다식할 수밖에 없었다. 항상 내가 모르는 유용하고 재밌는 사실을 알려주는 똑똑한 친구라고 보면 정확할 것 같다.

실제로 워런 버핏 덕후 가치 투자자로 알려진 모니시 파브라이도 워런 버핏과의 점심보다 찰리 멍거와의 점심이 훨씬 더 값졌다고 말했다. 모니시 파브라이는 2007년에 아쿠아 마린 펀드의 가치 투자자 가이 스피어와 함께 65만 달러를 지불하고 버핏과의 점심 경매를 낙찰받았다.

천금 같은 버핏과의 점심이 끝난 후 파브라이는 버핏에게 매우 큰 부탁을 했다. 파브라이의 아내가 찰리 멍거의 열렬한 팬이라며, 버핏에게 멍거와의 점심 식사를 주선할 수 있는지를 물었다. 장난기가 돋은 버핏은, 멍거는 자기보다 나이도 많다면서 찰리와의 점심이 자신과 먹었던 것보다 재미없을 거라고 했다.

말은 그렇게 했지만 버핏은 흔쾌히 부탁을 들어주었고, 파브라이와 멍거의 점심 식사를 주선했다. 파브라이는 나중에 마치 1+1 혜택을 받은 것 같았다고 말했다. 버핏과 멍거를 둘 다 만나본 파브라이는 버핏보다 멍거와의 점심이 더 재밌었다는 후담을 전했다. 버핏에게서 느낄 수 없던 필터링 없는 멍거의 솔직함에 반한 파브라이는 그 후에도 계속 멍거와 자주 밥을 먹고, 브리지 카드 게임을 하는 등 좋은 우정을 이어갔다.

멍거와 버핏은 많이 닮았지만, 그들의 투자 철학과 성격에는 미묘한 결 차이가 있다. 훌륭한 기업을 인수하는 걸 좋아하는 멍거는 누구보다도 매매를 자주 안 하기로 유명하다. 좋은 투자 기회가 올 때까지 진득하게 앉아서 기다릴 수 있는 사람이 바로 멍거다. 누구보다 분산투자를 싫어하고, 집중투자를 선호한다. 투자 스타일만큼이나 멍거의 화법과

말투는 간단하고 직설적이다. 멍거는 매년 버크셔 해서웨이 주주총회에서 거침없는 돌직구와 팩트 폭격으로 보는 이들의 웃음을 자아냈다.

이제는 더 이상 그의 모습을 볼 수 없다. 그래서 이 책을 집필하는 현재 더욱 멍거의 투자와 말들이 그리워지는 게 아닐까 싶다. 그의 업적과 인생을 기리면서 멍거의 발자취를 차근차근 따라가 보자.

02

훌륭한 퀄리티 기업을 골라라

상승하는 수익을 나눠 먹고 싶은
투자자들이 몰리면 주가는 더 오르기 마련이다.

코카콜라, 질레트, 애플 등 버크셔 해서웨이가 투자한 위대한 기업들이 많다. 워런 버핏이 이런 위대한 기업들에 투자할 수 있도록 영향을 준 사람이 바로 찰리 멍거다. 찰리 멍거는 한 인터뷰에서 투자할 때 기업을 평가하는 네 가지 기준을 밝힌 적이 있다.

1. 내가 이해할 수 있는 기업이어야 한다.
2. 지속 가능한 튼튼한 경쟁우위가 있는 기업이어야 한다.
3. 정직하고 유능한 경영진이 운영하는 기업이어야 한다.
4. 아무리 좋은 기업이더라도 적정 가격을 주고 투자해야 한다.

1번 기준은 워런 버핏이 강조했던 '능력 범위'에 관한 것이다. 말 그대로, 내가 잘 이해하고 있는 산업에만 투자해야 한다는 뜻이다. 능력 범위에 대해서는 앞서 워런 버핏의 투자 사례를 살펴볼 때 이미 자세히 다뤘으니, 이제 나머지 2, 3, 4번 기준이 찰리 멍거의 투자에 어떻게 적용됐는지 알아보자.

멍거를 만나기 전까지 버핏은 자신의 멘토인 벤저민 그레이엄식 '담배꽁초 투자'를 주로 했다. 다 타서 사라져 가는 담배꽁초를 주워 마지막 한 모금만 피우고 버리는 것과 같다. 썩 좋지 않은 회사라도 가격만 싸다면 일단 매수하고, 주가가 조금 오르면 곧바로 파는 방식이었다. 이런 투자 방식은 찰리 멍거에게는 매우 낯설었다.

변호사 시절부터 멍거는 로펌에 와서 자문을 구하는 다양한 사업들을 지켜봤다. 그때마다 그는 스스로에게 '최고의 비즈니스란 무엇인가?'라는 질문을 끊임없이 던졌다. 멍거가 생각하는 훌륭한 사업이란, 막대한 초기 자본이 필요하지 않으면서도 사업 확장에 필요한 현금흐름을 안정적으로 만들 수 있는 것이었다.

이렇게 사업성이 뛰어난 기업을 찾아 투자하는 방식을 흔히 '퀄리티 투자'라고 부른다. 찰리 멍거는 그 대표적인 인물이다. 그는 인생에서 단 몇 개의 훌륭한 기업만 찾아 투자해도 충분하다고 믿었다. 그 소수의 기업이 부를 만들고, 이후의 삶을 한결 편하게 해준다는 것이다. 다른 투자자들과 달리 멍거는 훌륭한 기업이라면 가격이 싸지 않더라도, 적정 가격이나 심지어는 약간의 프리미엄을 주고서라도 투자할 가치가 있다고 생각했다. 이제, 그가 훌륭한 기업의 중요성을 강조하며 남긴 말을 들어보자.

“장기적으로 보면 주식에서 나오는 수익이 해당 기업에서 벌어들이는 이익보다 훨씬 많아지기는 어렵습니다. 자기자본이익률(ROE)이 6%인 주식을 40년 동안 보유하면 처음에 할인된 가격에 샀더라도 수익률이 6%를 초과하기가 어렵죠. 반면 자기자본이익률(ROE)이 18%인 주식을 20~30년 보유하면 처음에 프리미엄을 지급했더라도 높은 실적을 얻게 됩니다.”

어찌 보면 당연한 말이다. 주식을 산다는 건 그 기업의 소유권을 사는 것이다. 만약 기업이 주어진 자본으로 만드는 수익률이 6%밖에 안 된다면, 장기적으로 주가 상승을 통한 연평균 수익률 역시 6%를 넘기기가 쉽지 않다. 단기적으로 혹은 뜻밖의 호재를 만나 주가가 크게 상승할 수 있지만, 장기적으로 주가는 기업의 본질과 사업성을 따라갈 수밖에 없다.

반대로 자본이익률이 15% 이상인 사업성 좋은 기업에 투자한다면 어떨까? 좋은 기업은 약간의 프리미엄을 주더라도 매수할 가치가 있다. 기대에 부응하거나 기대를 더 뛰어넘는 경우가 종종 나오기 때문이다. 꾸준히 높은 자본이익률을 유지하는 기업은 자연스레 시장 참여자들의 눈에 띈다. 상승하는 수익을 나눠 먹고 싶은 투자자들이 몰리면 주가는 더 오르기 마련이다.

사실 요즘 주식 시장에서는 이런 위대한 기업을 찾아 적정가로 투자한다는 게 말처럼 쉬운 일이 아니다. 애플, 마이크로소프트, 엔비디아 등 대부분의 빅테크 기업은 이미 미국 시장 시가총액 최상위에 자리 잡고 있다. 그렇다면 위대한 기업을 적정가에 투자하는 걸 포기해야 할까?

찰리 멍거는, 훌륭한 기업을 너무 비싸지 않게 사는 방법 중 하나는 초창기에 투자하는 것이라고 말했다. 기업의 성장 잠재력은 넘치지만, 아직 확장을 많이 하지 않은 상태일 때를 노리라는 말이다. 훌륭한 기업이 될 수 있는 자질만 알아볼 수 있다면, 향후 20~30년 동안 이 기업의 성장 파도에 같이 올라탈 수 있다. 초창기에 투자한 투자자는 기업의 이익 증가를 장기간 누릴 수 있기 때문이다. 더불어 시장이 기업을 인정하면서 생기는 주가 상승까지 얻는다. 이익 증가와 시장 밸류에이션 상승으로 기하급수적인 투자 수익을 낼 수 있다는 계산이다.

시즈 캔디

좋은 사례가 바로 시즈 캔디다. 워런 버핏의 투자에서 설명한 것처럼, 소비자들의 저항을 받지 않고 마음껏 가격을 올릴 수 있는 시즈 캔디는 훌륭한 브랜드 파워와 사업성을 보였다. 하지만 시즈캔디 인수 과정에서 거래가 무산될 뻔한 일이 있었다. 창업자 가문이 버핏과 멍거의 예상보다 높은 인수가를 불렀기 때문이다.

시즈 캔디는, 1921년에 찰스 시(Charles See)라는 창업자가 로스앤젤레스에서 아내, 그리고 자신의 어머니와 함께 만든 브랜드다. 소규모로 운영하던 가족 사업은 확장을 거듭했다. 그러다 창업자 찰스 시가 세상을 떠났다. 막대한 상속세를 내야 하는 가족들은 시즈 캔디를 매각해 현금화하고 싶어 했다. 이 기회를 포착한 버핏과 멍거는 시즈 캔디의 재무제표를 들여다봤다.

시즈 캔디 재무제표 *1972년 기준

매출	3,130만 달러
세전 순이익	400만 달러
영업이익률	12.80%
EPS	210만 달러
세후 순이익	6.70%
순이익률	800만 달러

출처: sbo.financial/blog/financial-teardowns/sees-candies-a-financial-teardown

시즈 캔디의 브랜드 파워를 익히 알고 있던 버핏과 멍거는 재무정보까지 보고 난 후 좋은 비즈니스라고 확신할 수 있었다. 그러나 창업자 가족이 요구했던 인수가는 3,000만 달러, 순유형자산의 4배, 세후 순이익의 15배 정도였다는 게 문제다.

세후 순이익의 15배는 PER(Price to Earnings Ratio)이 15라는 뜻이다. PER은 기업의 시가총액을 한 해에 벌어들이는 순이익으로 나눈 지표다. PER이 높을수록 기업이 똑같은 돈을 벌더라도 높게 평가된다는 뜻이고, 낮을수록 저평가되고 있다는 뜻이다. 버핏이 시즈 캔디를 인수했던 1972년, 미국의 대표적인 500개 기업으로 구성된 S&P 500 지수의 PER은 17~18을 웃돌았다.

로스앤젤레스의 작은 사탕 가게가 미국의 대표 500개 기업에 버금가는 PER 15를 요구했다. 버핏의 상식으로는 이해할 수 없는 일이었다. 당시 버핏은 그레이엄식 담배꽁초 투자에 한창이었고, 기업의 자산 총가치보다 싼 가격에 주식을 매수하는 데 집중하던 시기였다. 그런데 800만 달러인 순유형자산의 가치보다 싸기는커녕 4배에 가까운 인수가를 요구한다? 당연히 당황스러웠을 것이다.

충격을 받은 버핏은 인수를 포기하려 했지만, 멍거의 끈질긴 설득이 이어졌다. 멍거는 시즈 캔디 같은 훌륭한 비즈니스는 돈을 더 치르더라도 꼭 버크셔 해서웨이에 데려와야 한다고 주장했다. 고심 끝에 버핏은 결국 처음 제안가인 3,000만 달러보다 낮은 2,500만 달러라면 인수하겠다고 양보했고, 다행히도 창업자 가족은 버핏의 역제안을 받아들였다. 결과적으로 버핏은 PER 11.9배인 2,500만 달러에 시즈 캔디를 인수했다. 다들 알다시피 그 이후 시즈 캔디는 막강한 브랜드 파워에 버핏의 가격 인상 전략으로 날개를 달았다. 버크셔 해서웨이에게 막대한 현금 흐름을 가져다준 효자 자회사가 된 것이다.

인수를 포기하려던 순간 자신을 끝까지 설득해 준 찰리 멍거에게 백 번 절해도 모자랄 것이다. 이후 워런 버핏은 2007년 버크셔 해서웨이 주주 서한에서 시즈 캔디를 "꿈의 비즈니스"라고 표현했다. 당시 시즈 캔디 인수에 투입한 자본금은 800만 달러였는데, 그 자본금에서 발생한 세전 순이익은 약 500만 달러에 달했다. 자기자본이익률 즉 ROE가 무려 60%나 되는, 말도 안 되는 사업성을 가진 비즈니스였다. 참고로 버크셔 해서웨이의 또 다른 효자 종목인 코카콜라의 ROE는 2024년 기준 44.4%, 아메리칸 익스프레스는 34.7%였다.

찰리 멍거는 시즈 캔디 인수를 버크셔 해서웨이 투자의 전환점이라고 생각했을지도 모른다. 시즈 캔디처럼 막강한 가격 결정력을 가진 비즈니스의 위력을 깨달은 멍거는 이후 버크셔 해서웨이의 다른 투자에도 비슷한 방식을 적용했다.

디즈니, 코카콜라 등이 좋은 예다. 자식이나 손주들을 디즈니랜드에 데려가는 건 평생 기억에 남는 소중한 경험이다. 멍거는 이런 소중한 경험 앞에서 디즈니랜드 입장권 가격이 조금 올랐다고 방문객이 감소하지는 않을 거라고 판단했다.[13] 코카콜라도 마찬가지다. 음료는 무조건 코카콜라만 먹는 '코카콜라 러버'가 우리 주변에도 많다. 멍거는 코카콜라의 충성 고객들은 코카콜라 한 캔의 가격이 조금 올라도 여전히 코카콜라를 살 거라고 봤다.

03

적정가에 사라

어떤 기업이든 적정가가 있기 마련이다.
정가를 무시하고 맹목적으로 매수하면
언젠가는 큰 사고가 터질 수 있다.

멍거는 훌륭한 기업을 적정가에 사는 걸 좋아했다. 하지만 무한한 가격을 치를 만한 기업은 없다는 말도 했다. 핵심은 '적정가'다. 아무리 좋은 기업이라도 말도 안 되게 비싼 가격을 주고 매수할 수는 없으니 말이다. 이 중요한 교훈을 멍거가 직접 체험한 사건이 있었다.

찰리 멍거는 1973년까지 투자조합에서 압도적인 수익률을 내며 승승장구했다. 그러나 1973~1974년에 일어난 주식 시장 폭락으로 파트너들의 투자금을 거의 절반 가까이 잃게 되었다. 반면, 당시 주식 시장이 과열됐다고 판단한 워런 버핏은 버핏 파트너십을 해산시키고 현금을 모으고 있었다. 주식 시장이 폭락했을 때 저가 매수 기회를 잡을 수 있었던 버핏과 달리 멍거에겐 현금이 없었다. 멍거는 좋은 투자 기회를 낚아채지 못하고, 맨몸으로 하락장을 버텨냈다. 주식 시장이 회복하면서 손실을 복구하긴 했지만 이 사건으로 큰 충격을 받은 멍거는 이후 펀드 운용을 중단하게 된다.

이 쓰디쓴 경험은 좋은 주식이라고 해도 방심하면 안 된다는 교훈을 남겼다. 1973년 멍거의 경험이 남의 일이 아니다. 주가가 올라가면 올라갈수록 조정이나 하락이 찾아올 가능성 역시 커진다. 주가가 올라갈수록 새로 매수하는 투자자들에겐 불리해진다는 뜻이다.

멍거는 1960~1970년대에 유행했던 니프티 피프티(Nifty Fifty, 멋진 50종목)를 예로 들었다. 니프티 피프티는 1960~1970년대에 평균을 압도하는 자기자본이익률과 순이익 성장률을 꾸준히 기록해 온 우량 주식들을 말한다. 대표적으로 IBM, 코닥, GE, 제록스(Xerox), 코카콜라 등이 포함된다. 지금까지 꾸준히 성장하고 있는 주식도 있지만, 반짝하고는 역사 속으로 사라진 코닥이나 제록스 같은 주식도 있다.

1972년의 니프티 피프티 주식들은 지난 5년 동안의 연평균 순이익 성장률이 무려 22%였다. 같은 기간 S&P 500의 순이익 성장률이 4%였던 것에 비하면 어마어마하다.[14] 니프티 피프티 주식들의 자기자본이익률은 평균 22%로, 당시 S&P 500의 역사적 평균인 14%보다도 훨씬 높았다. 투자자들은 너도나도 니프티 피프티 주식 투자에 열광했다. 1972년 기준 지난 5년간 니프티 피프티 주식들에 투자했을 때 연평균 수익률은 28%로, 당시 S&P 500의 연평균 수익률인 6.7%를 압도했다.

투자자들은 니프티 피프티 주식들을 맹신한 채 투자에 몰입했다. PER이 50, 60, 70까지 올라도 계속해서 주식을 매수하는 상황이었다.[15]

결국 영원할 것만 같았던 파티는 끝이 났다. 1973년 이란, 이라크, 사우디 같은 중동의 대표 석유 수출국 기구인 오펙(OPEC)이 이스라엘에 도움을 준 미국에 대항해 원유가격을 크게 인상한 사건이 있었다. 제품 단가와 물가 상승으로 인해 미국 경제는 위기를 맞았고, 주식 시장은 폭락을 겪었다. 말 그대로 폭락이었다. 니프티 피프티 주식들은 1973년에 19%, 1974년에는 38%나 떨어졌다. 1973년 고점에 매수한 투자자들은 막대한 손실을 지켜봐야 했을 것이다.

멍거는 아무리 훌륭한 기업이더라도 항상 매수가에 신경 써야 한다고 말한다. 어떤 기업이든 적정가가 있기 마련이다. 적정가를 무시하고 맹목적으로 매수하면 언젠가는 큰 사고가 터질 수 있다. 투자자들이 만약의 사고에 대한 위험을 정확히 인지한 채 투자하는 게 중요하다고 했음은 물론이다.

04

정직하고 유능한 경영진인지 확인하라

멍거의 투자 성공의 비결은 꾸준히 돈을 벌어다 주는 훌륭한 동업자 기업들을 찾는 것이다.

찰리 멍거가 기업을 평가하는 네 가지 기준 중 세 번째, '정직하고 유능한 경영진'도 무시할 수 없다. 투자할 때 경영진이 얼마나 기업 운영을 잘하고, 주주들에게 정직한지는 중요하다. 실제로 코스트코 창업자이자 2011년까지 CEO였던 짐 시니걸에 대해 찰리 멍거는 이렇게 표현했다.

"짐 시니걸은 매우 뛰어난 사업가입니다. 마치 카네기, 록펠러, 제임스 힐과 같죠. 저는 그를 세기의 소매업자 탑 다섯 명 안에 꼽습니다. 그만큼 그는 뛰어나요." [16]

중국의 전기차 회사인 BYD CEO 왕촨푸에게도 극찬을 아끼지 않았다.

"그는 일론 머스크보다 제조를 더 잘합니다."[17]

"왕촨푸는 토마스 에디슨과 잭 웰치(전 GE 회장)의 결합체 같습니다. 저는 이런 사람을 본 적이 없어요."[18]

멍거가 믿고 사업을 맡길 수 있는 경영진을 선호한 건 사실이다. 하지만 훌륭한 기업과 훌륭한 경영자 중 하나만 선택해야 한다면 어느 쪽이냐는 질문에는 훌륭한 기업이라고 답했다. 훌륭한 사업성을 가진 비즈니스라면 경영자가 뛰어나지 않아도 충분히 좋은 성과를 거둘 수 있다는 설명과 함께 이렇게 덧붙였다.

"초창기에는 우리가 주제넘은 말도 자주 했습니다. 워런은 바보도 경영할 수 있는 회사를 사야 한다고 말하곤 했죠. 조만간 바보가 경영하게 될 테니까요."[19]

오랜 시간에 걸쳐 증명된 멍거의 투자 성공 비결은 꾸준히 돈을 벌어다 주는 훌륭한 동업자 기업들을 찾는 것이었다. 우리도 오래오래 우리의 부를 늘려줄 위대한 기업을 찾아 멍거처럼 투자해야 하지 않을까.

05

매매를 줄이고 놀면서 기다려라

아무리 많이 맞혀서 백만장자가 됐더라도,
단 한 번의 큰 실수로 대부분의 돈을 잃을 수 있는 게 주식 시장이다.

"주식을 잘하려면 최대한 주식 매매를 안 해야 한다." 얼핏 들으면 굉장히 헷갈린다. 주식을 사고, 주가가 올랐을 때 팔아야 돈을 벌 수 있는 것 아닌가?

사람들이 주식 매매에서 간과하는 게 있는데, 바로 수수료와 세금이다. 물론 요즘은 많은 증권사에서 매매 수수료를 우대해 주거나 무료로 제공하는 경우가 많긴 하다. 그러나 세금은 수익을 실현한 투자자라면 피할 수 없는 부분이다.

멍거는 매매를 자주 할수록 세금과 수수료가 투자자의 수익을 갉아먹는다고 말했다. 처음에는 별거 아닌 것처럼 느껴질 수 있다. 하지만 가랑비에 옷 젖듯 수십 년 동안 쌓인다면? 이 비용들은 복리로 불어나 투자자들의 투자금을 가져간다. 멍거가 세금이 얼마나 투자자들의 수익률을 갉아먹을 수 있는지 잘 설명한 예시가 있다.

"만약 여러분이 한 주식에 투자해서 30년 동안 연 15%의 수익을 봤다고 가정합시다. 그 주식을 30년 후에 딱 한 번만 판다면 35%의 세금(1970년대 당시 미국 양도 소득세 최대 세율)을 한 번만 내면 되죠. 이 경우 여러분의 연수익률은 약 13.3%로 줄어듭니다.

이번에는 같은 주식으로 매년 수익실현을 하고 세금을 냈다고 가정해 봅시다. 매년 15%의 수익률 중 35%를 세금으로 내야 합니다. 결국 연수익률은 9.75%로 떨어지게 되죠.

첫 번째 시나리오와 비교했을 때 연수익률 차이가 3.5%를 넘습니다. 매년 3.5%가 30년 넘게 장기간 복리로 쌓이면 그 차이는 말도 안 되게 커집니다.

만약 여러분이 훌륭한 기업에 투자한 후 오랫동안 들고만 있을 수 있다면, 세금을 안 내는 것만으로도 엄청난 이득을 보게 됩니다."[20]

위 내용에 나오는 13.3%가 궁금할 수 있다. 예를 들어 설명하면 이렇다. 첫해에 100만 원을 투자했다. 연평균 15%의 수익률로 30년 동안 투자하면 연 15% 복리가 적용된 투자금은 약 6,621만 원이 된다. 마지막 30년째에 수익실현을 하고 그때 생긴 이익에 35%의 세금을 낸다고 가정하면 (6,621만 원 - 100만 원) × 35%로 계산해서 약 2,282만 원을 내게 된다. 총 투자금 6,621만 원에서 세금으로 2,282만 원을 내고 나면 수익은 4,339만 원이다. 이를 30년 전 100만 원과 비교하면 연평균 수익률은 약 13.3%가 된다.

투자자가 수익을 위해 단기적인 전망으로 매매한다는 것은, 단기적인 주가 변동을 맞힐 수 있어야 한다는 뜻이다. 주식의 단기적 주가 움직임을 맞히는 건 말도 안 되게 어렵다. 만약 단타로 주가의 움직임을 정확히 예측할 수 있는 사람이 있다면 지금쯤 세계 최고의 부자가 됐을 것이다. 짧은 시간 안에 많은 투자에 성공했을 것이고, 이 성공들을 장기간 복리로 쌓으면 벼락부자가 될 것이기 때문이다. 그러나 우리가 아는 세계 최고의 부자들 리스트에는 단기 투자로 성공한 사람이 없다. 오랫동안 꾸준히 단기적 주가 예측에 성공하는 건 거의 불가능에 가깝다는 증거이기도 하다.

많은 투자자가 크게 착각하는 게 있다. 주식을 최대한 많이, 정확하게 예측해야 하는 게임이라고 생각하는 것이다. 하지만 나는 다르게 본다. 내게 주식은 예측을 많이 맞히는 게 아니라, 틀릴 가능성을 최대한 줄이는 게임이다. 아무리 많이 맞혀서 백만장자가 됐더라도, 단 한 번의 큰 실수로 대부분의 돈을 잃을 수 있는 게 주식 시장이기 때문이다.

누구보다 겸손하고 신중해야 한다. 이런 살벌한 게임판에서 일주일 후, 한 달 후의 주가 변동을 예측한다는 건 외줄타기와 같다. 아무리 좋은 주식이라도 내가 예상하지 못한 곳에서 사고가 터지면 주가는 폭락할 수 있다. 2008년 금융위기와 2020년 코로나19가 발생할 거라고 예상한 사람이 몇 명이나 될까? 있기는 할까? 이처럼 단기적으로 주가가 흔들릴 수 있는 변수는 너무나 많다.

단기적 변수들은 투자 기간을 장기간으로 늘렸을 때 어느 정도 상쇄할 수 있다. 훌륭한 기업이라면 코로나로 1년 동안 문을 닫아도, 코로나가 지나간 후 가게를 다시 열었을 때 소비자들이 다시 찾아온다. 몇 년 후면 정상 영업으로 돌아오고, 주가는 다시 우상향한다.

만약 코로나 회복기까지 계속 주식 매매를 해야만 하는 상황이라면 어떨까? 당장 다음 주에 코로나가 얼마나 심해질지 끊임없이 예측해야 할 것이다. 생각만 해도 어마어마한 스트레스다. 투자 기간이 짧아질수록 우리의 시야는 좁아지고 불안감은 커진다. 그러니 투자 기간을 늘려서 더 넓은 시야로 큰 그림을 볼 줄 알아야 한다.

자, 주식매매를 줄이라는 말은 이제 어느 정도 이해했을 것이다. 그렇다면 투자자로서 주식 매매를 줄이고 남은 시간은 어떻게 써야 할까? 쉽다. 투자 실력을 갈고닦으면 된다. 몇 년이고 칼을 갈면서 날카로운 칼을 쓸 기회를 노려야 한다.

찰리 멍거도 매일 자신의 칼을 갈았다. 독서를 통해서 말이다. 찰리 멍거는 아주 끔찍한 책벌레로도 유명하다. 어려서부터 책을 많이 읽은 멍거는 일 년이면 500권이 넘는 책을 읽는다고 한다. 하루에 최소 한 권 이상은 읽는 모양이다. 매년 500권씩 멍거 인생의 대부분인 80년 동안 읽었다고 가정하면 4만 권이 넘는다. 게다가 《월스트리트 저널》, 《뉴욕타임스》 등 신문도 매일매일 꼬박 챙겨서 본다니 멍거가 경제학뿐만 아니라 화학, 물리학, 수학, 심리학 등에 박학다식한 것도 당연하다 싶다.

멍거는 매일매일 새로운 정보를 습득하면서 배우는 '학습 기계'가 되는 게 투자에 중요하다고 했다. 매일 어제보다 조금이나마 더 현명한 사람이 되려고 했던 그는 수많은 인문학, 심리학, 과학 지식이 세상의 이치와 다양한 비즈니스를 이해하는 데 엄청난 도움이 된다고 말했다.

학습 기계인 멍거의 독서 활동은 나이가 들어도 녹슬지 않았다. 오히려 학습의 정보가 복리로 쌓여서 새로운 정보 습득이 훨씬 빠르고 효율적이었을지도 모른다. 독서와 학습은 나이가 들어도 젊은 세대에게 뒤처지지 않는 몇 안 되는 분야 중 하나다. 축구, 농구 같은 스포츠에서 60살인 사람이 20살의 건장한 청년을 이기기란 거의 불가능하다. 반면에 독서를 통한 배움은 그렇지 않다.

개인적으로 하루에 5~6시간씩 책을 읽고 주식 매매를 하는 것 말고, 멍거는 뭘 하며 하루를 보냈는지 궁금했다. 의외로 로스앤젤레스 컨트리클럽에 가서 친구들과 브리지 카드 게임을 하는 걸 좋아했다. 딱히 활동적인 걸 즐기진 않아서 골프와 테니스 등 본인이 좋아하는 스포츠 외의 운동은 절대 안 했다고 한다. 하루가 바쁜 우리에겐 충분히 이상적인 삶처럼 보인다.

맘 편하게 좋아하는 책을 읽으면서 남는 시간엔 친구들과 골프를 치거나 카드 게임을 하고, 딱히 건강하게 챙겨 먹으려고 노력하지도 않는다. 라이프 스타일의 모든 것을 원하는 것만 편식하며 사는 것이다. 그러다가 가끔 좋은 투자 기회가 보이면 사냥에 나선다.

격자틀 인식 모형

멍거가 이런 여유로운 삶을 누리기까지 멍거의 노력과 학습량을 봐야 한다. 멍거는 투자에 경제학이나 회계학뿐만 아니라 다방면의 학문과 지식이 중요하다고 강조했다. 멍거는 이것을 '격자틀 인식 모형'이라고 부른다. 좀 더 들여다보면 격자틀 인식 모형이란 역사, 수학, 심리학, 물리학, 화학, 통계학, 회계학, 경제학 등 다양한 학문에서 유용한 분석방법과 공식을 하나로 융합한 사고 모델이다. 멍거는 격자틀 인식 모형을 통해 새로운 지식을 정리하고 같은 정보라도 다방면으로 분석했다.

예를 들어, 코카콜라라는 기업을 분석할 때면 단순히 재무정보를 통한 정량적 분석에 그치지 않는다. 심리학적으로 왜 사람들이 코카콜라를 계속 사 먹을 수밖에 없는지도 분석한다. 멍거는 많은 사람이 음료로 코카콜라를 선택하는 이유 중 하나는 '사회적 증거'라는 심리 현상 때문이라고 봤다.

우리는 다른 사람들이 하는 행동과 선택에 무의식적으로 영향을 받는다. 만약 사람들 대부분이 탄산음료는 코카콜라만 마시는 걸 본다면, 우리는 무의식적으로 코카콜라가 탄산음료 중에 제일 좋다고 생각할 확률이 높다. 인간은 다른 사람들이 하는 행동에서 벗어나기를 싫어하기 때문이다.[21]

이처럼 멍거는 투자에 임할 때 다양한 학문적 접근을 좋아했다. 학문마다 투자에 유용한 개념과 공식이 있다고도 했는데, 예를 들어 수학에는 복리 원리와 의사 결정 나무(Decision Tree) 등이 있다. 투자에서 복리로 돈이 얼마나 많이 늘어날 수 있는지는 입 아프게 강조해도 부족하다. 의사 결정 나무는 복잡한 상황에서 여러 질문에 대한 대답으로 다음 행동을 순차적으로 결정해 나가는 효율적인 의사 결정 시스템이다. 의사 결정 나무를 활용하면 아무리 복잡한 투자 결정이라도 단순화시킬 수 있다.[22]

멍거는 "회계는 비즈니스를 이해하는 데 아주 유용한 도구지만, 어디까지나 분석의 출발점에 불과하다라고 말했다." 그는 어림이나 예상이 계산에 반영되면서 실제 영업실적을 왜곡시킬 수 있다고 지적했다. 특히 내용연수(Useful Life) 같은 개념은 회계가 완벽하지 않다는 걸 보여주는 대표적인 사례다.[23]

예를 들어 기업이 비행기처럼 장기간 사용하는 유형 자산을 사면, 회계에서는 이를 구매 시점에 전액 비용으로 처리하지 않고 여러 해에 걸쳐 감가상각시켜 반영한다. 비행기를 10억 원에 샀다면 구매 연도에 10억 원 전액을 한꺼번에 반영하지 않고, 몇 년에 걸쳐 조금씩 감가상각하여 비용으로 처리한다는 말이다. 이렇게 비용을 나누어 인식하는 기간을 '내용연수'라고 부른다.

문제는 내용연수를 몇 년으로 할지다. 비행기라는 자산이 몇 년이나 유용하게 쓰일지는 기업과 상황마다 천차만별이다. 그러나 회계에서는 각 자산의 종류별로 정해 놓은 표준 내용연수 기간이 있다. 대개 규모가 크고 활용도가 높은 자산일수록 내용연수가 길다. 아무리 표준화돼 있다 하더라도 내용연수는 '어림'이다. 대부분 실제 자산의 활용 기간과 내용연수는 일치하지 않는다. 멍거는 이와 같은 회계의 한계를 이해하는 게 중요하다고 봤다.

멍거는 이 외에도 공학에서 자주 사용되는 품질 관리(QC: Quality Control)가 주식 투자에도 적용된다고 말했다. 품질 관리의 핵심은 제조 공정 중에 통계적 방법을 활용해서 특정 기준에 미달하는 불량품을 미리 발견하는 것이다. 품질 관리를 통해 기업은 불량품을 소비자에게 판매해서 생길 수 있는 사고와 문제를 방지한다.

멍거는 품질 관리 시스템을 본인 투자에 안전마진이라는 개념으로 활용한다. 어떤 주식을 사든 기업에는 내가 생각하지도 못한 이유로 기업의 주가를 떨어뜨리는 사건이 발생할 수 있다. 매출성장률 감소, 새로운 경쟁자들의 확장, 천재지변 등 다양한 변수로 기업의 주가는 하락할 수 있다.

예상치 못한 주가 하락에 대비하기 위해 멍거는 안전마진이 포함된 적정 가격에 주식을 매수하는 걸 선호한다. 마치 기업이 불량품을 미리 발견하는 품질 관리 시스템처럼, 멍거도 체계화된 시스템으로 리스크를 관리하는 것이다. 멍거는 안전마진이 포함된 가격에만 주식을 매수하는 방식으로, 혹시 미래에 있을지도 모를 폭락에 대비할 수 있었다.

06

투자는 심리가 90%다

모든 위험요소를 꼼꼼히 검토하고도
여전히 확신이 남았을 때, 그때 투자해도 절대 늦지 않는다.

앞에서 멍거는 주식 매매를 자주 하지 말고, 매매할 시간에 격자틀 인식 모형을 구축하는 등 학습을 통해 시야를 넓히는 게 중요하다고 말했다. 그중에서도 투자자들이 가장 조심해야 할 것으로 심리적인 착각이나 오류를 들었다.

확증편향

투자자들이 쉽게 범하는 심리적 오류 중 제일 먼저 강조한 건 '확증편향(Confirmation Bias)'이다. 확증편향이란 내가 동의하는 의견이나 나의 믿음을 확인시켜 주는 정보만 찾는 현상을 말한다. 확증편향에 빠지면 나와 반대되는 의견은 쉽게 무시하고, 기억 속에서 잊어버린다.

확증편향은 인간의 진화 과정에서 생겨난 자연스러운 본능이다. 인류는 약 400만 년 동안 진화해 왔지만, 농경 생활을 시작한 건 불과 1만 년 전의 일이다. 그전까지 인간은 수렵과 채집으로 살아왔다. 즉, 전체 진화의 99%가 넘는 기간 동안 매일 먹을 것을 찾아 사냥에 나서야 했던 것이다.[24] 이런 생존 환경 속에서 인간은 자연스럽게 변화를 두려워하게 되었다. 이미 검증된 방법에서 조금이라도 벗어나 사냥을 시도한다면 며칠을 굶거나, 최악의 경우 맹수에게 잡아먹힐 위험이 있었기 때문이다.

확증편향 극복은 정보의 홍수에 빠진 현대인에게는 더 어려운 일이다. 인터넷만 검색해 봐도 어떤 주제에 관한 수많은 정보가 나타나고, 그에 상반되는 의견들도 쉽게 찾을 수 있다. 정보가 많아질수록 어떤 정보가 진짜 중요한지, 어떤 의견이 제일 설득력 있는지 판단할 능력이 흐려진다. 수없이 다양한 정보 속에서 진실을 찾는 건 100만 년 전보다 훨씬 더 많은 에너지가 든다. 그래서 지름길을 선택한다. 내가 원래 믿고 있던 주장에 부합하는 의견과 정보들만 골라서 편식하게 되는 것이다. 설령 반대 의견이 보이더라도 받아들이기 어렵고 복잡해서 굳이 깊게 알아보지 않는다.

확증편향이 왜 투자에 위험할까? 친구가 추천한 A 주식에 관심이 생겨서 알아보는 중이라고 해보자. 나는 이미 A 주식에 대해 들었기 때문에, 이 회사에 대한 이미지가 좋다. 이런 상황이면 자연스럽게 A 주식을 좋게 평가하는 정보들이 더 눈에 들어온다. 내가 내린 가설을 뒷받침해 주는 증거를 찾는 과정이나 다름없다.

반대로 A 주식을 비판하는 정보들은 더 깊게 보지 않는다. 내가 듣고 싶고, 보고 싶은 정보만 믿고 A 주식을 덥석 산다. 얼마 지나지 않아 A 주식의 위험요소 중 하나가 문제가 되어 주가가 폭락한다. 조사 과정에서 위험요소를 한 번쯤 보긴 했지만, A 주식을 좋은 주식이라고 믿고 싶어서 주의 깊게 살피지 않은 결과다.

인간은 누구나 쉽게 확증편향에 빠진다. 어쩔 수 없는 인간의 본능이다. 확증편향을 피하려면 본능을 거스르는 행동을 해야 한다. 그래서 어렵다. 멍거가 보기에 확증편향을 가장 잘 극복한 사람은 찰스 다윈이었다. 찰스 다윈의 《종의 기원》은 진화론을 주장한 아주 유명한 책이다.

진화론을 성공적으로 주장하기까지는 많은 시간이 필요했다. 《종의 기원》이 발표된 것은 1859년이었지만, 다윈은 1836년부터 진화론을 확신했다고 한다. 이때부터 20년이 넘는 세월 동안 전 세계를 향해 진화론을 설득하기 위해 노력했다. 진화론을 반박할 가능성이 있는 모든 공격에 대비하고 싶어서, 그 모든 반박을 제거할 수 있는 증거를 충분히 찾아 마침내 《종의 기원》을 출간했다.

찰리 멍거가 특히나 다윈을 극찬했던 부분은, 그가 자신의 신념과 반대되는 의견을 대하는 자세였다. 자서전을 통해 다윈은 "자기 생각과 반대되는 의견은 언제나 자신에게 유리한 의견보다 훨씬 쉽게 기억에서 지워진다"라고 말했다. 그래서 다윈은 이를 방지하기 위해 본인 생각과 반대되는 출판물이나 의견을 찾았을 때 반드시 즉시 메모했다고 한다. 이 습관 덕분에 다윈은 확증편향을 극복할 수 있었고, 객관적으로 진화론의 타당성을 판단할 수 있었다.

멍거가 보는 확증편향 극복 방법은 바로 다윈처럼 하는 것이다. 확증편향이 인간의 본능에 박힌 심리적 오류라는 걸 인지해야 한다. 그리고 본능을 거스를 수 있는 능동적인 노력을 취해야 한다.

뒤집어 생각하기

"제가 알고 싶은 건 제가 어디서 죽을 건지입니다. 그럼, 그곳에 절대 가지 않으면 되니까요."

멍거의 사고방식 중 또 하나의 유명한 방법은 바로 이것, '뒤집어 생각하기'다. 그는 아무리 어렵고 복잡한 문제라도 뒤집어서 거꾸로 생각하면 생각보다 쉽게 문제가 해결된다고 말했다. 멍거는 가족들에게 수수께끼를 내는 걸 좋아했다. 어느 날 그가 가족들에게 낸 수수께끼는 다음과 같다. 여러분도 한번 답해보자.

"미국에는 한 종목이 있다. 일대일 매치가 가능하고, 전국 챔피언십 대회도 있다. 그리고 같은 사람이 이 종목으로 챔피언십을 65년 주기로 두 번이나 우승했다. 이 종목은 무엇일까?"

멍거는 모두 다 실패했는데, 단 한 명이 맞혔다고 하면서 이야기를 들려주었다.

"저에겐 물리학자 아들이 있습니다. 제 아들은 제가 좋아하는 사고방식으로 훈련돼 있었죠. 그는 바로 정답을 맞혔고, 그가 문제를 해결한 사고방식은 다음과 같습니다.

'(멍거 아들의 생각) 일단 손과 눈의 협응력(hand-eye coordination)이 필요한 종목은 아닐 거야. 85세 이상의 할아버지가 이런 능력이 필요한 당구나 테니스에서 우승할 수는 없을 테니까. 아마 체스도 아닐 거야. 이것도 역시 너무 어렵고 복잡한 게임이라서 꽤 많은 체력을 요구하니까 말야. 어? 근데 체스를 생각하다 보니까 정답을 찾은 것 같은데? 체커겠구나! 85살이 넘는 할아버지라도 수많은 경험으로 상대를 제압할 수 있는 종목이잖아.'

그의 생각이 맞았습니다. 체커가 바로 정답이었죠."[25]

여기서 중요한 핵심은 멍거 아들의 사고방식이다. 정답이 될 수 있는 운동 종목에는 세 가지 조건이 있었다. 1) 일대일 매치가 가능하다. 2) 전국 챔피언십 대회가 있다. 3) 젊었을 때나 노인이 됐을 때나 우승이 가능하다. 이 세 가지 조건에 모두 부합하는 종목을 생각해 내기란 결코 쉽지 않다. 멍거의 아들은 문제를 거꾸로 생각했다. 그는 '어떤 종목이 세 조건에 부합할까?'라는 질문이 아니라 '어떤 종목이 절대 세 조건에 해당하지 않을까?'라는 질문을 던진 것이다. 특히 젊거나 늙어도 우승할 수 있다는 세 번째 조건에 절대 부합하지 않는 종목들을 제거해 가면서 정답을 도출해 냈다. 문제가 풀리지 않을 때는 멍거의 아들처럼 문제를 거꾸로 뒤집는 사고방식이 필요하다.

멍거는 제2차 세계대전 때 기상 전문가로 일하면서 뒤집어 생각하는 사고력을 키웠다고 한다. 당시 조종사의 이륙을 지원하는 일을 담당했는데, 무엇보다 안전이 중요했다. 멍거는 조종사들의 안전을 위해 거꾸로 생각했다. 그래서 이렇게 질문을 던졌다.

'조종사들을 쉽게 죽이려면 어떻게 해야 할까?'

멍거가 생각하기에 조종사들을 쉽게 죽이는 방법은 항공기 날개에 얼음이 덮이는 착빙 상태가 되게 하거나 착륙 전에 연료를 바닥내는 것이었다. 결론에 도달한 멍거는 절대 항공기에 착빙이 일어나거나 연료가 바닥나면 안 되겠다고 판단했다. 뒤집어 생각하는 사고방식 덕분에 멍거는 유능한 기상 전문가가 될 수 있었다.[26]

변호사로 일했던 멍거에게 거꾸로 생각하기는 꼭 필요한 기술이었을 것이다. 법정에 서면 항상 반대 측에서 어떤 주장을 펼칠지를 예상해야 한다. 반대 측 주장에 얼마나 효과적으로 반박할 수 있느냐가 변호사의 유능함을 판가름하니, 아마도 이때부터 반대로 생각하는 힘을 길러왔을지도 모른다.

멍거에게 확증편향 극복하기와 거꾸로 생각하기는 투자에서 너무나 중요했다. 우리도 마찬가지다. 내가 투자하고 싶은 주식이 너무 매력적이고 실패할 리 없다고 생각할수록 더 유의해야 한다. 확증편향에 빠져 있을 확률이 높다. 멍거가 말한 대로 거꾸로 생각해 보자.

'이 주식이 어떻게 하면 내일 당장 50% 이상 폭락할 수 있을까?'

이 질문의 답을 찾다 보면 그동안 확증편향으로 가려져 있던 위험요소가 보이기 시작할 것이다. 모든 위험요소를 꼼꼼히 검토하고도 여전히 확신이 남았을 때, 그때 투자해도 절대 늦지 않는다.

07

흔들리지 말고 집중투자하라

투자자는 빈번한 매매의 유혹을 거슬러,
독립적이고 신중하게 판단할 수 있어야 한다.

경마는 우승 가능성이 높은 경주마를 골라 베팅하는 게임으로, 전통적으로 도박의 영역에 속한다. 무분별한 투기와 도박을 그토록 경계하던 찰리 멍거는 왜 주식 투자를 경마에 비유했을까?

경마장에서는 '패리뮤추얼(Pari-Mutuel)' 베팅 시스템을 사용한다. 전통적인 고정 승률(Fixed Odds) 시스템은 베팅할 때 배당률이 정해져 있지만, 패리뮤추얼은 같은 결과에 베팅하는 사람이 많을수록 배당률이 낮아지고, 적을수록 배당률이 높아지는 방식이다.

예를 들어, 한 경주마가 우승했을 때 총배당금이 3천만 원이라고 하자. 이 경주마에 300명이 베팅한다면 우승했을 때 각자 10만 원씩 받게 되고, 10명만 베팅한다면 각자 300만 원씩을 받게 된다. 물론 수수료는 따로 공제되겠지만.

이렇게 참여자 수에 따라 배당률이 달라지는 시스템이다. 우승 확률이 높은 경주마에는 당연히 사람이 많이 몰릴 테니 배당률은 낮아지고, 반대로 우승 확률이 낮은 말의 배당률은 높아진다. 멍거는 나쁜 말은 배당률이 100대 1까지 치솟을 수 있지만, 좋은 말은 3 대 2 정도로 아주 낮다고 말했다.[27]

그렇다면 멍거는 왜 주식 시장을 이 시스템과 같다고 했을까? 애플, 구글, 마이크로소프트 같은 빅테크 기업에 투자한다고 해보자. 훌륭한 기업인 만큼 안정적인 수익을 기대할 수 있다. 다른 투자자들도 다 같은 생각이라 많은 자금이 몰려있다. 그 결과 주가는 이미 높고, 미래의 높은 수익률을 기대하기도 쉽지 않다. 결국 좋은 말에 베팅하더라도 나눠 가질 몫은 작아진다.

반대로 확률은 낮지만 고배당이 걸린 언더독(Underdog)에 과감히 베팅하면 초과 수익을 볼 수도 있다. 전체 베팅 금액의 17%를 수수료로 떼어가는 것까지 고려하면, 베팅에서 크게 이겨야 유의미한 수익을 볼 수 있는 구조다.

멍거의 친구 한 명은 젊은 시절 마차 경주(harness race)만으로 생활비를 충당했다. 그는 이길 가능성이 작더라도 배당률이 확률보다 높은 상황에서만 베팅했다. 예를 들어, 1번 경주마의 우승 확률이 10%라면 이론적으로 10번 중 1번은 이긴다. 친구는 배당률이 10 대 1보다 높은 12 대 1이나 15 대 1일 때만 베팅했다는 말이다.

우승 확률이 10%인데 배당률이 15 대 1일 때 1만 원씩 베팅한다고 해보자. 10번 중 9번은 지더라도 마지막 10번째에 이기면 15만 원을 받게 된다. 지금까지의 손해 9만 원을 메우고도 이익을 남길 수 있다. 친구는 이런 식으로 확률적 우위가 있을 때만 베팅하고, 기회가 오면 과감히 베팅해서 꾸준히 돈을 벌 수 있었다고 한다.

멍거는 이 친구의 전략이 주식 시장과 크게 다르지 않다고 말했다. 경제학의 '효율적 시장 가설'에 따르면 주식 시장은 모든 정보를 이미 반영하고 있어 초과 수익을 낼 수 없다. 좀 더 설명하면 효율적 시장 가설은 주식 시장은 현재 참여자들이 아는 모든 정보를 반영하고 있고, 모두가 다 아는 정보를 활용하기 때문에 장기적으로 시장 수익률을 넘어설 수 없다는 이론이다.

효율적 시장에서 특정 기업에 악재가 발생하면 기업의 주가는 이미 떨어져 있고, 반대로 호재가 생겨도 주가는 이미 올라가 있다는 것이다. 쉽게 말하면 투자자 모두가 다 아는 정보라서 장기적으로 시장의 수익률을 넘는 건 불가능하다는 이론이다.

멍거는 이 가설을 전적으로 믿진 않았다. 수십 년간 버크셔 해서웨이와 자신의 펀드에서 시장 수익률을 꾸준히 초과해 왔기 때문이다. 흥미롭게도, 효율적 시장 가설을 주창한 경제학자 역시 버크셔 해서웨이의 장기 주주였다. 멍거는 "그 경제학자는 자신의 이론이 틀릴 경우를 대비해 투자한 것"이라고 말했다. 아이러니하게도 그 경제학자는 자신이 부정한 시장 초과 수익을 통해 부자가 되었다.[28]

그렇다면 효율적 시장 가설은 틀린 걸까? 멍거는 그렇지 않다고 본다. 대부분의 투자자에게 시장을 이기는 것은 어렵지만, 소수의 제대로 준비된 투자자에겐 가능하다. 멍거는 상위 20%의 사람들만 상위 20%의 성공을 누릴 수 있다고 말했다. 올바른 투자 철학으로 꾸준히 훈련하고 노력한 소수의 투자자만 시장 초과 수익률을 누릴 수 있다는 것이다. 주식 시장은 아무에게나 초과 수익률을 낼 수 있게 해주는 만만한 곳이 아니다. 그런 의미에서 멍거는 주식 시장은 반은 효율적이고, 반은 비효율적이라고 했다.

멍거와 워런 버핏은 소수의 유리한 기회를 기다렸고, 그때 크게 베팅했다. 워런 버핏은 한 강연에서 이렇게 말한 적이 있다.

"티켓 한 장으로 여러분의 투자 실적을 높일 수 있습니다. 이 티켓에는 20개의 스탬프가 있습니다. 여러분에게 평생 단 20번의 투자 기회만 있다는 뜻이죠. 스탬프를 다 채운 후에는 더 이상 투자할 수 없다는 걸 알면 투자 한 번 한 번에 훨씬 신중해질 겁니다. 깊이 고민하고 자신 있는 종목들만 사게 될 테니까 수익률은 자연스럽게 좋아질 수밖에 없습니다."

그들의 성공 비결은 결국 선별과 집중이었다. 수많은 유혹 속에서도 진득하게 기다렸고, 진짜 기회가 올 때까지 베팅을 아꼈다. 버크셔 해서웨이가 이룬 막대한 부의 대부분은 단 10개의 투자 아이디어에서 비롯됐다. 올바른 아이디어 몇 개만 있어도 충분하다. 멍거는 자산운용업계에 대해 이렇게 지적했다.

"운용사들은 고객이 자주 매매하길 원합니다. 수수료 때문이죠. 하지만 투자자들이 매매를 자주 하면 아이디어의 질이 떨어지고, 수익률은 낮아집니다."

투자자는 빈번한 매매의 유혹을 거슬러, 독립적이고 신중하게 판단할 수 있어야 한다. 찰리 멍거는 누구보다 집중투자하는 것으로도 유명하다. 좋은 투자 기회가 보이지 않으면 매매하지 않고 몇 년씩 진득하게 기다렸다. 데일리 저널 포트폴리오 매매기록을 보면 멍거의 인내심을 확인할 수 있다.

멍거는 이미 잘 골라 놓은 소수의 주식이 그의 부를 키워준다는 걸 알고 있었다. 2009년 금융위기 당시 웰스파고, 뱅크 오브 아메리카, 유에스뱅크에 투자했고, 이후 12년간 포스코를 제외하면 추가 매수 없이 이 은행 주식 3개만 보유했다. 2013년에 한국의 포스코 주식을 추가했다가 2014년에 매도했다. 2014년 포스코 주식을 판 후 2021년 알리바바를 살 때까지 무려 6년 넘게 그 어떤 주식도 거래하지 않았다.

개인 투자에선 코스트코 주식을 대거 사서 코스트코 이사회에 들어갔고, 2004년 '중국의 워런 버핏'이라고 불리는 리 루에게 8,800만 달러를 맡기기도 했다. 멍거는 단 몇 번의 신중하고 과감한 결정으로 지금의 부를 일궜다.

버크셔 해서웨이, 데일리 저널, 본인의 개인 포트폴리오까지 모두 성공한 멍거의 전략은 자주 베팅하지 않되, 기회가 오면 크게 베팅하는 것이다. 그의 성공은 오늘도 끊임없는 매매 유혹에 흔들리는 우리에게 좋은 길잡이가 되어준다.

멍거의 성공을 만든 '올인' 종목들

인생에서 몇 번의 훌륭한 결정만 내리면 성공할 수 있다고 했던 멍거는, 실제로 본인이 말한 방식대로 성공했다. 온갖 시장 뉴스와 변동성에 귀를 닫은 채 독서, 카드게임, 골프 등의 활동만 하면서 시간을 보냈다. 멍거에게 매일 변동하는 주가차트는 소음에 불과했다. 본인이 원하는 대로 인생을 즐기다가 아주 가끔 움직인다. 투자하기 좋은 기업을 찾았을 때, 그리고 그 기업이 매력적인 가격에 거래될 때 말이다.

대부분의 다른 투자자보다 거래가 훨씬 적었던 멍거는 포트폴리오도 굉장히 집중되어 있다. 멍거가 세상을 떠난 2023년 4분기 기준 멍거의 회사 '데일리 저널(Daily Journal)'의 포트폴리오는 웰스파고, 뱅크 오브 아메리카, 알리바바, 유에스뱅크 딱 네 가지 종목뿐이었다. 심지어 80% 이상이 웰스파고와 뱅크 오브 아메리카에 집중되어 있었다. 1억 8,500만 달러 중 80%를 단 2개의 주식에 '몰빵' 하는 펀드매니저는 아마 쉽게 찾기 힘들 것이다.

집중투자를 선호하는 만큼 그가 투자한 소수정예 주식들은 많은 사람의 관심을 받았다. 멍거가 투자한 주식 중 큰 비중으로 투자한 주식들을 보면 멍거가 생각하는 훌륭한 기업의 기준이 보인다.

코스트코

알다시피 찰리 멍거의 가장 유명한 투자처다. 우리에게 아주 익숙한 대형 창고형 마트 브랜드이기도 하다. 멍거는 1997년에 83,884개의 코스트코 주식을 매수하면서 코스트코 이사회 자리에 올랐다. 이때부터 별세한 2023년 10월까지 코스트코 주식을 개인적으로는 167,615개, 그의 자선 재단은 19,565개를 들고 있었다. 총 187,180개의 코스트코 주식을 가진 멍거는, 당시 코스트코 CEO인 크레이그 젤리넥(Craig Jelinek) 다음 가는 최대 주주였다.

"나는 코스트코의 모든 것을 사랑한다."
"나는 코스트코의 주식을 절대 팔지 않을 것이다."[29]

멍거 대신 워런 버핏이 코스트코 이사가 될 뻔한 적이 있었다. 멍거가 코스트코에 투자하기 전에 당시 코스트코의 창업자이자 CEO였던 짐 시니걸이 워런 버핏에게 코스트코 이사직을 권유했다고 한다. 워런 버핏은 이 제안을 거절하고 본인 대신 찰리 멍거를 이사로 추천했다. 덕분에 멍거는 짐 시니걸과 코스트코라는 위대한 CEO와 기업을 소개받았다. 멍거는 본인의 '올인' 주식으로 코스트코 주식을 세상을 떠날 때까지 안고 갔다.

멍거는 코스트코라는 기업의 매력에 흠뻑 빠져서 워런 버핏에게 버크셔 해서웨이도 코스트코 지분에 대량 투자해야 한다고 설득했다. 멍거를 믿었지만, 버핏은 소매업을 그다지 좋아하지 않았다. 멍거도 물론 소매업이 좋은 산업이 아니라는 부분은 인정했다. 한때 미국을 평정했던 Sears 같은 대형 백화점 기업들을 이제는 찾아볼 수 없다. 버핏에게 소매업은 너무 어려운 비즈니스였다.

그래도 멍거에게 어느 정도 설득됐던 버핏은 버크셔 해서웨이를 통해 1999년에 710,000개의 코스트코 주식을 샀다. 그 이후로도 코스트코 주식 사고팔기를 반복하면서 2020년에는 약 4,300만 개의 주식을 모았다. 버핏은 2020년 3분기 코로나19 시기에 반등했던 코스트코 주식을 전량 매도했다. 당시 매도한 평균 단가는 약 336달러였다. 이후로도 코스트코 주식은 고공행진을 이어갔다. 2026년 1월 현재 주가는 약 854달러로, 버핏이 매도했을 때의 가격과 비교하면 약 2.5배다. 버핏이 만약 멍거처럼 코스트코를 평생 주식이라고 생각했다면 2020년에 전량을 팔지 않았을 것이고, 그 이후 이어진 주가 상승도 놓치지 않았을 것이다.

멍거가 생각하는 코스트코의 성공 비결은 단순하다. 누구보다 싼 가격에 팔고, 이를 큰 규모로, 효율적으로 운영한다는 점이다. 코스트코에 쇼핑하러 나설 때면 누구나 좋은 품질의 제품을 저렴하게 살 수 있다는 기대를 안고 간다. 그는 소비자들에게 저렴한 가격과 가치를 선사하는 코스트코의 비즈니스 모델이 비슷한 모델을 가진 아마존에 전혀 위협받지 않는다고 말했다.

2021년 데일리 저널 주주총회에서 멍거는 "아마존을 포함해 소비자에게 이 정도로 저렴한 가격에 가치를 제공할 수 있는 기업은 코스트코가 유일하다"라고 말했다. 그는 오히려 코스트코가 아마존을 위협할 수 있다고 보았다. 심지어 코스트코는 주차 공간이 굉장히 넓어서 많은 고객을 수용할 수 있다는 장점까지 갖추고 있었다. 코스트코는 규모의 경제로 비용을 효율화하고, 그렇게 절감한 비용을 소비자에게 저렴한 가격으로 돌려준다. 이런 마법 같은 코스트코의 성공 비결이 올인의 이유였다.[30]

웰스파고

웰스파고는 찰리 멍거가 별세한 2023년 4분기 기준, 데일리 저널 포트폴리오의 42.33%를 차지하며 가장 큰 비중을 가진 은행주였다. 사실상 그의 '원픽'이라 해도 과언이 아니다. 멍거는 웰스파고의 기업 경영 문화가 다른 대형 은행들보다 더 마음에 들었다. 2009년 금융위기 당시 그는 웰스파고가 위기를 잘 극복하리라 판단하고, 주가가 약 8달러일 때부터 매수를 시작했다. 이후 2013년에도 추가로 매수했고, 생전에 데일리 저널 포트폴리오에서 웰스파고 주식을 단 한 번도 매도하지 않았다.

웰스파고를 향한 멍거의 믿음은 2016년 웰스파고의 '유령계좌 스캔들'에도 꺾이지 않았다. 당시 웰스파고는 고객 동의 없이 수백만 개의 가짜 예금 및 카드 계좌를 개설해서 논란이 됐었다. 웰스파고의 무리한 매출 목표가 문제였다. 목표를 달성하기 위해 은행원들은 있지도 않은 고객의 수많은 유령계좌를 만든 것이다. 이 논란으로 웰스파고는 무려

37억 달러의 보상금을 지급했을 뿐만 아니라 브랜드 평판에도 큰 타격을 입었다.

웰스파고의 위기 앞에서 버핏과 멍거의 의견이 갈렸다. 웰스파고의 보상 시스템에 크게 실망한 버핏은 2017년 이후로 꾸준히 웰스파고 주식의 지분을 줄였다. 2022년 1분기에는 남아있던 지분까지 모두 정리해, 현재 버크셔 해서웨이의 포트폴리오에는 웰스파고 주식이 없다.

찰리 멍거의 생각은 달랐다. 멍거도 물론 웰스파고가 끔찍한 실수를 저질렀다는 사실은 인정했지만, 여전히 웰스파고의 장기적 사업성에는 문제가 없다고 봤다. 당시 멍거는 이렇게 말했다.

"멍청한 짓을 했다는 것은 그 짓을 다시 반복할 가능성이 적다는 것이다." [31]

공격적인 목표 설정이 흔한 은행 업계에서 일어날 법한 실수이며, 웰스파고가 실수를 딛고 장기적으로 좋은 비즈니스 모델을 유지할 거라는 판단이었다. 2013년에도 약 159만 개의 주식을 추가 매수하는 등 멍거는 버핏과 달리 웰스파고에 더 강한 믿음을 보여줬다. 2026년 1월 현재 웰스파고의 주가는 약 95달러로, 멍거가 처음 매수했던 8달러에 비하면 11.9배가 넘게 올랐다.

뱅크 오브 아메리카

뱅크 오브 아메리카는 2023년 4분기 기준 데일리 저널의 약 41.84%를 차지하는 기업으로, 비중 1위인 웰스파고와 거의 비슷하다. 멍거는 대부분의 은행에 비판적이다. 은행 업계는 장기적 성장을 희생하면서 단기적 성과를 높이는 데 집중하는 안 좋은 관습에 빠지기 쉽기 때문이다. 그러면서도 멍거는 제대로 운영되는 은행은 사회에 유익하다고 했는데, 그중 하나가 뱅크 오브 아메리카다.

2009년 금융위기 때 웰스파고와 함께 뱅크 오브 아메리카 주식을 처음 매수했다. 2016년 4분기에도 추가 매수하면서 살아생전 뱅크 오브 아메리카 주식을 한 번도 팔지 않았다. 2009년 초반 한때 3달러까지 저점을 찍었던 뱅크 오브 아메리카의 주가는 2026년 1월 현재 약 55.9달러다.

BYD

BYD는 중국의 전기 배터리·전기차 기업이다. 2008년, 멍거는 버크셔 해서웨이를 통해 약 2억 3천만 달러를 들여서 약 2억 2,500만 개의 BYD 주식을 매수했다. 2022년, 버크셔 해서웨이는 전체 보유량의 60% 정도인 약 1억 3,700만 개를 매도했고, 이를 통해 약 26억 달러를 벌었다.

멍거는 2023년 데일리 저널 주주총회에서, 테슬라는 중국 시장에서

2022년에 가격을 두 번이나 내렸지만 BYD는 오히려 올렸다고 말했다. 멍거는 BYD가 중국에서 테슬라보다 말도 안 될 정도로 앞서 있다고 생각했다.

앞에서 말했듯이 멍거는 BYD의 창업자이자 CEO인 왕촨푸를 굳게 믿었다. 멍거는 왕촨푸가 쉽게 찾아볼 수 없는 천재라고 느꼈다. 일론 머스크보다 제조업에 뛰어나다고 믿을 정도면 두말할 필요 없을 것이다. 중국 기업이긴 하지만 BYD가 훌륭한 경영진을 가진 좋은 기업이라고 판단한 멍거는, 버핏을 설득해 결국 버크셔 해서웨이를 통해 과감히 투자할 수 있었다.

알리바바, 멍거의 가장 큰 실수

멍거의 데일리 저널 포트폴리오 비중을 20% 이상이나 차지했던 유일한 중국 기업이자, 멍거의 가장 큰 투자 실패로도 유명하다. 대가의 실패를 통해 배울 수 있는 것도 적지 않아서 여기에 소개한다. 알리바바는 중국 최대 규모의 온라인 쇼핑 플랫폼으로, 미국의 아마존처럼 핀테크와 클라우드 등 다양한 산업 분야로 확장한 중국의 대표 대기업이다.

중국 경제를 호의적으로 전망했던 멍거는 2021년에 알리바바에 처음 투자한다. 2013년 한국의 포스코 주식 이후 8년 만이었다. 주식 매매를 워낙 안 하기로 유명한 멍거인 만큼 알리바바 투자는 많은 투자자의 관심을 끌었다.

멍거는 2021년 1분기, 3분기, 4분기에 걸쳐 총 602,060개의 알리바바 주식을 매수했다. 2021년 4분기에는 데일리 저널 포트폴리오에서 알리바바의 비중이 27.65%까지 올라갔다. 이번에도 위대한 기업 투자로 대박일 줄 알았지만 1년 만에 반전이 일어난다. 2022년 1분기에 알리바바 주식의 약 50%인 302,060개를 매도한 것이다. 멍거의 생각이 바뀐 결과다. 멍거는 알리바바 투자가 본인 투자 인생에서 가장 큰 실수라고 하면서 이렇게 말했다.

"저는 알리바바의 중국 인터넷 안에서의 입지에 매료됐었습니다. 그러나 알리바바는 여전히 그저 소매업체라는 걸 깨닫지 못했죠. 소매업은 경쟁이 치열한 산업입니다."[32]

알리바바는 멍거답지 않은 투자를 보여주는 좋은 예다. 평생 테크주를 건드리지 않던 멍거는 본인의 능력 범위 밖에 있는 기업에 투자했다가 심하게 데었다. 전자상거래를 통해 중국을 장악한 알리바바의 위력을 과대평가한 결과다. 멍거는 심지어 알리바바 투자를 위해 레버리지까지 활용했다. 젊을 때를 제외하고는 거의 레버리지를 쓰지 않던 멍거의 투자 원칙이 깨진 것이다. 공시자료에 데일리 저널의 정확한 매수가와 매매가가 나와 있지는 않지만 대략 어림잡아 볼 수는 있다.

멍거가 2022년 1분기에 매도한 302,060개의 주식은 2021년 1분기와 3분기에 매수한 주식의 개수와 일치한다. 따라서 알리바바의 2021~2022년 주가를 확인하면서 멍거 투자의 최악과 차악 시나리오를

2021~2022년 알리바바 주가

시기	주식 수	매수/매도	최고가	최저가
2021년 1분기	165,320	매수	274달러	220달러
2021년 3분기	136,740	매수	231달러	144달러
2022년 1분기	302,060	매도	138달러	73달러

출처: 야후 파이낸스

비교할 수 있다. 멍거가 만약 2021년 1분기와 3분기에 각각 고점에 매수해서 2022년 1분기 저점에 매도했다면 손실금이 얼마일까? 약 5,480만 달러다. 반대로 만약 2021년 1분기와 3분기에 저점 매수해서 2022년 1분기에 고점 매도했다면? 여전히 멍거는 약 1,430만 달러의 손실을 봤을 것이다.

워낙 집중투자로 유명한 멍거라서 본인의 능력 범위를 벗어난 투자를 큰 비중으로 했을 때 손실도 클 수밖에 없었다. 과감한 투자에는 항상 확신이 필요하다는 걸 일깨우는 좋은 사례라고 생각한다.

투자 노트

영원한 소울메이트, 버핏과 멍거의 첫 만남

그때 이 둘이 만나지 않았더라면,
지금 우리가 아는 버크셔 해서웨이의 전설적인 성과도 세상에 없었을 것이다.

워런 버핏과 찰리 멍거. 역사상 이렇게 위대한 천재 두 명의 조합이 있었나 싶다. 오마하라는 작은 도시에서 서로를 모른 채, 두 천재는 각자 세계 최고의 부자가 되기 위한 과정을 밟아나갔다. 평생 모를 수도 있었던 둘이 만나게 된 것도 드라마 같다. 앞에서 찰리 멍거의 인생을 이야기할 때 슬쩍 다뤘지만, 한두 문장으로 끝내기에는 너무 아쉬운 에피소드가 있다.

오마하에는 에디 데이비스와 도로시 데이비스라는 유명한 의사 부부가 있었다. 때는 1957년이었는데, 워런 버핏이 본인의 투자조합인 버핏 파트너십을 설립한 지 1년밖에 지나지 않은 시점이었다. 당시 버핏은 자금을 모으기 위해 오마하에서 열심히 투자 설명을 다니고 있었다.

데이비스 부부도 버핏이 찾아갔던 잠재고객 중 하나였다.

20대 중반, 패기 넘쳤던 워런 버핏은 데이비스 부부에게 왜 본인의 파트너십에 투자해야 하는지를 열심히 어필 중이었다. 자신감 넘치는 버핏의 말을 듣는 데이비스 부인과 달리, 그의 남편 에디 데이비스는 크게 관심을 보이지 않았다. 버핏이 이야기를 마치자 에디 데이비스가 갑자기 이렇게 말했다.

"당신에게 10만 달러를 맡기겠소."

본인의 이야기에 별 관심을 보이지 않던 사람이 갑자기 10만 달러를 투자하겠다고 하니 버핏은 적잖이 당황했다. 뭔가 이상하다고 느낀 그는 정중하게 설명을 제대로 듣지도 않고 10만 달러나 투자하려는 이유가 무엇인지 물었다. 데이비스는 이렇게 말했다.

"당신이 말하는 걸 보니 찰리 멍거가 떠올라서요."

도대체 찰리 멍거가 누구길래 단지 멍거와 비슷하다는 이유만으로 10만 달러를 선뜻 건넬 수 있는지 의문이었다. 동시에 멍거라는 사람이 누구인지 너무나 궁금해졌다.

"찰리 멍거가 누군지는 모르겠지만, 벌써 마음에 드네요."

버핏은 데이비스 부부에게 이렇게 말했다. 데이비스 부부가 봤던 버핏과 멍거의 공통점은 무엇이었을까? 앞서 찰리 멍거의 인생 부분을 유심히 읽었다면 이 부부의 이름이 익숙할 것이다. 바로 찰리 멍거 아버지의 좋은 친구이자 멍거 가족의 주치의였다. 멍거가 자주 놀러 가서 의학 저널을 읽곤 했다는 곳이 바로 이 집이다. 데이비스 부부는 당연히 멍거가 어려서부터 무엇이든 빠르게 습득하는 천재였다는 걸 알았다. 어린 시절부터 봐온 멍거의 야망과 명석함을 워런 버핏에게서도 똑같이 느꼈던 모양이다.

2년 후 1959년, 부친상을 치르기 위해 오마하에 잠깐 돌아왔던 멍거는 데이비스 부부의 저녁 식사 초대를 받았다. 그 자리에 워런 버핏도 초대받았다. 그것이 버핏과 멍거의 역사적인 첫 만남이었다. 버핏과 멍거는 마치 서로를 오래 알았던 것처럼 첫 만남부터 대화가 잘 통했다. 사업과 투자에 관심이 많은 둘은 금세 절친이 되어 대화하느라 시간 가는 줄 몰랐다고 한다.

서로가 너무 잘 맞는다고 느낀 버핏과 멍거는 데이비스 부부와의 저녁 식사 다음 날부터 일주일 내내 저녁을 같이 먹었다. 얼마나 즐거웠는지 멍거는 자기가 한 농담이 너무 웃겨서 박장대소하다가 식당 의자에서 미끄러져 바닥에 뒹굴었다고 한다.[33]

데이비스 부부가 주선한 저녁 식사 자리는 버핏과 멍거 인생에 각각 중대한 전환점이 되었다. 그때 이 둘이 만나지 않았더라면, 지금 우리가 아는 버크셔 해서웨이의 전설적인 성과도 세상에 없었을 것이다. 수십 년간 미국의 역사도 뒤바뀌었을 것이다.

투자 노트

필터 없는 찰리 멍거의 돌직구 모음

부드럽고 유하게 표현하는 버핏과 달리
멍거는 돌려 말하지 않고 직설적으로 말하는 것으로 유명하다.

매년 5월이면 가치 투자자들의 마음을 설레게 하는 빅 이벤트가 있다. 바로 버크셔 해서웨이의 주주총회다. '자본주의의 우드스톡'이라고 불리는 버크셔 해서웨이 주주총회는 매년 버핏과 멍거의 고향 오마하에서 열린다. 1973년 오마하의 작은 식당에서 처음 열리던 주주총회가, 이제는 매년 전 세계에서 4만 명이 넘는 사람들이 모이는 빅 이벤트가 됐다.

버크셔 해서웨이 주주총회의 하이라이트는 버핏과 멍거의 질의응답 세션이다. 무려 5시간 동안 강당에 앉아서 버크셔 해서웨이 주주들의 질문에 라이브로 답변한다. 매년 그들이 하는 말에 전 세계 투자자들의 이목이 쏠리는 건 당연하다. 미국의 자본주의를 움직이는 거장들이 생각하는 버크셔와 미국 경제의 미래, 주주들에게 날리는 조언이나 메시지 등 고급 정보가 넘친다.

2024년에는 그동안 볼 수 없었던 완전히 다른 모습으로 버크셔 해서웨이 주주총회가 진행되었다. 2023년에 별세한 찰리 멍거 없이 진행되는 첫 버크셔 해서웨이 주주총회였다. 버핏은 수십 년 동안 옆자리를 지켜온 멍거 대신 버크셔 해서웨이의 보험 사업 부문 부회장인 아지트 자인과 비보험 사업 부문 부회장인 그렉 아벨과 함께 질의응답을 진행했다.

버핏과 멍거가 나란히 앉아서 마이크를 잡고 얘기하는 모습에 익숙했던 나는 주주총회를 보는 내내 허전함을 지울 수 없었다. 평온하게 앉아서 종종 다이어트 콜라를 마시고, 시즈 캔디의 피넛 브리틀을 까먹는 인자한 찰리 멍거의 모습을 다시는 볼 수 없다니.

허전함을 느낀 건 나뿐만이 아니었다. 버핏도 그랬다. 2024년 버크셔 해서웨이 주주총회 질의응답 세션 중 나도 모르게 눈물이 찔끔 나오는 해프닝이 있었다. 평소처럼 주주 질문에 답하던 버핏은 옆에 앉아 있던 그렉 아벨의 생각을 묻기 위해 고개를 돌리며 이렇게 말했다.

"찰리?"

버핏의 이 한 단어에 강당을 채운 수만 명의 마음이 무너져 내렸다. 버핏은 당황하며, 그동안 옆에 있는 찰리 멍거를 찾는 게 너무 익숙해서 그랬다며 웃어넘기려 했다. 종종 옆에 있는 멍거에게 더 추가할 의견이 있는지 묻고, 멍거가 짤막하게 덧붙이곤 했기 때문이다. 버크셔 주주총회에서 지난 수십 년간 봐왔던 흔한 장면이다. 보통 버핏이 "찰리?"라고 물으면 멍거는 대개 덧붙일 게 없는 경우에 "더 할 말이 없네요"라는 식으로 짧고 솔직하게 답변했었다. 버핏과 멍거의 케미를 볼 수 있는 버크셔 주주총회의 아이콘 같은 장면이다.

버핏이 멍거에게 묻는 장면이 익숙한 관객들은 버핏의 실수에 웃음을 터뜨렸다. 그러나 분명 버크셔 해서웨이 주주들은 동시에 코끝이 찡해지지 않았을까 싶다. 버핏이 찰리 멍거의 이름을 불러도 더 이상 멍거는 대답하지 않는다. 얼떨결에 찰리 멍거가 되어버린 부회장 그렉 아벨은 웃으면서 멍거를 추모하는 의미로 진심 어린 박수를 보냈다. 온 강당의 사람들이 각자의 마음속 찰리 멍거를 떠올리는 가슴 뭉클한 장면이 아니었을까.

찰리 멍거가 버크셔 해서웨이 주주총회에서 그동안 보여준 존재감은 어마어마하다. 부드럽고 유하게 표현하는 버핏과 달리 멍거는 돌려 말하지 않고 직설적으로 말하는 것으로 유명하다. 찰리 멍거를 그리워하는 의미에서 멍거가 그동안 날렸던 팩폭, 돌직구 발언들을 모아봤다.

멍거의 이런 솔직담백한 돌직구 발언들은 우리 가슴속에 오래오래 남을 것이다. 멍거의 인생이 기억되고, 많은 사람이 그를 그리워하길 바란다.

코카콜라가 건강에 해로운가라는 질문에 대해

"콜라가 건강에 해롭지 않냐는 질문을 던지는 사람은 아주 큰 실수를 저지르는 겁니다. 장점은 보지 않고 단점만 따지는 어리석은 행동이죠. 비행기 추락 사고로 죽는 사람이 매년 100여 명입니다. 그래도 비행기는 그 정도 위험을 감수하고 탑승할 만한 가치가 있죠. 사람이 생존하려면 물을 하루에 8~10잔 정도 마셔야 합니다. 여기에 아주 적은 비용으로 설탕, 탄산, 칼로리를 첨가해 생활의 활력이 높아진다면 이는 큰 혜택입니다."

- 2016년 버크셔 해서웨이 주주총회

비트코인과 암호화폐 열풍에 대해

"저는 크립토(Crypto, 암호화폐 Cryptocurrency의 줄임말)를 크래포(Crappo, 쓰레기를 뜻하는 은어 Crap을 활용한 단어) 혹은 크립토 쉿(Crypto Shit, 역시 은어를 활용한 단어)이라고 부릅니다. 사람들이 암호화폐를 사는 건 말도 안 된다고 생각합니다."

"암호화폐는 대단히 멍청하고 위험합니다. 이를 허용하는 정부는 완전히 잘못됐습니다. 저는 미국이 암호화폐를 즉시 금지해야 한다고 생각합니다. 그래서 저는 암호화폐를 금지한 중국을 높게 평가합니다."

"암호화폐에 대한 제 생각에 반대하는 사람들은 전부 바보입니다."

- 2023년 데일리 저널 주주총회

투자업계와 투기 열풍에 대해

"요즘은 주식에 대해 아무것도 모르는 사람들이, 자기들보다 더 모르는 주식 브로커의 조언을 받습니다. 말도 안 되는 미친 상황이죠. 어떤 현명한 국가도 이런 광경을 원치 않을 겁니다. 누가 자기 나라의 주식이 카지노에서 거래되길 바라겠습니까?"

- 2022년 버크셔 해서웨이 주주총회

"펀드매니저들은 고객들의 계좌에서 돈을 빼먹는 점쟁이들이나 다름없습니다."

- 2023년 파이낸셜 타임스와의 인터뷰

테슬라의 CEO 일론 머스크에 대해

"저는 자신을 과대평가하는 사람보다 자신의 한계를 아는 사람을 원합니다. 하지만 제가 인생에서 배운 게 하나 있다면, 종종 이렇게 스스로를 과대평가하는 이상한 사람들 중에 크게 성공하는 사람이 있더라고요."

"저는 제 인생에서 이렇게 망상에 빠져 살면서 종종 크게 성공하는 사람들에게 둘러싸이고 싶지 않습니다. 저는 좀 더 신중한 사람을 원해요."

- 2019년 데일리 저널 주주총회

"일론은 불가능한 일을 맡아서 하는 걸 좋아합니다. 워런과 나는 다릅니다. 우리는 쉬운 일들을 찾아서 하죠. 일론과 우리는 살아가는 삶의 방식이 매우 달라요. 우리는 그 정도의 실패는 원하지 않습니다."

- 2023년 버크셔 해서웨이 주주총회

4장

‘성공한 버핏 덕후’ 모니시 파브라이

01

파브라이,
투자계의 성공한 덕후의 삶

잡지에서 버핏을 처음 본 1994년부터,
워런 버핏이 했던 것처럼 앞으로 30년 동안
백만 달러를 10억 달러로 불리겠다는 목표를 세웠다.

투자계에서 제일 성공한 덕후가 있다면 이 사람이 아닐까? 모니시 파브라이는 본인이 동경하던 워런 버핏과 찰리 멍거의 투자 스타일을 그대로 베껴서 성공한 가치 투자자다. 살아온 인생은 버핏과 사뭇 달랐지만, 누구보다 충실한 버핏의 추종자였다.

모니시 파브라이는 1964년 인도 뭄바이 중산층 가정에서 태어났다. 파브라이의 아버지는 꾸준히 노력하는 사업가였는데, 어려서부터 근면 성실과 좋은 교육의 중요성을 일깨웠다고 한다. 1983년 19살 때 미국으로 이주해 클렘슨 대학에서 컴퓨터 공학을 전공했고, 1986년에 Telabs라는 IT 회사에 취직했다. 이때까지만 해도 파브라이는 본인이 훗날 전업 주식 투자자가 될 줄 상상도 하지 못했을 것이다.

남의 회사에서 일하는 것보다 본인 사업을 하고 싶었던 파브라이는 1991년에 다니던 회사를 나와 Transtech Inc라는 IT 컨설팅 회사를 창업했다. 당시에는 몰랐지만, 파브라이의 창업 경험은 나중에 주식 투자를 하는 데 많은 도움이 되었다.

드디어 워런 버핏을 만나다

1994년, 열심히 본인 사업을 운영하던 파브라이는 공항에서 비행기를 기다리던 중이었다. 시간이 남아서 잡지를 뒤적이다가 우연히 워런 버핏의 투자 성공을 다룬 잡지를 읽게 되었다. 당시 워런 버핏은 44년 동안 연평균 31%라는 말도 안 되는 수익률을 거두고 있던 참이었다. 투자해 본 사람이라면 복리의 힘이 얼마나 위대한지 알 것이다. 만약 1달러를 1950년에 버핏 파트너십에 투자했다면 1994년 당시에는 14만 4,523달러까지 불어났을 것이다. 첫 투자금은 단 1달러였지만, 44년 동안 매년 1.31배씩 늘어나면 그렇게 된다. (1달러 × 1.31^{44} = 144,523달러)

이 천문학적인 숫자 앞에 파브라이는 워런 버핏을 롤모델로 삼았다. 잡지에서 버핏을 처음 본 1994년부터, 워런 버핏이 했던 것처럼 앞으로 30년 동안 백만 달러를 10억 달러로 불리겠다는 목표를 세웠다. 파브라이는 이 목표를 하나의 게임이라고 생각했다고 한다. 돈을 많이 벌어 꼭 부자가 되고 싶다기보다는 자신이 만든 30년짜리 게임에서 이기고 싶다는 열망으로 가득했다.

이 게임에서 이기기 위해 파브라이는 즉시 주식에 뛰어들었다. 워런 버핏처럼 주식 투자를 하고 싶었던 파브라이는 1999년 본인의 이름을 딴 '파브라이 펀드'라는 투자조합을 설립한다. 버핏의 모든 것을 따라 하고 싶어서 투자 방식도 버핏식 가치 투자를 택했고, 파브라이 펀드의 수수료 구조도 버핏 파트너십의 구조를 그대로 베꼈다. 후에 파브라이는 본인 입으로 버핏 파트너십의 구조를 천재적으로 베꼈다고 인정했다.

파브라이의 버핏 덕질은 이게 다가 아니었다. 매년 열리는 워런 버핏의 자선 점심 경매에도 참여했다. 본인의 성공을 만들어준 버핏에게 그동안 잘 배웠다는 의미로 수업료를 낼 준비가 되어 있었지만, 결심은 결심이고 버핏과의 점심 경매는 만만치 않은 낙찰가를 요구했다. 결국 친구이자 또 다른 버핏 스타일 가치 투자자인 가이 스피어와 합쳐 2008년 버핏과의 점심 경매를 낙찰받는 데 성공했다.

당시 파브라이와 스피어의 입찰금은 65만 달러, 한화로 약 7억 원이었다. 평범한 우리에겐 노후를 위해 평생 모아야 할 거액을 점심 한 끼로 기꺼이 지불한 것이다. 버핏과의 점심 이후로도 파브라이는 매년 버크셔 해서웨이 주주총회에 참여해 버핏과 멍거를 만나는 등 진정한 덕후의 모습을 보여줬다.

파브라이 펀드는 멘토인 워런 버핏한테 잘 배웠다는 평가가 나올 정도로 성공적이었다. 1999년 100만 달러의 투자금으로 시작한 이 펀드는 2023년까지 연평균 12.6%의 수익률을 기록하며 동기간 S&P 500 시장 수익률인 7.2%를 크게 웃돌았다.

파브라이의 사업 운영 경험은 투자할 만한 기업을 평가할 때 큰 도움이 되었다. 그는 12살 때부터 사업가였던 아버지를 도왔고, 26살에는 Transtech Inc.라는 IT 회사를 직접 창업하기도 했다. 특히 어린 시절 겪은 아버지 사업의 어려움이 밑거름되었다. 그는 어린 나이에도 흔들리던 사업의 현금흐름을 어떻게 개선할 수 있을지 매일 밤 고민했다고 한다.[34]

인지능력은 12살부터 20살 사이에 기하급수적으로 발달한다. 한 기업을 제대로 이해하려면 사업성, 현금흐름, 경쟁력 등 다양한 요소를 분석해야 한다. 12살부터 쌓아온 그의 사업 경험은 대표의 시각에서 기업을 파악하는 데 실질적인 도움을 주었을 것이다. 워런 버핏 역시 6살에 할아버지의 식료품 가게에서 코카콜라를 사서 되파는 장사를 했다. 그래서인지 파브라이는 "사업 경험은 훌륭한 투자자의 덕목"이라고 자주 강조했다.

담배꽁초 투자에서 퀄리티 투자로

2020년대에 접어들며 파브라이의 투자 철학은 초기와는 많이 달라졌다. 원래는 버핏과 벤저민 그레이엄식 전통 가치 투자, 즉 담배꽁초 투자를 주로 했었다. 파브라이는 "그레이엄식 투자는 1달러짜리 지폐를 0.5달러의 가격에 사는 투자"라고 표현했다. 앞에서도 말했지만, 적정 가치보다 싼 가격에 주식을 사서 적정가에 도달했을 때 팔아 수익을 보는 투자 방법이다.

하지만 담배꽁초 투자보다 워런 버핏의 투자 방식인 위대한 기업의 주식을 사서 오래 들고 있는 투자 방식이 훨씬 좋다는 걸 깨달았다. 2008년 점심 경매 이후 계속 개인적인 친분을 이어온 워런 버핏과 찰리 멍거가, 소수의 좋은 기업들만으로 큰 부를 이뤘다는 사실이 파브라이를 가장 크게 움직였다.

버핏과 멍거의 퀄리티 투자(Quality Investing)는 적은 매도 횟수로 수수료와 세금을 줄이면서 훌륭한 기업의 장기적인 시장 초과 수익률을 누릴 수 있는 현명한 전략이었다. 실제로 파브라이는 2023년 9월에 새로 설립한 파브라이 웨건 펀드(Pabrai Wagons Fund)에서 튀르키예, 미국, 그리스 등 여러 나라의 다양한 퀄리티 기업들로 포트폴리오를 꾸리는 것이 목표라고 말했다.

파브라이는 투자 활동 외에도 미국 대학교 투자 스터디 클럽 강연을 자주 다닌다. 강연마다 파브라이는 워런 버핏이 어떻게 소수의 위대한 기업만으로도 현재 전 세계 최고의 부자 중 한 명이 됐는지를 열심히 설명한다.

파브라이는 미국 시장에서 좋은 투자 기회를 찾을 수 없다면, 다른 나라의 주식 시장으로 눈길을 돌려보는 것도 좋은 생각이라고 말했다. 2019년 인터뷰에서 파브라이는 본인의 펀드 자금 대부분을 튀르키예, 인도, 한국 같은 나라로 옮겼다고 했다. 미국 주식 시장은 좋은 기회를 낚아채는 시장 참여자가 너무 많지만, 다른 나라의 주식 시장에서는 비슷한 퀄리티 기업이라도 훨씬 싼 가격에 거래된다. 새로운 투자 기회를 찾기 위해 다른 곳으로 눈길을 돌리는 수고를 마다하지 않는 것이다.

파브라이의 성공을 보면 이미 성공한 사람의 비결을 모방하는 게 아주 좋은 아이디어처럼 보인다. 그의 투자 스토리와 조언을 하나씩 살피면 워런 버핏의 목소리가 들리는 것 같지만, 여전히 파브라이만의 스토리와 인사이트가 있다는 것도 부정할 수 없다. 지루하지 않고 재밌게 접근할 수 있다. 이제 성공한 덕후, 파브라이의 목소리를 들어보자.

02

부끄럼 없이 맘껏 베껴라

모방의 위력을 알았던 모니시 파브라이는 투자에서도
성공한 투자자들의 매매를 참고하는 게 도움이 된다고 말했다.

파브라이의 인생을 한 단어로 표현한다면 아마 '천재적인 모방가'일 거다. 본인 스스로도 이미 입증된 성공적인 모델들을 평생 열심히 베꼈다고 말하기도 했다. 혹시 그의 성공 방식이 창의적이지 않다고 비판하는 사람이 있을지도 모르겠다. 그러나 파브라이는 대부분의 성공은 어떤 형태로든 작은 모방에서 시작된다고 봤다.

파브라이는 그의 우상인 워런 버핏의 투자 스타일과 펀드 운용 방식을 그대로 베꼈다. 《투자를 어떻게 할 것인가 The Dhando Investor》에서도 파브라이는 맥도날드와 마이크로소프트 같은 대기업도 모방을 통해 성공을 일궈냈으며, 성공이 입증된 전략이 있다면 아무 부끄럼 없이 모방할 수 있어야 한다고 말했다.

1999년, 파브라이가 설립한 파브라이 펀드에도 초기 버핏 파트너십의 운용 방식을 그대로 가져왔다. 당시 미국의 헤지펀드 대부분은 전체 운용자산의 1~2%가 기본 수수료였고, 추가로 수익의 20%를 성과보수로 가져갔다.

예를 들어, 어떤 해에 펀드가 10%의 수익률을 냈다고 하자. 펀드 성과와 상관없이 매년 발생하는 수수료 2%를 뺀 수익률은 8%다. 여기에서 20%의 성과보수까지 빼면 8% × (1 - 20%) = 6.4%가 남는다. 펀드가 연 10%의 수익을 내더라도 투자자에게 돌아오는 수익률은 6.4%에 불과하다는 말이다. 반대로 펀드가 -10%의 손실을 보게 되면 어떨까? 이 경우에도 투자자들은 여전히 수수료 2%를 내야 한다. 손실이 생겨도 펀드매니저는 꾸준히 보수를 받을 수 있는 구조라서 그렇다.

워런 버핏은 전통적인 헤지펀드 수수료 구조를 깨고자 했다. 버핏은 펀드가 투자자들을 위해 진짜로 돈을 벌어주려면 펀드매니저의 보상 구조가 투자자 마인드셋과 일치해야 한다고 판단했다. 그래서 펀드매니저는 수익이 있어야만 보상받고, 손실이 나면 보상받지 않는다는 원칙을 세웠다.

원칙 그대로 버핏은 버핏 파트너십에서 연수익률 6%를 달성하기 전까지는 투자자들에게 어떤 수수료도 받지 않았다. 대신 연수익률이 6%를 넘어갔을 때 초과 수익률의 1/4을 가져갔다. 예를 들어 버핏 파트너십의 연수익률이 10%라면, 10%에서 6%를 초과한 나머지 4%의 초과수익 중 1/4인 1%를 수수료로 가져갔다는 뜻이다. 꽤 공정한 보상 시스템이다. 투자자가 돈을 벌지 못하면 수수료 걱정이 없다. 반면 버핏은 높은 성과보수를 얻기 위해 더 좋은 투자 기회를 열심히 찾게 된다.

파브라이는 버핏 파트너십의 수수료 구조가 지속 가능한 경쟁우위라고 판단했다. 운용보수 1%, 성과보수 20%인 다른 헤지펀드와 비교했을 때, 버핏은 연수익률이 50%를 넘는 경우에만 다른 헤지펀드보다 높은 수수료를 요구한다.[35] 따라서 투자자들은 대부분 평균보다 낮은 수수료를 낸다. 평균보다 높은 수수료를 내는 경우는 펀드가 압도적인 수익률을 냈을 때라서 투자자도 전혀 아깝지 않다. 이러니 펀드매니저 실력만 입증된다면 투자하지 않을 이유가 없는 것이다. 파브라이는 버핏 파트너십의 경쟁우위를 파악하고, 그대로 베껴서 현재까지 성공적으로 파브라이 펀드를 운용하고 있다.

수수료 구조 외에도 파브라이는 버핏 파트너십의 많은 부분을 본인 펀드에 적용했다. 예를 들어 버핏은 성과보수를 그대로 재투자하는 걸 좋아하는데, 같은 방법으로 파브라이 파트너십의 최대 투자자가 되었다. 실제로 자기 돈이 펀드 자금에 들어가는 만큼 버핏은 더 신경 써서 투자했을 것이다.

또 버핏은 다른 애널리스트 없이 혼자 파트너십의 모든 투자 결정을 내렸던 걸로도 유명하다. 독단적으로 결정한 보유 종목들을 투자자에게 공개하지도, 논의하지도 않았다. 버핏은 다른 사람과 타협하지 않고, 최대한 독립적으로 투자를 결정하고 싶어 했다. 다른 사람의 의견에 흔들리지 않는 독립성이 투자에서 무엇보다 중요하다는 걸 알고 있었기 때문이다.

이 모든 것들을 파브라이는 부끄럼 없이 적용했다. 성과보수를 본인 펀드에 재투자했고, 펀드를 운용할 때도 파트너 없이 혼자서 투자 결정을 내렸다. 이미 입증된 성공 사례를 굳이 벗어날 이유가 없다는 게 그의 생각이었다.

모니시 파브라이의 버핏 사랑은 2008년 버핏과의 점심 경매를 낙찰받은 후 더 진심이 되었다. 가이 스피어와 파브라이는 버핏과의 점심 식사를 최고의 경험이라고 말했다. 파브라이에게 버핏과의 점심은 단순히 한두 시간 만에 끝나는 일회성 이벤트가 아니었고, 워런 버핏은 파브라이가 지불한 거액의 돈만큼 그에 합당하는 가치를 제공하고 싶어 했다. 버핏은 점심 약속 당일에 나머지 스케줄을 모두 비우고, 파브라이에게 이렇게 말했다고 한다.

"이 점심 식사 자리에 당신이 지겨워질 때까지 계속 앉아있을 겁니다. 당신이 원하는 건 무엇이든 다 물어보세요."

버핏 덕후 파브라이에게는 꿈 같은 일이었을 거다. 결국 몇 시간 동안이나 버핏과 많은 이야기를 나눴고, 자연스럽게 그와 친해지게 되었다. 점심 식사가 끝나고 파브라이는 버핏에게 부탁해서 찰리 멍거와의 점심 식사도 약속받았다. 이미 말했듯, 그는 버핏보다 멍거와의 점심 식사가 더 즐거웠다고 한다.

65만 달러, 현재 우리 환율로 따지면 약 90억 원에 가까운 금액을 지불했지만 그 이상의 가치를 돌려받았는지도 모르겠다. 파브라이는 그

전까지는 실제로 만나본 적이 없던 본인의 우상 버핏뿐만 아니라 멍거와도 친해지게 되었고, 매년 버크셔 해서웨이 주주총회에 방문해 그들과 함께 식사할 수 있게 되었다. 이 셋은 자주 모여 브리지 카드 게임을 하는 사이로까지 발전했다. 괜히 '성공한 덕후'라고 말하는 게 아니다.

파브라이는 많은 기업의 성공 사례 역시 성공적인 모방 덕분이라고 했다. 그의 말마따나 모방을 통한 성공 사례는 주변에서도 어렵지 않게 찾을 수 있다. 애플은 천재적인 모방 기업 중 하나다. 아이폰, 맥북, 아이패드, 에어팟 등 애플의 대표 제품들은 모두 애플이 최초로 만든 것들이 아니다. 혁신적인 새 기술이나 제품이 나오면 최소 몇 년 길게는 10여 년이 지나서야 애플 제품으로 만드는데, 그래도 애플 신제품들은 매번 히트를 친다.

트렌드에 늦게 뛰어들었는데도 애플 제품이 잘 팔리는 이유는 무엇일까? 바로 애플만의 브랜딩과 감성을 섞기 때문이다. 애플은 기존 시장에 있는 제품이라도 애플만의 감성을 담아 소비자에게 어필한다. 애플은 굳이 새로운 기술을 누구보다 먼저 신제품으로 출시할 필요가 없다. 아니 오히려 먼저 출시할수록 손해다.

다른 회사들이 내놓는 새로운 기술과 제품에 소비자들이 어떻게 반응하는지 주시하다가, 반응이 좋고 애플의 iOS 생태계나 브랜딩에 맞으면 그제야 제작에 들어간다. 이미 시장에서 입증된 제품에 애플만의 감성을 더해 출시하는 셈이다. 이 정도면 애플이 수십 년간 살아남은 비결은 천재적인 '모방의 예술'이라고 할 만하지 않은가.

모방의 위력을 알았던 모니시 파브라이는 투자에서도 성공한 투자자들의 매매를 참고하는 게 도움이 된다고 말했다. 실제로 새로 투자할 만한 주식을 찾을 때, 다른 성공한 펀드매니저들이 혹시 이 주식을 매수했는지 찾아본다고 한다. 물론 다른 투자자가 샀다고 무조건 따라 사는 건 아니다. 이미 성공한 '슈퍼 인베스터(Super Investors)'들이 내가 관심 있는 주식을 샀다면, 그 종목은 믿음을 갖고 더 깊이 조사해 볼 만한 가치가 있다는 뜻이다.

개인 투자자가 슈퍼 투자자들의 보유종목과 매매기록을 확인할 방법이 있다. 바로 13F 문서다. 13F는 미국에서 1억 달러 이상의 자산을 운용하는 펀드라면 어디든 미국 증권거래위원회(SEC, Securities and Exchange Commission)에 제출해야 하는 분기별 리포트를 말한다. 분기 마지막 날에 보유하고 있는 모든 미국 주식 및 관련 증권 현황을 공개해야 한다. 13F 문서는 Whalewisdom.com이나 Dataroma.com 등에 들어가면 누구나 무료로 볼 수 있다.

이 책에서 소개하는 워런 버핏, 찰리 멍거, 모니시 파브라이, 리 루 등 다양한 슈퍼 인베스터의 포트폴리오도 확인할 수 있다. 동경하는 투자자의 매매기록과 보유 종목을 확인하는 것만으로도, 우리는 실패할 확률이 적은 투자 아이디어를 얻을 수 있을 것이다.

실제로 아예 슈퍼 인베스터들의 매매와 포트폴리오를 그대로 따라하는 전략도 있다. 미국의 한 논문은 워런 버핏의 회사 버크셔 해서웨이의 13F 문서 매매기록을 수십 년 동안 그대로 따라서 매매하는 테스트를 한 적이 있다. 결과는 어땠을까? 1976년부터 2006년까지 13F에 나온 워런 버핏의 매매기록을 그대로 따라 한 결과 연평균 수익률은 무려 24.58%였다.[36] 같은 기간 S&P 500 인덱스의 연평균 수익률은 13.83%였으니, 이보다 10.75%나 더 높다.

단점이라면 13F는 매 분기가 끝난 후 45일 안에 공개되기 때문에 실제로 버크셔 해서웨이 포트폴리오를 바로 따라 할 수 없는 시차가 발생한다. 그래도 장기적으로는 워런 버핏과 비슷한 포트폴리오를 가져갈 수 있다는 게 중요하다. '버핏 모방 포트폴리오'는 버크셔 해서웨이 포트폴리오(Equity Portfolio)만큼은 아니지만 꽤 근접한 누적 수익률을 보여준다.

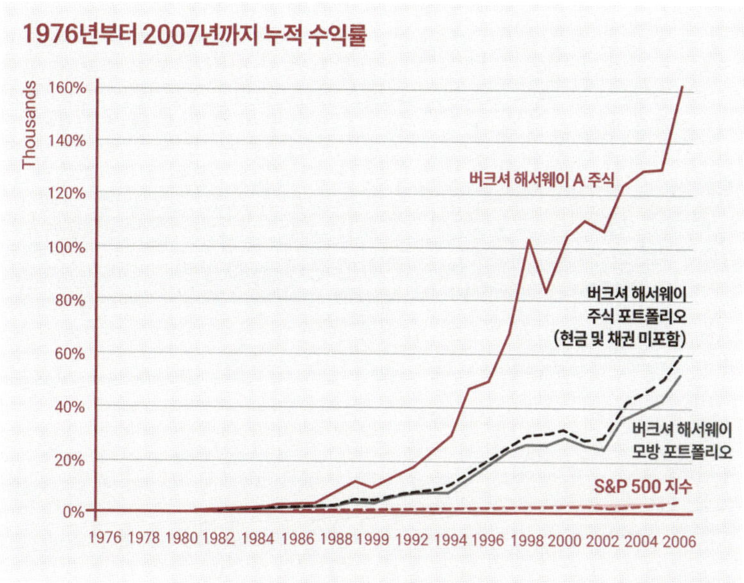

미리 말하지만, 이 결과만 보고 버크셔 해서웨이 포트폴리오를 무작정 따라 하는 건 위험하다. 지금의 버크셔 해서웨이 규모는 10~20년 전과 비할 수 없이 크다. 덩치가 커진 만큼 시가총액이 큰 대기업에 투자해야만 수익률에 영향을 줄 정도가 되었다는 뜻이다. 따라서 앞으로 10~20년 동안 버크셔 해서웨이 수익률이 과거처럼 높은 수준으로 유지될 거라는 보장은 없다.

버핏이 아니라 다른 슈퍼 인베스터 중 한 명을 골라 포트폴리오를 따라 하는 방법도 있다. 하지만, 이 역시 그 펀드매니저를 전적으로 신뢰할 수 있어야 한다. 어떤 경우든 내가 매수한 종목을 제대로 이해하는 건 기본이다. 내가 모르는 종목을 사면 시장의 변동성에 휘둘리다가 섣불리 매도할 수도 있기 때문이다.

사실, 포트폴리오를 20년 이상 장기간 모방한다는 건 말만 쉬운 거다. 실행은 별개의 문제다. 그러니 13F에 나오는 슈퍼 인베스터들의 매매기록을 그대로 따라 한다기보다는 투자에 참고하는 정도가 마음 편할 것이다. 모니시 파브라이 역시 성공한 투자자들을 참고해 자신만의 투자 아이디어를 발전시키는 게 중요하다고 강조했다.

03

단순하게 이해할 수 있는 사업에 투자하라

주식 시장에서도 단순한 사업 모델을 가진 기업이 성공을 거두는 경우가 많다.

"성공하면 크게 벌고, 실패해도 큰 손실이 없다."

모니시 파브라이가 정의하는 '단도 투자'의 기본 원칙이 이것이다. 단도 투자란 위험은 적지만 기대 수익은 높은 투자 방식이다. 흔히 '하이 리스크 하이 리턴' 즉 기대 수익률이 높을수록 더 높은 위험 부담을 감당해야 한다는 기본 원칙은 잘 알 것이다. 파브라이의 단도 투자는 '로우 리스크 하이 리턴' 전략이다. 높은 수익률을 기대할 수 있지만, 반대로 위험 부담은 크지 않은 투자 전략이다. 이게 정말 가능한 걸까?

파브라이는 단도 투자의 원칙을 《투자를 어떻게 할 것인가》라는 책에서 명확히 설명한다. 대표적인 예시가 인도에서 미국으로 이주해 온 파텔 가문이다. 파텔 가문은 낯선 미국 땅에서 모텔 사업을 시작해 엄청난 성공을 거뒀다. 인도 서부 구자라트 출신의 '파텔' 성을 가진 인도인은 미국 인구 500명 중 단 1명꼴에 불과하다.[37] 그런데 미국 내 모텔의 절반 이상이 이 파텔 성을 가진 인도인 소유라고 한다.

파텔 가문의 일원이었던 파파 파텔이 아내와 아이들을 데리고 처음 미국으로 이주한 건 1973년이었다. 낯선 땅에 영어도 유창하지 않아서 생계를 유지할 일을 찾기가 쉽지 않았다. 여러 방법을 물색하던 파파 파텔은 모텔 사업에 뛰어들기로 결심했다. 당시 객실이 20개 정도인 작은 모텔이 매물로 나왔는데, 매수 가격의 80~90퍼센트를 은행융자로 해결했다. 당시 50,000달러였던 모텔을 인수하기 위해 파파 파텔에게 필요한 돈은 현금 5,000달러 정도였다고 한다.

절박했던 파파 파텔은 뭣도 모르는 모텔 사업을 시작했는데, 모텔을 인수하면 객실 몇 개를 주거용으로도 쓸 수 있어서 일거양득이었다. 따로 직원을 뽑지 않고 파텔 부부가 접수와 청소 등의 허드렛일을 모두 직접 했다. 힘들긴 했지만, 그 덕분에 파텔 가족은 경쟁 업체보다 훨씬 낮은 가격으로 모텔을 운영할 수 있었다. 숙박비를 낮게 제공하니 입실률은 자연스럽게 올라갔다.

파텔 가족의 생계를 건 투자는 대성공이었다. 애초에 대출 끼고 5,000달러만으로 인수했다는 점이 큰 역할을 했다. 1박당 숙박료 12~13달러, 평균 입실률 50~60퍼센트로만 가정해도 파텔 가족의 모텔 사업 매출은 연간 약 50,000달러였다. 은행에 돌려주는 이자와 원금 상환 비용, 모텔 유지 비용, 가족의 생활비, 세금까지 다 합쳐도 연간

15,000달러 이상의 순이익이 남는 구조였다.[38]

모텔을 인수할 때 5,000달러는 현금, 나머지 45,000달러는 대출이었지만 연간 15,000달러의 순이익이라면 3년이면 모든 대출을 전부 상환할 수 있다는 계산이 나온다. 파텔 가족의 모텔 사업이 파브라이가 강조하는 단도 투자다. 5,000달러의 초기 투자금, 객실 입실률 50%만 잡아도 순이익 15,000달러를 벌 수 있는, 연수익률 300%의 투자 기회였다.

최악의 경우 모텔 사업이 실패한다고 가정해 보자. 파텔 부부가 열심히 모은 초기 투자금 5,000달러를 모두 잃을 것이다. 5,000달러는 파텔 부부가 2년 동안 1973년 당시 최저 시급으로 계산해서 일주일에 60시간씩 둘이 같이 일해서 번 돈이었다. 단 2년이다. 10년 이상 일해야 복구할 수 있는 큰 금액이 아니라는 말이다.

만약 여러분에게 투자금 5,000달러로 1년에 15,000달러의 수익을 낼 수 있지만, 낮은 확률로 5,000달러를 모두 잃을 수도 있는 투자 기회가 주어진다면 어떻게 할 것인가? 리스크에 비해 확률적으로 기대 이익이 높은 매력적인 단도 투자 기회란 이런 것이다. 충분히 도전할 만한 상황이라고 생각한다.

'단도'는 파텔 가문 출신인 인도 구자라트 말이다. 직역하면 '부를 창출하기 위한 노력', 일반적으로는 '사업'으로 번역한다고 한다.[39] 좀 더 정확히 말하자면 단도는, 파텔 가족이 뛰어든 모텔 사업처럼 위험을 최소화하면서 부를 얻기 위한 노력이라고 볼 수도 있겠다. 파브라이는 이런 저위험 고수익 투자를 '앞면이 나오면 성공이고 뒷면이 나와도 크게 잃지 않는' 동전 던지기에 비유했다.

솔직해지자. 저위험 고수익의 투자 기회가 있다면 누구나 솔깃할 것이다. 문제는 이런 절호의 투자 기회를 어디서 포착하는지다. 모니시 파브라이는 단도 투자 기회를 찾는 다양한 원칙들을 소개했는데, 이 중 몇 가지 핵심 원칙을 짚어보고, 실제로 어떻게 적용할 수 있는지 알아보자.

파텔 가족이 뛰어든 모텔 사업은 어지간한 사람이라면 쉽게 이해할 수 있는 사업 구조다. 모텔이 돈을 버는 방법은 객실을 채우는 것이다. 객실을 채우려면 좋은 서비스나 낮은 가격으로 고객을 유입해야 한다. 낮은 가격을 제공하려면 모텔 유지보수 비용과 인건비 등의 비용을 낮추는 것이 핵심이다. 모텔 사업 구조는 언어 장벽이 있더라도 이해하는 데 전혀 문제없는 만국 공통의 개념이다. 이해하기 쉬운 사업에 투자할수록 내가 예상하지 못하거나 이해하지 못하는 곳에서 오는 위험에 처할 일이 적다.

주식 시장에서도 단순한 사업 모델을 가진 기업이 성공을 거두는 경우가 많다. 도미노 피자가 좋은 예다. 2004년에 주당 14달러로 상장한 도미노 피자의 주가는 2026년 1월 기준 약 425달러다. 지난 21년간 무려 2,937%의 수익률을 기록했으며, 연평균 수익률은 약 17.1%에 달한다. 도미노 피자가 이렇게 성공할 수 있었던 이유는 무엇일까? 단순하다. 그저 많은 사람이 좋아하는 피자를 많이 팔았을 뿐이다.

피자 판매, 도미노 피자의 사업 부문은 이거 단 하나다. 도미노 피자는 맛있는 피자를 매장에서 만들어서 소비자들에게 직접 배달한다. 미국의 도어대시, 우버이츠 등 배달 앱이 인기를 끌기 전부터 이미 효율적으로 소비자들에게 피자를 배달해 왔다.

피자라는 음식의 특성상 소비자 대부분은 매장에 방문하지 않고 배달을 이용한다. 따라서 도미노 피자는 매장의 규모를 최소한으로 줄이고, 피자 배달에 집중했다. 피자를 배달하는 단순한 사업인데도 도미노 피자는 전 세계 사람들을 사로잡았고 꾸준히 성장해 왔다. 주식 시장에서 굳이 이해하기 어려운 기업을 찾아서 투자할 필요가 없다는 걸 보여주는 좋은 사례라고 생각한다.

04

혁신이 아닌 모방 사업에 투자하라

새로운 혁신에 목매기보다,
이미 검증된 성공에 올라타는 편이 훨씬 현명하다.

세상에는 모방을 통해 성공한 사례가 많다. 모니시 파브라이는 본인의 투자 펀드 모델을 버핏 파트너십에서 그대로 따왔다. 파파 파텔은 이미 미국에 진출한 소수의 파텔이 운영하던 모텔 사업을 그대로 보고 배웠다. 주식 투자도 마찬가지다. 굳이 아직 검증되지 않은 새로운 혁신 사업에 뛰어드는 것보다 이미 검증된 성공 모델에 투자하는 게 더 효과적일 때가 많다.

SNS를 많이 사용하는 사람이라면 스냅챗과 인스타그램을 모두 알 것이다. 특히 요즘은 내가 좋아하는 인플루언서나 친한 친구의 인스타 스토리를 매일 확인하는 게 일상이다. 인스타그램 스토리는, 사실 스냅챗을 그대로 베낀 것이다. 친구들의 일상을 담은 모습을 가볍게 확인하고, 24시간 안에 사라져 버리는 '스토리' 기능을 처음 도입한 건 스냅챗이었다.

스냅챗은 주로 미국 10~20대들이 사진을 찍어 보내면서 채팅하는 대표적인 SNS다. 일대일 채팅과 별개로 친구들이 스냅챗에 올리는 스토리들은 친한 친구의 근황을 확인할 수 있는 좋은 방법이었다. 당시 SNS 경쟁자였던 인스타그램은 스냅챗의 스토리 기능을 거의 그대로 베껴 2016년에 출시했다. 스냅챗이 스토리를 도입한 2013년보다 3년이나 늦게 나온 것이다. 인스타그램은 스냅챗 이용자들이 스토리 기능을 좋아한다는 걸 깨닫고, 검증된 모델을 플랫폼에 그대로 채용했다. 스토리 기능은 인스타그램의 혁신적인 새 기술이 아니라 이미 사용자들에게 검증된 모방하기 딱 좋은 성공 모델이었다.

안전마진

안전마진은 버핏과 파브라이의 투자 핵심이다. 단도 투자가 저위험 고수익인 이유는 단순하다. 애초에 안전마진이 확보됐을 때만 투자에 진입하기 때문이다. 파파 파텔이 모텔 사업에 과감하게 투자할 수 있었던 이유 중 하나는 5,000달러로 50,000달러짜리 모텔을 인수할 수 있어서였다. 모텔 객실을 조금씩만 채워도 수익이 나는 투자 기회였다. 만약 모텔 사업이 아예 실패해서 투자금 5,000달러를 잃는다고 해도 파파 파텔은 여전히 다시 도전할 여유금이 있는 상태였다.

파브라이도 그렇다. '트랜스 테크'라는 사업을 창업할 때 여전히 '텔랩스'라는 회사에 다니고 있었다. 트랜스 테크는 자본금이 거의 들어가지 않는 창업 기회였고, 사업이 실패하더라도 잃은 돈은 거의 없으니 다시 본업으로 돌아가면 되는 상황이었다. 반대로 만약 사업이 성공을 거둔다면 파브라이는 적은 투자금으로 막대한 수익을 볼 수 있었다.

안전마진은 주식 투자에서도 워런 버핏이 항상 강조할 만큼 중요한 개념이다. 주식의 적정 가치를 구하는 방법은 여러 가지다. 어떤 방법이든 가장 중요한 요소는 가치를 구하는 투자자의 가정이다. 해당 기업의 미래 전망을 낙관적으로 생각한다면 적정 가치는 올라갈 것이고, 비관적으로 생각하면 적정 가치는 낮아질 것이다. 투자자로서 우리가 어떤 예상으로 적정 가치를 구하든 최소한의 안전마진을 확보하는 것이 중요하다.

예를 들어 내가 판단하는 주식 A의 적정 가치가 100달러라면, A 주식의 주가가 100달러로 떨어진다고 바로 매수할 게 아니다. 80달러, 70달러, 많게는 50달러까지 떨어질 수 있다. 그만큼 더 안전마진을 크게 두고 투자할 수 있을 것이다. 적정 가치 계산에 들어가는 우리의 가정과 예상은 얼마든지 틀릴 수 있기 때문이다. 미래를 정확히 예측할 수 있는 사람은 세상에 없다. 우리가 예측하지 못하는 위험과 나의 예측이 틀릴 가능성까지 고려해 안전마진을 확보해야 한다. 보수적인 안전마진이 확보되었을 때 주식을 매수한다면, 만약 내 예상이 틀리더라도 돈을 잃게 될 확률은 급격히 줄어든다.

05

위험은 적지만 불확실성이 큰 사업에 투자하라

불확실성이 높은 시기에 위험이 적은 훌륭한 기업을 낚아채는 것이 투자 성공의 비결이다.

'위험이 적은데 불확실성이 크다?' 모순적인 말처럼 보일 것이다. 흔히들 투자에서 불확실성이 높을수록 리스크가 크다고 인식하는데, 파브라이의 생각은 달랐다. 파브라이가 정의하는 불확실성은 미래의 매출과 이익이 어떻게 변할지 예측하기 어려운 상태를 말한다. 반대로 위험은 말 그대로 투자를 통해서 돈을 잃을 수 있는 확률이다.

파브라이는 미래 전망의 불확실성이 클수록 시장에서 주가가 낮게 형성되는 경우가 많다고 말했다. 이는 애널리스트들이 미래 이익을 바탕으로 현재 기업 가치를 평가하기가 까다롭기 때문이다. 다만 이런 기업들은 몇 년 안에 이익이 급격히 감소해 투자금을 잃을 가능성은 상대적으로 낮을 수 있다. 오히려 안전한 가격에 좋은 투자 기회를 잡을 수도 있는 셈이다.

좀 더 자세히 알아보자. 미국의 대표 의류 및 인테리어 제품 할인매장 티제이맥스(TJ Maxx, 티커: TJX)가 좋은 사례다. 티제이맥스는 다른 의류 브랜드나 백화점에서 시즌이 지나거나 잘 팔리지 않는, 이른바 떨이 상품을 싼 가격에 재고로 가져온다. 그리고 이 재고를 다른 의류 브랜드보다 싼 가격에 매장에 진열한다. 나이키, 아디다스 등 유명 브랜드 옷들을 잘만 찾으면 싼 가격에 건질 수 있는 소비자 경험을 선사한다. 티제이맥스의 주가는 2008년 금융위기가 닥쳤을 때 크게 하락했다. 2008년 8월 9.25달러의 고점에서 몇 달 만인 11월에 4.62달러까지 떨어졌다. 주가가 3달 만에 거의 반토막이 난 것이다.

2008년 8~11월 티제이맥스(TJX) 주가

출처: barchart.com

주가 하락의 주된 원인은 경기 침체로 인한 미래 소비자 수요의 불확실성이었다. 당시 애널리스트들도 사상 초유의 금융위기와 경기침체 속에서 사람들이 과연 티제이맥스의 옷을 얼마나 살지 예측하기 어려웠다.

그러나 티제이맥스 투자로 돈을 잃을 가능성은 낮았다. 2008년 10월 기준 티제이맥스는 38만 7천 달러의 현금을 보유하고 있었고, 같은 시기 부채는 총 85만 4천 달러였다. 언뜻 보면 부채가 현금보다 많아 위험해 보일 수 있다.

하지만 2008년 1월 기준으로 예상 이자 비용까지 포함한 전체 부채 92만 8천 달러 가운데, 1년 내 상환해야 할 금액은 고작 2만 6천 달러였다. 나머지 45만 9천 달러는 1~3년 안에, 44만 1천 달러는 최소 5년 이후에 갚으면 되는 구조였다.

게다가 2008년 1월 기준 지난 12개월간 티제이맥스의 잉여현금흐름은 83만 4천 달러였다. 잉여현금흐름은 기업이 영업을 통해 벌어들인 영업현금흐름에서 유형자산에 투자하는 자본지출 금액을 뺀 금액이다. 기업이 한 해 동안 영업으로 벌어들인 모든 현금에서 사업에 필요한 재투자 비용을 뺀 금액이라고 보면 된다. 따라서 티제이맥스의 잉여현금흐름이 그대로 유지되거나 조금 감소하더라도 2008년 1월 기준 전체 부채 85만 4천 달러 대부분을 갚을 수 있는 수준이었다.

티제이맥스는 의류 및 인테리어 제품을 타 브랜드 정가보다 20~60% 정도 저렴한 가격에 판매한다. 경기침체가 왔을 때 의류와 인테리어 제품 등에 대한 선택적 소비는 전체적으로 감소할 수 있다. 그러나 이미 저렴한 가격에 파는 티제이맥스 제품들은 불경기에도 소비자들에게 충분히 매력적이었다. 실제로 2008년 10월 기준 지난 10개월 간의 티제이맥스 영업이익률은 7.80%로, 1년 전인 2007년 동기간 영업이익률 5.94%보다 높은 수준이었다.

그렇다면 현금 유동성과 사업성에 큰 문제가 없었던 티제이맥스 주가가 크게 떨어진 이유는 무엇일까? 이유 중 하나는 지난 3개월 기준 순이익이 전년 대비 감소했기 때문이다. 순이익이 감소했던 가장 큰 이유는 당시 적자를 내던 브랜드 밥스 스토어(Bob's Stores) 매각이었다.

이 매각으로 티제이맥스는 1,800만 달러 정도의 기타 손실을 기록했고, 순이익은 지난 13주 기준 2억 3,585만 달러로 1년 전인 2007년 동기간 순이익 2억 4,946만 달러에 비해 약 5.5% 감소했다. 그러나 영업이익률은 여전히 지난 13주 기준 8.9%로, 2007년 동기간 영업이익률 8.72%에 비해 높은 수준이었다.

TJX 2008년 손익계산서

단위: $ thousands

	2008년 10월 25일까지 3개월	2007년 10월 27일까지 3개월
매출	4,761,530	4,658,718
매출원가*	3,528,009	3,480,607
판매관리비용**	816,814	771,737
기타 비용	-7,000	-
영업이익률	8.90%	8.72%
영업 매각 손실	-18,268	-1,800
순이익	235,849	249,461

* 매출 원가: 의류 재고 구입 및 운송에 쓰이는 비용

** 판매관리비용: 홍보비, 직원 급여 등 영업에 필요한 판매 및 관리에 쓰이는 비용

티제이맥스의 사업성은 여전히 건재했지만, 시장은 높게 평가하지 않았다. 분명 티제이맥스는 경기침체에도 악영향이 크지 않은 건재한 사업 모델을 갖고 있었다. 현금 유동성도 안정적이어서 투자해도 돈을 잃을 확률이 낮은 투자 기회였다. 티제이맥스는 단순히 경기침체가 얼마나 심할지 모른다는 불확실성만으로 주가가 폭락한 것이다.

파브라이가 말한 것처럼, 이는 위험은 적지만 불확실성은 큰 투자 기회이기도 하다. 2026년 1월 기준 티제이맥스의 주가는 약 154.3달러다. 만약 2008년 11월 저점인 4.62달러에 티제이맥스의 주식을 매수했다면 약 23%의 연평균 수익률을 거뒀을 것이다.

주식 시장은 대부분 효율적이다. 그러나 버핏이 말한 미스터 마켓은 가끔 불확실성이 만연할 때 투자자들에게 좋은 투자 기회를 선사한다. 불확실성이 높은 시기에 위험이 적은 훌륭한 기업을 낚아채는 것이 투자 성공의 비결이다.

06

확률이 높을 때는 집중투자하라

원리를 이해하고 투자에 적용한다면
좋은 투자 기회가 찾아왔을 때 과감해질 수 있다.

찰리 멍거는 주식 투자도 경마 베팅처럼 접근해야 한다고 설명했다. 승산이 높은 말이 나타날 때까지 조용히 기다렸다가 그때 한 번에 베팅하라는 뜻이다. 파브라이의 생각도 크게 다르지 않다. 성공 확률이 높은 기회가 찾아왔다면, 그 순간에는 주저하지 말고 과감하게 큰 규모로 투자할 줄 알아야 한다고 말한다. 그래서 파브라이는 투자자가 확률적 우위를 가질 때 포트폴리오에서 얼마만큼의 비중을 실어야 하는지 계산할 수 있는 공식을 만들었다.

그 공식이 바로 '켈리 공식'이다. 존 래리 켈리 주니어(John Larry Kelly Jr)라는 연구원이 1956년에 발표한 켈리 공식은 확률적 우위에 따라 달라지는 적정 투자 비율을 구하는 방법이다. 성공 확률을 통해 벌 수 있는 돈이 실패 확률을 통해 잃을 수 있는 돈보다 높을 때 흔히 '확률적 우위'가 있다고 말한다.

앞서 소개했던 찰리 멍거 친구의 경마장 베팅을 다시 떠올려보자. 우승 확률이 10%라고 예상되는 경주마가 15 대 1의 배당률을 제공한다고 가정하면, 1만 원을 걸었을 때 우승하면 15만 원을 돌려받는다. 같은 말에 10번 베팅했는데 운이 나빠 단 한 번도 우승하지 못한다면 총 10만 원을 잃는다.

하지만 우승 확률이 정확하다면, 이론적으로는 10번 중 최소 한 번은 우승할 것이다. 한 번만 우승해도 15만 원을 얻으니, 잃을지도 모르는 10만 원보다 기대 수익이 5만 원 높은 셈이다. 이렇게 손실보다 기대 이익이 더 큰 상황을 '확률적 우위'라고 부른다. 그리고 이 확률적 우위를 기반으로 얼마나 베팅해야 가장 효율적인지 계산해 주는 공식이 바로 켈리 공식이다.

켈리 공식(Kelly Formula)

기댓값 / 배당률 = 적정 투자 비율

이 공식을 투자에 적용해 보자. 일단 먼저 확보해야 하는 전제는 우리가 투자에서 확률적 우위가 있다는 가정이다. 예를 들어, 동전을 던져서 앞면이 나오면 2달러를 벌고, 뒷면이 나오면 1달러를 잃는 게임이 있다. 이 게임에서 우리가 갖는 확률적 우위는 얼마일까? 앞면 혹은 뒷면이 나올 확률은 각각 50%지만 앞면이 나올 때 얻는 돈이 더 크다. 이

게임을 했을 때 얻을 수 있는 기댓값을 계산하면 다음과 같다.[40]

(앞면이 나올 확률 × 앞면의 배당) + (뒷면이 나올 확률 × 뒷면의 배당)
= (0.5 × 2달러) + (0.5 × -1달러)
= 1달러 - 0.5달러
= 0.5달러

기댓값이 양수로 나온다. 장기적으로 이 동전 던지기 게임을 계속했을 때 우리는 돈을 벌 수 있다는 뜻이다. 0.5달러의 기댓값이 우리의 확률적 우위다. 앞면이 나왔을 때 우리가 벌 수 있는 배당금 2달러를 베팅 금액 1달러로 나누면 배당률은 2다. 이를 켈리 공식에 다시 대입해 보면 다음과 같다.

기댓값 0.5달러 / 배당률 2 = 25%

즉, 전체 포트폴리오 금액의 25%가 동전 던지기 게임에 투자하기 좋은 적정 비율이다. 파브라이는 이와 같은 확률 계산을 투자에도 적용할 수 있다고 말한다. 내가 A 주식에 100만 원을 투자했다. 3년 안에 주가가 50% 이상 오를 확률은 70%로 꽤 높으며, 반대로 3년 안에 주가가 50% 이상 떨어질 확률은 30%로 낮다고 가정해 보자. 이 가정을 정리하면 다음과 같다.

시나리오 1: A 주식이 50% 이상 오른다.　　확률 70%

시나리오 2: A 주식이 50% 이상 떨어진다.　확률 30%

켈리 공식에 따른 A 주식 투자 비중은 얼마일까? 먼저 기댓값을 계산하면 100만 원짜리 주식에서 50% 수익인 50만 원을 확률 70%에, 50% 손해인 50만 원을 확률 30%에 곱한다.

기댓값 = (50만 원 × 70%) - (50만 원 × 30%) = 35만 원 - 15만 원 = 20만 원

만약 A 주식의 주가가 50% 오르는 시나리오 1의 경우 배당률은 얼마일까? 수익 50만 원을 투자금 100만 원으로 나누면 배당률은 0.5다. 이를 켈리 공식에 대입하면 포트폴리오의 40%를 A 주식에 투자하는 게 적절하다는 계산이 나온다.

기댓값 20만 원 / 배당률 0.5 = 40%

물론 실제 투자에서는 시나리오가 이렇게 단순하지 않다. 그래도 3~4개 이상의 시나리오까지 가정해 특정 주식의 적정 투자 비율을 구해볼 수는 있다. 시나리오가 많아지면 복잡해지니 켈리 공식 계산을 자동으로 해주는 웹사이트를 활용하길 권한다. vegapit.com/kellycalculator가 그중 하나다.

미리 말하지만, 켈리 공식을 활용한 적정 투자 비율은 완벽하지 않다. 결국 계산에 들어가는 기대 수익률과 확률이 모두 '가정'이기 때문이다. 가정하는 확률과 투자 결과는 실제와 많이 달라질 수 있다는 걸 꼭 기억하자.

그렇다고 켈리 공식이 무용지물인 것은 아니다. 켈리 공식의 원리를 이해하고 투자에 적용한다면 좋은 투자 기회가 찾아왔을 때 과감해질 수 있다. 어떤 주식의 주가가 0이 될 확률이 극히 낮고, 2~3배 이상 올라갈 확률이 50% 이상으로 높아 보이는 투자 기회가 있다. 켈리 공식의 원리에 따라 실패할 확률보다 승률이 높고, 이 확률까지 고려해도 기대 수익률이 높다면 다소 높은 비중으로 투자해 볼 수 있는 것이다. 투자로 돈을 벌 확률은 높고, 잃을 확률은 적은 단도 투자 기회를 발견했다면, 높은 비중으로 과감한 투자를 노려보는 것도 나쁘지 않다.

07

선택했으면 팔지 마라

위대한 기업을 찾았다면 겁낼 필요 없다.
중요한 건 장기간 흔들림 없이 매도하지 않고 보유하는 것이다

훌륭한 투자자는 생각이 유연해야 한다. 확신과 신념을 갖고 투자하는 것은 주식 시장에서 너무나 중요하지만, 가끔 자기 투자관을 바꾸는 경험을 할 때가 있다. 이때 만약 새로운 아이디어가 더 효과적이라면 자신의 투자관을 유연하게 전환할 줄도 알아야 한다. 모니시 파브라이 역시 세월이 흘러가면서 투자관을 바꿔왔다.

1994년 워런 버핏의 투자 성공을 접하고 주식 투자에 입문했던 파브라이는, 처음엔 버핏과 그레이엄의 담배꽁초 투자를 주로 했었다. 1달러짜리 지폐를 0.5달러에 사서 다시 1달러가 되었을 때 되파는 투자 방식 말이다. 파브라이는 주가가 내재 가치보다 얼마나 싼 가격에 거래되는지에 집중했다. 기업의 사업성보다 밸류에이션 위주의 투자 방법이

었다. 시간이 지나면서 파브라이는 본인의 투자 방식보다 더 효율적인 방법이 있다는 걸 알았다. 애초에 훌륭한 기업의 주식을 사서 팔지 않고 최대한 오래 들고 가는 방법이다.

세리타지

모니시 파브라이의 대표적인 담배꽁초 투자 사례가 바로 세리타지(Seritage Properties)다. 세리타지는 미국의 다양한 상업 부동산 건물들을 보유하고 있는 기업이다. 파브라이는 세리타지 주식을 2016년에 처음 소량 매수했는데, 2020년 코로나 위기 때 약 473만 개의 주식을 추가 매수했다. 코로나19로 많은 회사들이 일시적으로 문을 닫으면서 상업 부동산 주가가 대부분 꽤 하락했다.

세리타지의 잠재적 가치보다 주가가 너무 많이 하락했다고 판단한 파브라이는 주식을 매수했다. 투자 결과는 실패였다. 코로나19가 지나고 난 후에도 세리타지에는 여러 문제가 여전히 남아있었다. 당시 세리타지의 주요 전략은, 한때 미국의 대표 백화점이었지만 파산했던 시어스(Sears)의 건물들을 싼값에 매수해서 투자 수익을 내는 것이었다.

그러나 세리타지 경영진이 예상했던 것만큼 투자 전략이 잘 먹히지 않았다. 싼 가격에 매수해서 적정가에 매도하길 바랐던 파브라이는 투자 계획이 틀어졌음을 깨닫고 2022년에 대부분의 세리타지 주식을 매도했다. 파브라이의 2020년 매수가와 2022년 매도가는 정확히 알려진

바 없지만 시기별 세리타지 주가를 보면 파브라이는 거의 수익이 없거나 손해였을 가능성이 크다.

세리타지 2020~2022년 주가 그래프

출처: barchart.com

앞서 언급했듯이 파브라이는 시간이 지나면서 더 좋은 주식 투자 방법이 있음을 깨닫게 된다. 파브라이는 2021년 진행했던 많은 강연에서 작년부터 자신의 멘토인 워런 버핏처럼 소수의 위대한 기업들을 오래 들고 가기로 결심했다고 말했다. 버핏의 투자 방법이 '맘 편한' 투자였기 때문이다. 적정가에 도달했다고 섣부르게 매도했다가 훌륭한 기업의 장기적인 시장 초과 수익률을 놓칠 걱정이 없는 방법이었다.

마차 진형과 무배도법

워런 버핏 덕후답게 모니시 파브라이는 강연에서 버핏을 자주 언급한다. 그는 2023년 5월 네브래스카 대학 강연에서 버핏의 성공 비결을 한 단어로 정리했다. 바로 '마차 진형'이다. 2023년 9월 본인의 새로운 투자 펀드 이름도 '파브라이 마차 펀드(Pabrai Wagons Fund)'라고 지었다.

마차 진형이라는 개념은 〈옐로스톤〉이라는 미국 드라마에서 처음 나왔다. 이 드라마는 미국의 옐로스톤 국립공원 목장에서 사는 가족이 토지개발 계획과 인디언 보호 구역 사이에서 겪는 갈등을 그렸다. 드라마의 한 장면에서 가족들은 갑작스러운 인디언의 공격에서 살아남기 위해 마차 진형을 만든다. 12개의 마차를 원의 형태로 세워서 가족들을 둘러싸는 방법이었다. 마차에 둘러싸인 가족들은 인디언의 공격을 피할 수 있었다.

파브라이는 워런 버핏과 버크셔 해서웨이의 성공은 단 12개 정도의 마차로만 이뤄졌으며, 마차 진형이 주식 투자의 성공 비결이라고 설명했다. 투자계의 전설인 버핏은 평생 수백 개가 넘는 투자 결정을 내렸지만, 그중 지금의 부를 만들어준 결정은 12개 남짓에 불과하다.

이 방식의 핵심은 바로 주식을 오랫동안 팔지 않는 것이다. 2023년 5월 버핏의 모교 네브래스카 대학 강연에서 파브라이는 훌륭한 주식을 팔지 않고 들고 가는 '무매도법'을 설명했다. 버핏의 12개 마차처럼 인생에서 나를 부자로 만들어줄 투자 기회는 날마다 찾아오지 않는다. 몇 년, 혹은 몇십 년에 한두 번 찾아오는 절호의 기회다. 내 조건에 맞는 훌륭한 기업에 투자할 기회가 왔을 때, 이 기회를 최대한 활용해야 한다. 훌륭한 기업의 주식을 최대한 팔지 않고 장기 보유하는 것이 핵심이다.

가이코

다들 벤저민 그레이엄을 알 것이다. 워런 버핏의 스승이자 가치 투자의 아버지로 불리는 벤저민 그레이엄은 이른바 '담배꽁초 투자'를 주로 했다. 적정 가치보다 지나치게 싸게 거래되는 주식을 매수해서 적정 가치가 되면 매도하는 방법이다. 그러나 담배꽁초 투자로 널리 알려진 그레이엄을 진짜 부자로 만든 주식은 단 하나 보험회사 '가이코'였다.

그레이엄이 가이코의 회장이란 걸 안 버핏이 다짜고짜 본사로 찾아갔던 일화를 기억할 것이다. 그레이엄은 가이코의 경쟁력을 알아보고, 1948년에 가이코 지분의 50%를 인수했다. 71만 2천 달러 규모의 투자는 당시 그레이엄 포트폴리오 비중의 25%를 차지했다. 그레이엄은 담배꽁초 투자를 전도하면서, 한 종목에 너무 치중하지 않는 분산투자를 강조했다. 그러던 그가 25%까지 한 종목에 '몰빵' 한다는 건 그야말로 이례적인 일이었다.

1948년부터 1976년까지, 즉 그레이엄이 세상을 떠날 때까지 가이코 주식을 팔지 않고 계속 가지고 있었다. 그 결과 1948년 71만 2천 달러였던 주식은 1976년에 약 9,500만 달러까지 올랐다. 29년 동안 연평균 18.4%라는 놀라운 수익률이다. 그런데 이보다 더 충격적인 사실이 있다. 그레이엄이 가이코 투자로 벌어들인 수익이, 그가 평생 해왔던 다른 모든 담배꽁초 투자 수익금을 합한 것보다 컸다는 점이다.[41]

파브라이는 만약 1948년 그레이엄의 포트폴리오 중 가이코를 뺀 나머지 75%의 주식들이 다 망해 0원이 됐더라도, 가이코만으로 12.9%의 연평균 수익률을 거뒀을 것이라고 말했다.[42] 동기간 배당금 재투자를 제외한 S&P 500 지수의 연평균 수익률은 6.9%였다. 가이코 주식 하나만 살아남았어도 시장 수익률 두 배에 가까운 수익을 올릴 수 있었다는 뜻이다. 이 정도면 그레이엄한테는 가이코가 최고의 마차였던 셈이다.

니프티 피프티

파브라이는 가이코 같은 훌륭한 기업을 오래 보유한다면, 매수가가 얼마인가는 크게 중요하지 않다고 강조했다. 그러면서 1970년대의 니프티 피프티(Nifty Fifty) 주식들을 예로 들었는데, 앞서 찰리 멍거의 투자 인생을 다룰 때 소개한 그대로다. 니프티 피프티 기업들은 1967년부터 1972년까지 5년간 연평균 수익률 28%를 기록할 정도로, 당시에 제일 잘나가는 50개의 우량주였다. 이 50개 기업은 높은 수익률만큼 주가 역시 상당히 고평가되어 있었다. 종목들 대부분이 1972년 기준 PER이 최소 50을 넘었다.

영원할 것만 같았던 니프티 피프티의 상승세도 결국은 꺾이는 순간이 찾아왔다. 1973년부터 1974년 사이 대부분의 니프티 피프티 주가는

1972년 기준 니프티 피프티 주식들의 PER

기업	PER
맥도날드(McDonald's)	86
오토매틱 데이터 프로세싱(Automatic Data Processing)	76
월트 디즈니(Walt Disney)	82
폴라로이드(Polaroid)	91
제록스(Xerox)	49

출처: Mohnish Pabrai's Presentation and Q&A at the University of Nebraska, Omaha on May 5 2023

하락했다. 제록스(Xerox) 71%, 에이본(Avon) 86%, 폴라로이드(Polaroid)는 무려 91%가 넘었다. 니프티 피프티 기업 50개의 전체 주가가 평균적으로 50%나 하락한 것이다. 말 그대로 '폭락'이었다.

1972년 고점에 니프티 피프티에 투자했다면 참담한 결과를 맞았을 것이다. 놀랍게도 파브라이는 이 역사적인 고점에 니프티 피프티에 투자했더라도 살아남을 방법이 있었다고 말했다. 그 방법은 니프티 피프티 주식을 한 번도 팔지 않고 계속 보유하는 것이었다. 파브라이는 니프티 피프티 주식들을 최고점인 1972년에 매수했어도 이후 몇 년의 폭락 동안 흔들림 없이 2023년까지 그대로 보유했다면 연평균 10.2%의 수익률을 거뒀을 거라고 설명했다.[43] 동기간 1972년부터 2023년까지 S&P 500의 연평균 수익률은 10.3%다.

역사적인 고점에서 이 50개 주식에 투자해 평균 50%의 폭락을 맞았는데도, 시장 수익률과 거의 동일한 수익률이라면 나쁘지 않다. 물론 현재까지 살아남지 못한 기업도 있다. 반대로 맥도날드, 디즈니처럼 수십 년 동안 성공적인 사업 모델로 살아남은 기업도 있다. 오래 성공적으로 살아남을 수 있는 기업을 찾았다면, 폭락에 흔들리지 말고 장기간 보유하는 것이 핵심이라는 파브라이의 말을 증명한 셈이다.

월마트

당시 월마트를 니프티 피프티에 포함시킬지를 두고 논쟁이 있었다. 모니시 파브라이는 만약 1970년 월마트 상장 시점에 투자해 2022년까지 한 번도 팔지 않고 보유했다면, 배당을 포함해 연평균 21.8%의 수익률을 거둘 수 있었다고 설명했다.

가정을 더해, 월마트가 실제로 니프티 피프티 종목 가운데 하나였고 투자자가 1970년 상장 시점에 50개 종목에 동일 비중으로 각각 2%씩 분산투자했다고 치자. 파브라이는 최악의 시나리오를 제시했다. 즉, 50개 중 49개가 파산하고 오직 월마트만 살아남는 경우다.

이때 포트폴리오의 98%는 휴지조각이 되지만, 단 2%였던 월마트의 성과만으로도 52년 동안 연평균 13%라는 놀라운 수익률을 기록한다. 같은 기간 S&P 500의 연평균 수익률은 10.7%에 그쳤다. 결국 50개 중 단 하나, 단 한 번의 탁월한 투자 결정만으로도 시장 평균을 능가할 수 있다는 결론이 나온다.

파브라이는 또 "1970년에 월마트에 투자한 사람 가운데 2022년까지

한 번도 팔지 않고 보유한 경우는 거의 없었을 것"이라고 말했다. 하지만 예외가 있었다. 바로 창업자 샘 월튼의 가족이다. 창업자 가문은 누구보다 월마트의 사업 모델을 잘 이해하고 있었고, 월마트가 장기간 안정적으로 수익을 낼 것이라 믿었기 때문에 주식을 팔 이유를 느끼지 못했다고 한다. 진정한 승자는 바로 이런 투자자가 아닐까.

파브라이는 최고의 투자자는 투자자가 아니라 '사업가'라고 했다. 주식 투자에 접근할 때 투자자는 자신을 그 기업을 소유한 사업가라고 생각해야 한다는 말일 것이다. 내가 보유하고 있는 기업이 훌륭한 기업이고 장기간 이익을 내고 있다면 굳이 주식을 팔 이유가 없다. 단, 지속 가능한 경쟁우위 즉 경제적 해자를 가진 훌륭한 기업이어야 한다는 게 조건이다.

훌륭한 기업의 주식은 시장에서 높은 가격에 거래될 확률이 높다. 그러나 월마트처럼 주가가 높아도 경제적 해자가 있다면 장기간 꾸준히 성장하면서 시장 초과 수익률을 가져다줄 수 있다. 만약 이런 훌륭한 기업을 찾았다면 사업가 마인드로 접근하자. 돈 잘 버는 기업의 주식을 어지간하면 팔지 않고 장기 보유하는 것이 중요하다.

아무리 월마트를 믿어도 1970년부터 50년이 넘는 시간 동안 주식을 한 번도 팔지 않는다는 건 결코 쉬운 일이 아니다. 주가가 반토막이 될 때도 팔지 않고 버틸 수 있는 투자자는 드물다. 그래서 사람에 따라서는 파브라이의 무매도법이 현실적인 전략이 아니라고 생각할 수도 있다. 나도 마찬가지지만, 대부분의 투자자는 이 전략을 실행할 수 없을 거다. 하지만 파브라이의 마차 진형과 무매도법에서 우리가 얻을 교훈은 있다고 확신한다.

투자에서 성공하기 위해서는 평생 소수의 탁월한 결정만 있으면 된다. 그레이엄의 가이코 투자와 전체 포트폴리오 중 단 2% 비중의 월마트 투자 모두 시장 평균 수익률을 뛰어넘었다. 투자자들은 모든 투자에 신중해야 하지만, 결국 포트폴리오를 성공시키는 것은 극소수의 종목들이다. 소수의 히트작을 터뜨릴 확률을 높이기 위해, 위대한 기업의 잠재력 있는 주식들로 포트폴리오를 꾸리는 것이 중요하다.

탄탄한 경제적 해자를 지닌 위대한 기업이라면 다소 높은 가격에 매수하더라도 시장 수익률을 초과할 가능성이 높다. 니프티 피프티 종목들을 역사상 최고점에 매수했더라도, 팔지 않고 계속 들고 있었다면 시장 수익률과 거의 동일한 수익률을 거뒀을 것이다.

시장 수익률은 모든 기업의 평균 수익률을 나타낸다. 위대한 기업은 당연히 평균보다 이익을 창출할 수 있는 능력이 크다. 물론, 말도 안 되게 높은 고평가 상태라면 재고해야 한다. 하지만 훌륭한 사업성을 가진 위대한 기업들은 그에 걸맞은 높은 가격에 거래되는 게 현실이다. 이런 위대한 기업을 찾았다면 약간의 프리미엄을 겁낼 필요 없다. 매수가보다 중요한 건 장기간 흔들림 없이 매도하지 않고 보유하는 것이다.

투자 노트

답이 안 보일 땐 게임판 바꾸기

점점 더 어려워지는 미국 시장 대신,
상대적으로 수월한 '게임판'을 찾기 시작하다.

주식 시장은 세대를 거듭할수록 경쟁이 치열해진다. 워런 버핏이 처음 주식을 시작했던 1940년대와 지금은 다르다. 버핏과 멍거도 2023년 버크셔 해서웨이 주주총회에서 본인들이 처음 주식 투자를 시작했을 때보다 지금이 좋은 투자 기회를 찾기가 훨씬 어렵다고 말했다. 이유가 뭘까?

100년 전과 비교하면 지금은 기업 정보를 얻기가 훨씬 쉬워졌다. 클릭 몇 번만으로 누구나 방대한 자료에 접근할 수 있다. 워런 버핏과 찰리 멍거가 기업 IR(Investor Relations) 부서에 직접 전화해 자료를 요청하고, 그것을 우편으로 받아보던 시대와는 전혀 다르다.

또한 시간이 흐르면서 투자에 능한 인재들도 많이 등장했다. 자산을 불릴 수 있는 주식 시장의 매력에 이끌려 너무 많은 사람들이 뛰어든 것이다. 시장 참여자가 많아지고 그들이 점점 더 숙련될수록, 저평가된 훌륭한 기업을 찾는 일은 어려워진다. 좋은 기업이 잠시 저평가돼 있다 하더라도 재빨리 눈치채고 매수해 주가를 끌어올리는 투자자들이 많기 때문이다.

파브라이는 특히 미국 시장에서 이런 경쟁이 치열하다고 지적했다. 그래서 그는 점점 더 어려워지는 미국 시장 대신, 상대적으로 수월한 '게임판'을 찾기 시작했다. 최근에는 튀르키예 주식 시장에서 투자자들에게 잘 알려지지 않은 위대한 기업들을 발굴하고 있다. 미국의 대표적인 우량 기업들과 비슷한 사업성을 가진 기업들이, 튀르키예 시장에서는 훨씬 저렴한 가격에 거래되고 있다는 것이다.

코카콜라 이체첵

대표적인 사례가 코카콜라 이체첵(Coca-Cola Icecek, 티커 IST: CCOLA)이다. 편의상 CCI라고 부르자. 튀르키예 증시에 상장된 이 회사는 코카콜라 병 제품을 제조해 유통하는 기업이다. 참고로 코카콜라는 직접 음료를 생산하지 않는다. 핵심 원액(시럽)만 공급하고, CCI와 같은 병 제조·유통업체들이 이를 받아 병입, 탄산 첨가, 판매와 유통을 담당한다.

이처럼 코카콜라와 계약을 맺고 음료를 생산·판매하는 병 제조업체는 전 세계에 200여 곳이 넘는다. 사업 구조만 놓고 보면 CCI와 미국 내 코카콜라 병 제조업체 간에 큰 차이는 없다. 다만 CCI는 미국이 아닌 튀르키예, 파키스탄, 카자흐스탄 등에서 코카콜라를 판매한다는 점이 다를 뿐이다.

CCI는 전 세계 코카콜라 병 제조업체 가운데 매출 규모로 여섯 번째에 해당한다. 2023년 기준 매출액은 약 42억 달러였으며, 이 중 40%가 튀르키예 시장에서 발생했다. 사업성에서도 경쟁사에 뒤지지 않는다. 영업이익률은 꾸준히 성장해 2023년에는 20.9%를 기록했다. 특히 유럽의 코카콜라 유로패시픽 파트너스(Coca-Cola Europacific Partners, 티커 CCEP)나 멕시코의 코카콜라 팸사(Coca-Cola FEMSA, 티커 CFSL)와 비교해도, CCI는 높은 자기자본이익률을 보여준다.

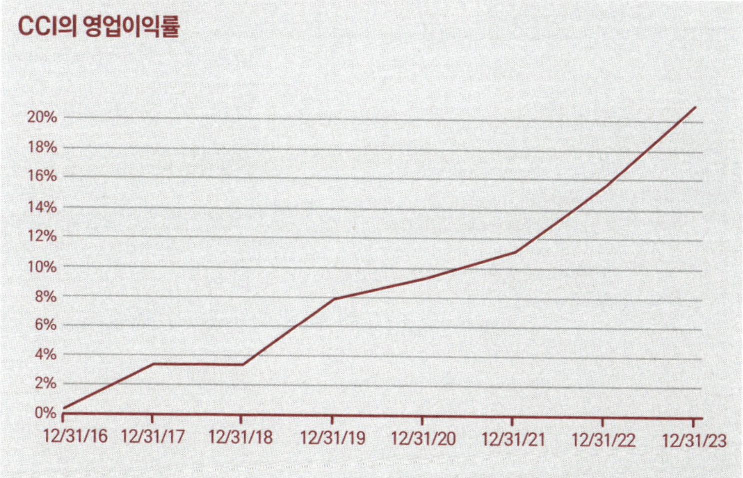

출처: TIKR.com

자기자본이익률(ROE) - CCI vs CCEP vs CFSL

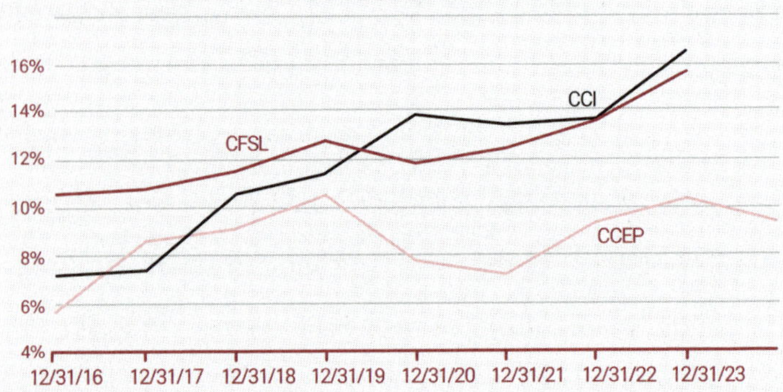

출처: TIKR.com

파브라이 웨건 펀드 2024년 6월 보유 종목

순위	회사명	국가	포트폴리오비중
1	TAV Airport Holdings	튀르키예	12.20%
2	Anadolu Efes Biracilik Ve Malt Sanayii AS	튀르키예	10.50%
3	Coca-Cola Icecek	튀르키예	10.20%
4	Arch Resources	미국	7.00%
5	Alpha Metallurgical Resources	미국	5.40%
6	CONSOL Energy	미국	4.10%
7	Andadolu Grubu Holding	튀르키예	4.00%
8	Warrior Met Coal	미국	4.00%
9	Asbury Automotive	미국	4.00%
10	Occidental Petroleum	미국	3.90%

파브라이 눈에만 보이는 튀르키예 시장이라는 보석

파브라이는 2023년 9월 새로운 투자회사인 '파브라이 웨건 펀드(Pabrai Wagons Fund)'를 설립했다. 2024년 6월 기준으로 CCI는 이 펀드에서 세 번째로 큰 비중인 10.2%를 차지하고 있다. 흥미로운 점은, 파브라이 웨건 펀드의 톱 10종목 가운데 무려 4개가 튀르키예 상장기업이라는 사실이다.

파브라이는 최근 왜 이토록 튀르키예 시장에 관심을 보이는 걸까? 파브라이 말로는 95~97%의 튀르키예 기업은 투자할 가치가 없지만, 나머지 3~5%의 훌륭한 기업들은 여전히 존재한다고 했다.[44]

대부분의 투자자에게 튀르키예는 전혀 투자하기 좋은 곳이 아니다. 튀르키예의 역사적인 물가상승률을 보면 경악을 금치 못한다. 2022년에는 최대 85%였고, 가장 최근인 2024년에도 60%가 넘는 말도 안 되는 물가상승률을 보였다.

튀르키예 화폐인 '리라'의 가치는 매년 폭락을 거듭하고 있다. 이례적인 하이퍼인플레이션 속에서 튀르키예 주식을 산다는 건 미친 짓처럼 보인다. 파브라이는 이런 혼돈 속에서도 기회를 포착하는 건 가능하다고 봤다.

튀르키예 전체 주식 시장의 약 80%는 기업의 경영진이나 외국 투자자들이 보유하고 있다. 게다가 나머지 20%를 들고 있는 튀르키예 국내 투자자의 평균 투자 기간은 9일이다. 주식을 사고 2주일도 채 안 돼서 팔아버리는 것이다. 파브라이는 튀르키예 투자자들을 '도박꾼들'이라

튀르키예 물가상승률 2000~2024년

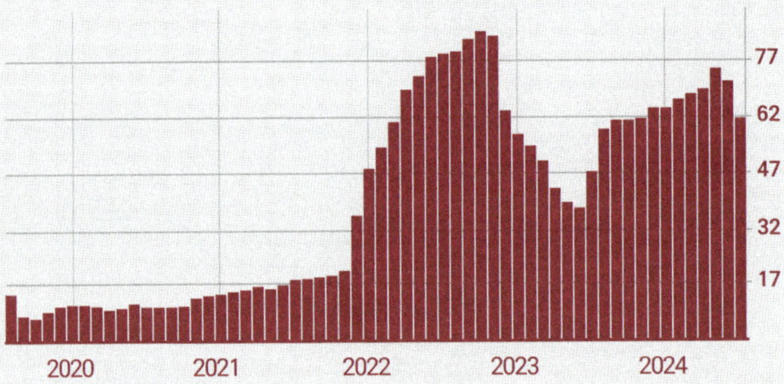

출처: tradingeconomics.com

고 부른다.[45]

튀르키예 투자자들은 경제위기 속에서 훌륭한 기업과 동행하는 투자에는 전혀 관심이 없다. 단지 나날이 화폐 가치가 떨어지는 하이퍼인플레이션 속에서 단타를 통해 빠른 이득을 보고 싶어 한다. 파브라이는 CCI처럼 훌륭한 사업성을 가진 기업들이 도박장 같은 튀르키예 시장에서 저렴한 가격에 거래된다는 걸 확인했다. 덕분에 미국에서 비슷한 사업성을 가진 기업보다 배로 저렴한 가격에 튀르키예 주식들을 매수할 수 있었을 것이다.

혹시 이런 얘기를 들었다고, 지금 당장 튀르키예 주식을 매수하려고 하진 말자. 불확실한 경제 환경 속에서 살아남을 수 있는 위대한 기업은 극소수다. 파브라이의 튀르키예 투자를 통해 우리가 배울 교훈은, 지속적인 고평가로 투자 기회를 찾기가 어려울 때 다른 시장으로 눈을 돌려볼 수 있다는 것이다. 주식 시장의 이동이 아니라 업종의 이동일 수도 있다.

최근 몇 년 동안 테크와 AI 기업이 과도할 정도의 관심과 기대를 받으며 고평가되고 있다. 이럴 때 외면받고 있는 소매업이나 소비재 기업에 관심을 돌려보는 건 어떨까? 어려워진 게임판을 뒤로하고 쉬운 게임판으로 들어가는 방법이다. 의외로 대다수가 외면하는 게임판이라면 우리가 돈을 벌 수 있는 확률이 굉장히 높아질지도 모른다.

5장

'필승 전략가' 닉 슬립

01

닉 슬립,
숨은 거인과 조용한 전설

떠들썩한 영웅이 아니라,
조용히 강한 전설을 기억해라.

세상에는 수많은 투자자가 있다. 워런 버핏, 찰리 멍거처럼 반박할 수 없는 투자 성과로 유명한 사람도 있고, 모니시 파브라이처럼 버핏을 그대로 따라 하는 투자 전략으로 유명한 사람도 있다. 닉 슬립은 조금 다르다. 닉 슬립은 워런 버핏식 가치 투자를 해오긴 했지만, 투자 성과를 빼면 유명세와는 인연이 없다.

속세와 멀어지고 싶은 투자자를 우리가 어떻게 알게 됐을까? 그의 투자 성과를 보면 자연스럽게 이해가 된다. 닉 슬립은 2001년부터 2013년까지 '노마드 투자조합'이라는 펀드를 동업자 콰이스 자카리아와 함께 운용했다. 13년 동안 노마드 투자조합의 연평균 수익률은 수수료 전 20.8%, 수수료 후 18.4%다. MSCI 지수의 동기간 시장 수익률은 연

6.5%, 미국 대표 지수인 S&P 500의 수익률은 4.8%였다. 특히 이 시기 미국은 2002년 닷컴 버블과 2008년 금융위기라는 두 번의 어마어마한 하락장을 겪었다. 투자에 최악이던 시기였는데도, 닉 슬립 펀드의 수익률은 시장 수익률의 3배에 달했다.

훌륭한 투자 성과에도 닉 슬립은 유명해지는 걸 원하지 않았던 모양이다. 닉 슬립의 어린 시절과 사생활에 관한 내용 등은 거의 찾아보기 힘들다. 얼마나 사생활 공개를 꺼렸는지 언론 인터뷰 한 번이 없다. 그래서 대학 시절과 졸업 이후의 이력 정도를 겨우 찾을 수 있었다.

닉 슬립은 에딘버러 대학에서 지리학을 전공했다. 투자에 관련된 경영학이나 금융학 등이 아니라는 게 흥미롭다. 그는 지리학이 지질학, 물리학, 화학, 기상학, 생물학 등 다양한 학문의 집합체며, 특히 인류 지리학에는 사회학, 심리학, 통계학, 경제학이 합쳐져 있다고 생각했다. 지리학을 전공하면서 주어진 문제에 대해 집요하게 질문하는 방법을 터득했다고 하는데, 찰리 멍거의 격자 모델처럼 닉 슬립도 일찍부터 다양한 학문적 관점에서 진리를 찾아가는 과정을 즐겼나 보다.

대학 졸업 후 닉 슬립은 투자와 전혀 관련 없는 조경 일을 하다가 투자 업계에 뛰어들었다. 1991년부터 1995년까지 월터 스콧&파트너스(Walter Scott and Partners), 선 라이프(Sun Life), 마라톤 애셋 매니지먼트(Marathon Asset Management)에서 애널리스트로 일했다. 이때 닉 슬립은 주로 동남아와 북미 지역의 주식을 분석했다. 2001년에 마라톤 애셋 매니지먼트에서 같이 일하던 동료 콰이스 자카리아와 함께 투자 펀드인 노마드 투자조합을 결성했다.

노마드 투자조합 초기에 닉 슬립은 벤저민 그레이엄식 전통 담배꽁초 투자를 주로 했다. 그러다가 모니시 파브라이처럼 후기에 들어서면서부터 위대한 퀄리티 기업을 장기 보유하는 투자 전략으로 바뀌었다. 닉 슬립은 이런 퀄리티 기업들을 '복리 기계'라고 불렀다. 코스트코, 아마존 등 뛰어난 사업성으로 투자자들의 돈을 장기 복리로 불리는 위대한 기업들이었다. 닉 슬립은 '궁극의 포트폴리오'라는 위대한 기업 리스트를 만들고, 이 기업들이 단기적인 주가 하락을 겪을 때 투자를 노리는 전략을 취했다.

닉 슬립은 세간의 관심에서 멀어지고 싶어 하는 투자자다. 애초에 그는 노마드 투자조합의 투자자 서한을 노마드 투자자 외에 다른 사람들에게 밝힐 생각이 없었다. 그러나 그가 투자자 서한에서 썼던 내용들을 무단으로 도용하는 사례가 많아지자, 어쩔 수 없이 본인의 자선재단인 IGY 재단 웹사이트에 2001년부터 2014년까지의 노마드 투자자 서한 모음집을 모두 공개했다.

과정이야 어쨌든 우린 천재 투자자의 인사이트와 마인드셋을 공짜로 볼 수 있게 됐으니 축복이나 다름없다. 관심 있는 독자들은 국내 번역본인 《노마드 투자자 서한》이라는 책을 읽어보자.

이후 노마드 투자조합은 해산했지만, 닉 슬립은 여전히 개인 투자자로서 투자하고 있다. 대신 그의 본업은 이제 투자가 아니라 다른 것으로 바뀌었다. IGY라는 자선재단을 설립해 저소득층 아동들의 자립을 돕는 자선단체들을 후원한다고 한다. 자산이 일정 금액을 넘으면 자선적 기부를 통해 사회에 재투자해야 한다는 닉 슬립의 평소 철학이 보이는 행보다.

또 닉 슬립은 자신의 투자 성공을 투자계의 대부 워런 버핏의 공으로 돌렸다. 2014년 노마드 투자조합을 해산하면서 감사의 의미로 버핏에게 편지를 썼는데, 그의 인간성이 보이는 듯하다. 편지의 번역 내용은《노마드 투자자 서한》에서 인용했다.

노마드 투자조합을 믿어준 투자자들에게 역사적인 수익률을 남겨주고, 미련 없이 투자업계를 떠난 천재 투자자 닉 슬립의 마인드가 특별하게 다가오는 건 나만이 아닐 것이다. 유명세에는 관심이 없었을지 몰라도, 투자에 있어서는 천재적인 안목과 재능이 있는 투자자라는 건 의심할 수 없다.

수신: 워런 버핏
발신: 닉 슬립

노마드 투자조합을 운용하며 행복했던 13년을 뒤로하고, 저와 자카리아는 펀드를 해산하기로 했습니다. 해산 절차에 따라 저희는 투자자에게 투자금을 현금으로 돌려줄 의무가 있습니다. 그래서 약 10년간 보유했던 버크셔 해서웨이 지분을 최근에 매도했습니다.

노마드가 지난 세월 달성한 투자 실적을 많은 사람이 자카리아와 저의 성과로 보는 것 같습니다. 하지만 그것은 사실이 아닙니다. 저희 고객들이 얻은 투자 실적은 저희가 투자한 기업의 성공을, 시간이 흐름에 따라 자본화한 것입니다. 다시 말해서 진짜 성과를 낸 것은 워런 당신과 버크셔 해서웨이의 훌륭한 임직원들입니다.

제가 이 서신을 작성하는 이유는 큰 감사를 전하기 위해서입니다. 당신은 진정한 차이를 만들어냈다고 말씀드리고 싶었습니다. 노마드 투자조합은 규모가 그리 큰 펀드는 아니지만, 자선재단과 교육 기금이 대다수인 투자자에게 투자수익 20억 달러를 안겨줬습니다. 여기에 버크셔 해서웨이의 역할이 매우 컸습니다. 자본주의가 제대로 돌아가고 있는 듯하네요.

자카리아와 저는 이제 투자업계를 떠나 자선 활동에 시간을 쓰려고 합니다. 자카리아는 다양한 자선 사업을 하고 있고, 저는 저소득 지역 아동의 임시 보호를 위한 재단을 설립하려고 합니다. 이 활동에는 장기적으로 자본이 필요합니다. 저희는 더 이상 버크셔 해서웨이의 기관투자자가 될 수는 없지만, 개인투자자나 자선재단 자격으로 다시 주주가 될 기회가 있을 것입니다. 저희와 쉽게 헤어지지는 못할 것입니다!

다소 초라해도 기존 사무실을 그대로 두고, 그 위에 새로운 현판을 달 계획입니다. 다음번 버크셔 해서웨이 연례 주주총회 때 만나 뵙기를 고대합니다. 언제 한 번 저희가 있는 번솔 스트리트에 오십시오.

출처: 2022년 노마드 투자자 서한

02

퀄리티 기업에 '몰빵'하라

그는 선택을 최소화하되 매 선택의
퀄리티를 높이는 투자 방법을 선택했다.

투자하는 사람이라면 누구나 겪는 딜레마가 있다. 포트폴리오에 투자할 종목 개수에 대한 고민이다. 10여 개가 넘는 종목에 분산투자하는 사람도 있고, 5개 이하의 종목에 투자금 대부분을 집중투자하는 사람도 있다. 닉 슬립은 후자에 가깝다. 그는 투자로 부를 이루는 방법은 소수의 훌륭한 기업에 집중투자하는 것이라고 판단했으며, 실제로 높은 투자 수익률을 보여준 종목도 크게 보면 3개에 불과하다. 퀄리티 기업에 선택과 집중하는 닉 슬립의 투자 방식을 알아보자.

닉 슬립은 분산투자로는 진정한 부를 이룰 수 없으며, 빌 게이츠, 카네기, 록펠러, 워런 버핏 등 세계 최고의 부자들 역시 분산투자로 부를 이룬 건 아니라고 말했다.[46] 이들 모두 자신의 전문 분야에 집중해서 성공을 일궈냈다. 생각해 보면 당연한 이치다. 인간의 시간은 한정적이다. 여러 분야에 관심과 시간을 분산시키는 사람은 한 분야에 몰두하는 사람에 비해 뒤처질 수밖에 없다.

1만 시간의 법칙에 대해서 들어본 적이 있을 것이다. 말콤 글래드웰이 《아웃라이어》라는 책에서 강조한 개념으로, 한 분야에서 1만 시간 동안 노력을 기울이면 전문가가 될 수 있다는 이론이다. 1만 시간의 법칙이 실제로 유효한가에 대한 논쟁이 있지만, 한 분야에 몰두할수록 성공할 가능성이 높아진다는 말에는 공감한다. 한 분야에 몰두하는 사람이 여러 분야를 동시에 하는 사람보다 매일 몇 시간이라도 앞설 수 있을 것이기 때문이다. 매일 몇 시간이 1년, 10년 이상 복리로 쌓이면 그 분야에서만큼은 누구도 부정할 수 없는 차이가 될 것이다.

투자의 세계도 마찬가지다. 수십 혹은 수백 개의 주식에 분산투자하는 사람과 훌륭한 기업 1~5개에 집중투자하는 사람의 수익률 차이는 어떨까? 수백 개의 주식에 분산투자하는 사람은 자연스레 시장 수익률과 비슷한 수익률을 거두게 된다. 주식 개수가 많아질수록 시장 평균 수익률과 가까워진다. 개수가 많으니 그중 하나가 전체 수익률에 미치는 영향은 적어질 수밖에 없다.

닉 슬립은 분산투자를 원한다면 여러 종목에 직접 투자하거나 펀드매니저가 운용하는 액티브 펀드는 굳이 선택하지 말라고 조언한다. 대신 수수료가 낮은 인덱스 펀드를 고르는 편이 낫다고 말한다. 워런 버핏이 일반 투자자라면 S&P 500 인덱스 펀드에 투자하라고 말한 것과 같은 맥락이다.

인덱스 펀드는 펀드매니저의 판단이나 전략에 좌우되지 않는다. 특정 시장 지수를 그대로 따라가도록 설계되어 있기 때문이다. 예를 들어, 미국을 대표하는 500개 기업으로 구성된 S&P 500 지수를 추종하는 인덱스 펀드는, 지수에 포함된 종목들을 그대로 편입해 포트폴리오를 구성한다. 결과적으로 시장 흐름을 거의 그대로 반영하며, 전문 펀드매니저가 운용하는 액티브 펀드보다 수수료가 낮을 수밖에 없다.

분산투자를 원한다면 인덱스 펀드에 투자하는 게 가장 간단하다. 어떤 종목을 고를지 고민하지 않아도 되고, 시장 전체의 흐름을 따라가며 무난하게 평균 수익을 얻을 수 있기 때문이다. 그러나 투자로 진정한 부를 이루고 싶다면 인덱스 펀드보다는 소수의 위대한 기업에 집중하는 전략이 필요하다.

궁극의 포트폴리오

닉 슬립은 노마드 투자조합을 운용하면서 '궁극의 포트폴리오(Terminal Portfolio)'라고 부른 15개의 퀄리티 기업 리스트를 만들었다.[47] 구체적인 기업명은 공개하지 않았지만, 그는 이 기업들을 "지적으로 정직하고 합리적인 경제성을 갖춘 회사들"이라고 묘사했다. 또 뛰어난 자본 원칙과 자본 배분 능력을 지닌 '복리 성장 기계(Compounding Machine)'라고도 표현했다. 즉, 우수한 사업성과 수익성으로 주주 자본을 장기적으로 꾸준히 불려주는 기업들이라는 뜻이다.

닉 슬립은 이런 '궁극의 포트폴리오' 기업을 정해 놓고, 주가가 충분히 매력적인 수준으로 떨어질 때까지 인내심 있게 기다리다가 매수하는 방식을 택했다. 노마드 투자조합의 역사적인 수익률은 '궁극의 포트폴리오' 기업에 집중투자한 덕분이라고 해도 과언이 아니다. 모든 포트폴리오 기업을 파악하기는 어렵지만, 그가 오랫동안 성공적으로 투자한 기업으로는 코스트코, 아마존, 버크셔 해서웨이 등이 있다.

대부분의 전통 투자 펀드들은 닉 슬립처럼 집중투자를 하지 않는다. 노마드 투자조합 투자자 중에서도 닉 슬립의 집중투자 포트폴리오를 달갑지 않게 여기는 사람들이 있었다. 한 번은 노마드 투자조합의 아마존 주식 비중이 전체 포트폴리오의 20%를 넘은 적이 있었는데, 당시 투자자 4분의 1이 투자금을 뺐다고 한다.[48] 아마 한 주식에 너무 많이 몰려 있어서 위험하다고 판단했을 것이다.

닉 슬립은 투자자들의 우려에도 뜻을 굽히지 않고, 묵묵히 소수의 퀄리티 기업에 집중투자를 이어 갔다. 그는 퀄리티 기업에 집중하는 것이 투자 성공의 핵심 비결이라고 확신했다.

2014년, 노마드 투자조합을 해산하며 투자자들에게 자금을 돌려준 그는 마지막으로 중요한 조언을 남겼다. 단 3개의 주식을 앞으로 3년 이상 보유하라는 내용이었다. 그가 꼽은 기업은 아마존, 코스트코, 그리고 버크셔 해서웨이였다. 노마드 투자조합의 눈부신 성과를 이끌었던 대표적인 '궁극의 포트폴리오' 기업들이기도 하다.

실제로 닉 슬립도 그렇게 했다. 노마드 투자조합 해산 후 본인의 자선재단인 IGY 재단을 통해 아마존, 코스트코, 버크셔 해서웨이 단 3개의 주식에만 투자했다. 전체 운용자산이 1억 달러 이상인 펀드매니저들은 분기별로 모든 미국 주식 매매 기록과 보유 종목들을 13F라는 공시자료를 통해 의무적으로 공개해야 한다.

닉 슬립도 IGY 재단에서 투자해 온 매매 기록을 13F에 공개했다. 그 기록을 보면 2025년 9월 30일 기준 아마존 40.43%, 코스트코 37.96%, 버크셔 해서웨이 21.60%까지, 단 3개의 주식으로만 구성되어 있었다. 투자자들에게 조언한 그대로다.

단 3개로 구성된 이 포트폴리오의 실제 성과는 어땠을까? 노마드 투자조합 해산 후 3개의 종목에 각 3분의 1 비중으로 포트폴리오를 꾸려서 투자했다고 가정해 보자. 2015년부터 2026년 1월까지 닉 슬립 추천 포트폴리오의 연수익률은 무려 20%다. 동기간 S&P 500의 연수익률은

닉 슬립의 IGY 재단 포트폴리오 - 2025년 9월 30일 기준

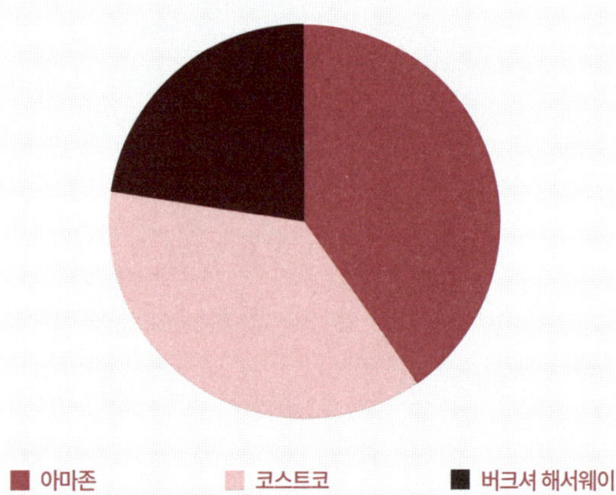

14.73%였다. 닉 슬립이 추천한 단 3개의 퀄리티 기업들만 동일한 비중으로 보유했어도 시장 수익률을 연평균 약 5%나 초과하는 성과를 거둘 수 있었다는 뜻이다.

닉 슬립은 투자 세계의 승리 공식은 선택의 개수를 줄이는 것이라고 강조했다. 그는 노마드 투자자 서한에서 베리 슈워츠의 《선택의 심리학 The Paradox of Choice》이라는 책을 인용해 선택의 중요성을 설명했다.[49]

이 책에 따르면 서양 사회는 선택하는 것을 좋아한다고 한다. 저자인 베리 슈워츠가 사는 동네의 슈퍼마켓에는 종류가 130개에 달하는 샐러드 드레싱이 있었다. 여기서 슈워츠는 단순히 선택지가 많다고 해서 만족감이 이에 비례해 증가하지는 않는다는 걸 알아냈다. 오히려 수많은 선택지 중에서 선택함으로써 결과가 완벽해야 한다는 무의식적인 기대감이 생긴다고 한다.

높아진 기대를 실제 선택의 질과 비교하면 대부분 실망할 수밖에 없다. 선택지가 많아질수록 더 좋은 선택을 할 수 있었던 가능성이 기하급수적으로 늘어나기 때문이다. 내가 선택한 1개보다 나머지 129개 중에 더 맛있는 드레싱이 있을 확률이 매우 높은 것이다. 사람은 충분히 이룰 수 있었던 결과를 얻지 못했을 때 더 큰 실망감을 느낀다.

닉 슬립은 투자도 마찬가지라고 했다. 투자자들은 더 많은 돈을 벌 기회가 눈앞에 있는데도, 그것을 놓치는 것을 극도로 싫어한다. 주식 시장에서는 지금도 수백만 개에 달하는 기업의 주가가 매초 끊임없이 바뀐다. 매 순간이 돈을 벌 수 있는 기회라고 생각하면, 주식 시장의 경우의 수는 동네 슈퍼마켓의 130가지 샐러드 드레싱보다 훨씬 많을 것이다. 경우의 수가 많은 만큼 실망감도 커진다.

투자자가 얼마나 투자에 성공했는지는 중요하지 않다. 누가 워런 버핏처럼 역사적인 수익률을 냈다고 해도 마찬가지다. 주식 시장에는 항상 더 높은 수익률을 낼 수 있는 투자조합이 존재한다. 내가 아무리 투자를 잘해도 항상 나보다 더 좋은 성과를 내는 사람이 있다는 뜻이다.

투자에서 어떤 선택을 내리든 완벽하거나 100% 만족하는 결과를 낼 수는 없다. 선택이 많아질수록 채워지지 않는 완벽에 대한 기대감만 높아진다. 높아진 기대감은 결국 실망으로 이어진다. 닉 슬립은 투자할 때 필요 이상의 선택으로 실망감을 느끼기 쉽다는 것을 알았다. 그래서 그는 선택을 최소화하되 매 선택의 퀄리티를 높이는 투자 방법을 선택했다.

03

스타 플레이어를 미리 팔지 마라

투자에서 훌륭한 기업의 주식을
일찍 매도하는 것만큼 큰 실수는 없다.

닉 슬립은 코스트코, 아마존, 버크셔 해서웨이 등 소수의 퀄리티 기업을 통해 노마드 투자조합에서 경이로운 수익률을 보여주었다. 그가 훌륭한 기업들을 찾아내는 안목은 정말 놀랍다. 하지만 더 놀라운 건 퀄리티 기업들을 산 후 오랫동안 매도하지 않고 보유했다는 점이다.

주식 시장에는 수천만 개의 투자 옵션과 시나리오가 있다. 궁극의 포트폴리오에 투자한 10여 년 동안 매일 언제든 보유 종목들을 매도할 수 있었을 것이다. 어떻게 그 모든 유혹을 뿌리치고 궁극의 포트폴리오를 그렇게나 오래 보유할 수 있었을까? 그의 투자 철학을 자세히 알아보자.

닉 슬립은 주식 시장에 크게 두 가지 투자 방법이 있다고 설명했다.[50]

첫 번째는 주가가 오를 거라는 기대로 저렴하게 주식을 사고, 올랐을 때 이익을 보며 파는 방법이다. 싸게 사서 비싸게 파는 과정을 반복하면서 장기적으로 돈을 버는 것이다. 두 번째 방법은 위대한 기업의 주식을 합리적인 가격에 사서 기업이 오랜 기간 성장하도록 내버려두는 것이다. 그는 두 번째를 택했다.

종착지 전략

닉 슬립은 자신의 투자 전략을 '종착지(Destination) 전략'이라고 표현했다. 처음 투자할 때 기업의 10~20년 후 종착지를 분석한다. 여기서 종착지란 기업이 미래 산업에서 얼마나 좋은 입지와 사업성을 갖고 있을지를 말한다. 기업의 미래 전망이라고 할 수도 있겠다. 닉 슬립은 그 종착지가 기준에 맞고 좋아 보이면 투자했다.

종착지에 도달하기까지는 오랜 시간이 필요하고, 그만큼 많은 사건이 발생할 것이다. 시장의 변동성으로 주가가 크게 요동칠 수도 있지만, 과정보다 장기적 목표인 종착지에 집중한다. 투자한 기업이 꾸불꾸불 돌아가든, 잠시 쉬었다가 다시 출발하든 크게 중요하지 않다. 최종적으로 언젠가 종착지에 도달할 거라는 믿음만 있으면 된다.

닉 슬립의 종착지 전략에서 유일한 위험은 기업의 종착지를 애초에 잘못 분석하는 것이다. 생각했던 종착지가 실제 종착지와 다르다면 아무리 기다려도 소용없기 때문이다.

나는 닉 슬립의 종착지 전략이 퀄리티 기업을 찾는 아주 좋은 방법이라고 생각한다. 현재 기업의 주가가 아무리 저렴해 보인다고 해도 10년 후의 종착지가 지금과 크게 다르지 않을 거라고 가정해 보자. 현재의 저렴한 가격 덕분에 단기적인 수익은 볼 수 있겠지만, 장기적으로는 그리 매력적인 투자가 아닐 수 있다.

반대로 현재 주가는 조금 비싸 보이지만 10년 후 종착지가 아주 높은 곳에 있고, 지금보다 월등히 우월하다면 퀄리티 기업일 가능성이 크다. 퀄리티 기업이라면 약간의 프리미엄을 주고 매수하더라도 장기적인 투자에서 성공할 가능성이 높다.

닉 슬립은 투자에서 결정이 많아질수록 실수할 확률이 높아진다고 강조했다. 실제로도 소수의 종목에 집중투자하면서 선택을 최소화했고, 주식 보유기간도 마찬가지였다. 종착지가 좋은 퀄리티 기업을 찾았다면 필요한 결정은 매수뿐이다. 남은 것은 기업이 종착지에 도달하는지 지켜보는 것이다. 우리가 흔히 하는 방법, 주가가 낮아진 기업의 주식을 매수한 후 언제쯤 매도해야 할지 타이밍을 찾는 방법과는 전혀 다르다. 매도 타이밍을 위한 고민이 필요 없는 것이다.

이 투자 방법을 언뜻 보면 한 번의 매수 결정만 필요한 것처럼 보이지만 사실은 그렇지 않다. 실제로는 매일매일 투자한 주식을 팔지 않겠다고 결정해야 하기 때문이다. 초보 투자자들은 주식을 팔지 말지 선택하는 게 괴로울 것이다. 그러지 말고 닉 슬립처럼 투자의 선택을 줄이겠다는 마음을 가져보면 어떨까. 기업의 종착지를 바라보면서 매일의 주가 변동과 매도 결정에 신경 쓰지 않아도 된다면, 주식 투자가 그리 어렵게 느껴지지 않을 것이다.

또, 닉 슬립은 훌륭한 기업을 섣부르게 파는 것만큼 큰 투자 실수는 없다고 강조했다. 그는 열 배 오를 종목을 미리 매도하는 게, 포트폴리오에 파산한 종목을 몇 개 가지고 있는 것보다 더 큰 실수라고 했다.[51] 그가 보유하던 코스트코 주식을 살펴보자. 닉 슬립은 노마드 투자조합에서 코스트코 주식을 2002년에 처음 매수했다. 2002년부터 2012년까지 10년간 코스트코 주식의 수익률은 연평균 9.16%였다. 이 시기에 미국 주식 시장이 역사적인 하락장인 닷컴 버블과 2008년 금융위기를 겪었다는 걸 고려하면 아주 좋은 수익률이다. 동기간 S&P 500의 연평균 수익률은 3.91%였다.

2002~2012년 코스트코와 S&P 500 인덱스 주가

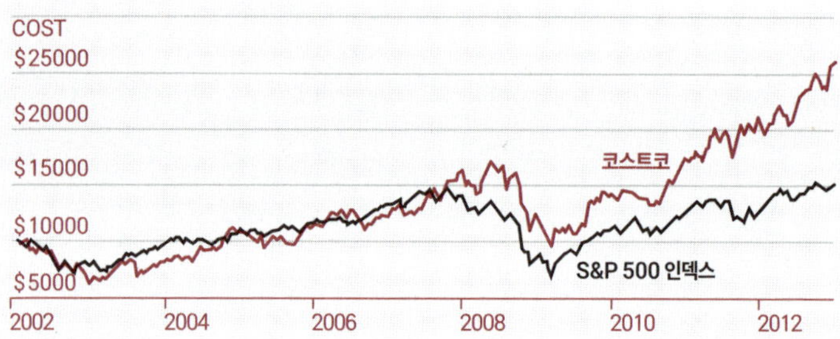

출처: CustomStockAlerts.com

2013~2024년 코스트코 주가

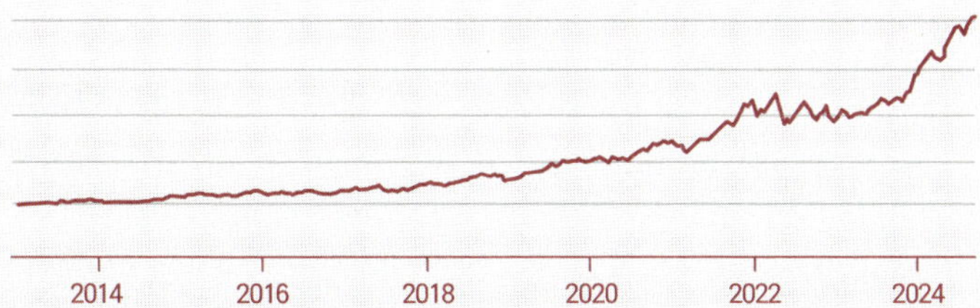

출처: CustomStockAlerts.com

2012년 말, 닉 슬립이 10년간의 코스트코 투자 성공에 만족하면서 코스트코 주식을 매도했다고 가정해 보자. 그래프가 말하는 것처럼 2013년부터 2024년 9월까지 코스트코 주가는 더욱 가파르게 성장했다. 연평균 수익률은 22.86%로, 2002년부터 2012년까지 수익률의 두 배가 넘는다.

만약 닉 슬립이 2012년 말에 코스트코 주식을 매도했다면 그 후 11년간 연 22.86%라는 수익률을 놓쳤을 것이다. 이는 연평균 -22.86%의 손해가 난 주식을 포트폴리오에 보유하고 있었던 것과 같다.

닉 슬립은 훌륭한 기업을 선불리 파는 실수의 특징은 '투자 실적에 기록되지 않는 것'이라고 했다. 펀드실적 보고서나 개인 투자자들의 투자 계좌에는 과거에 매도한 주식들이 얻을 수 있었던 수익은 보고되지 않는다. 단순히 매도한 시점에 실현된 손해만 기록된다.

10년 전에 판 주식이 그동안 연 20%씩 올랐다면, 결과적으로 매년 -20%의 손실을 본 것이나 다름없다. 훌륭한 기업의 주식을 선불리 매도하면 앞으로 5년, 10년 동안 누릴 수 있었던 막대한 수익을 놓치게 된다. 이것이 바로 기회비용이다.

닉 슬립은 펀드들의 섣부른 매도는 흔히 투자업계에서 간과되고 있다고 지적했다. 투자자들은 펀드의 분기별 성과 리포트에만 집중하고, 펀드가 과거에 매도했던 주식들은 잊어버린다. 새로 매수한 주식의 수익률이 좋으면 그 펀드는 높게 평가된다. 만약 펀드의 성과 리포트가 기회비용을 포함한 실제 성과를 보여준다면 어떨까?

투자 성과 리포트 A

보유 종목	평가금액(달러)	포트폴리오 비중	한해수익률	비중 감안 펀드 수익률*
종목 A	450,000	50%	+15%	7.50%
종목 B	250,000	28%	+10%	2.78%
종목 C	200,000	22%	-2%	-0.44%
펀드 전체 수익률	900,000	100%		9.83%

투자 성과 리포트 B(작년 매도한 종목 D까지 포함)

보유 종목	평가금액(달러)	포트폴리오 비중	한해수익률	비중 감안 펀드 수익률*
종목 A	450,000	45%	+15%	6.75%
종목 B	250,000	25%	+10%	2.50%
종목 C	200,000	20%	-2%	-0.40%
종목 D	100,000	10%	-20%	-2.00%
펀드 전체 수익률	1,000,000	100%		6.85%

* 비중 감안 펀드 수익률은 종목별로 포트폴리오의 비중을 한 해 수익률로 곱한 수치다. 모든 종목의 비중 감안 펀드 수익률을 더해서 펀드의 한해 전체 수익률을 구한다.

** 종목 D는 작년 매도한 종목으로, 매도 후 올해 수익률이 +20%였다. 작년에 매도함으로써 올해 놓친 수익률을 -20%로 표기했다.

투자 성과 리포트 A는 대부분의 펀드가 보고하는 일반적인 성과 리포트다. 반면에 투자 성과 리포트 B는 원래라면 기록되지 않는 매도한 종목의 수익률을 기회비용과 손실로 기록한 가상 리포트다. 이 가상 시나리오에서 해당 펀드는 작년 전체 포트폴리오의 10% 비중이었던 종목 D를 작년에 매도했다. 올해 종목 D의 주가가 20% 올랐지만, 작년에 이미 매도했기 때문에 펀드는 이 수익을 챙기지 못했다. 작년에 종목 D를 매도한 것은 기회비용 측면에서 올해 -20%의 손해를 보게 한 결정이었다. 작년 종목 D의 포트폴리오 비중 10%를 고려하면 올해 전체 펀드 수익률을 2%나 낮춘 것이다.

물론 가상 시나리오지만 실제 투자업계에서 이렇게 매도한 주식의 주가가 나중에 더 오르는 경우는 빈번하다. 하지만 투자 성과 리포트 B처럼 투자자에게 보고하는 펀드는 찾을 수 없다. 더 높은 수익률을 얻을 기회를 선부른 매도로 놓쳤다는 걸 인정하고 싶지 않기 때문이다.

어쩌면 리스크 관리 측면에서 매도 결정이 옳았을 수도 있다. 펀드 대부분은 일 년에도 수백 개의 주식을 매도한다. 펀드들이 매도했던 모든 주식의 기회비용까지 보고한다는 것은 투자자에게 필요 이상의 정보를 제공하는 것일 수 있다. 투자자의 기대와 감시를 받는 펀드 입장에서 이미 매도한 주식들이 얻고 있는 수익률을 굳이 보고하지 않는 건 어찌 보면 당연한 일이다.

펀드 업계의 특성상 펀드매니저들이 선부른 매도로 놓친 수익률 증거를 찾기는 까다롭다. 결과적으로 펀드매니저들은 놓친 기회비용에 대한 책임감을 덜 느끼게 된다. 닉 슬립은 그래서 펀드매니저들이 좋은 주식을 매도하는 것을 쉽게 생각한다고 말한다. 알다시피 닉 슬립이 보기엔 투자에서 훌륭한 기업의 주식을 일찍 매도하는 것만큼 큰 실수는 없으니까.

04

훌륭한 기업의 주식을 사서 장기 보유하라

생존 위주의 인간의 두뇌 시스템은
투자에 큰 도움이 되지 않는다.
매일 조금씩이라도 미래를 위해 투자해야 한다.

만약 가치 투자 교과서가 있다면 1장에 나올 정도로 당연하게 느껴지는 말이다. 왜 많은 사람이 이렇게 투자하지 못할까? 닉 슬립은 인간의 심리와 본능에 대한 과학적 근거로 사람들이 주식을 왜 일찍 파는지에 대해 설명했다.

닉 슬립은 투자자의 인내심 부족이 가장 큰 이유라고 하면서, 존 보글을 사례로 들었다. 미국의 거대 자산 운용사 뱅가드 그룹(The Vanguard Group)을 창시하며, 미국의 인덱스 펀드 투자 열풍을 이끌었던 그 존 보글이다. 그에 따르면 기관 투자자들의 주식 보유기간은 1950년대 평균 7년이었지만, 2006년에는 1년 미만으로 줄었다고 한다.[52]

2008년 당시 노마드 투자조합이 투자하던 미국 기업들(버크셔 해서웨이 제외)의 주주 평균 보유기간은 고작 51일이었다. 닉 슬립은 투자자들의 보유기간이 지나치게 짧아졌다고 지적했다. 많은 이들이 기업의 장기적인 성과보다 분기 실적 발표에 집착했고, 그 결과 실적이 발표될 때마다 주가는 크게 출렁였다. 단순히 분기 실적을 예상해 단기 매매를 반복하는 트레이더들도 점점 늘어나고 있었다.

투자자의 인내심이 부족해지는 것이, 기관 투자자의 보유기간을 줄이는 데 일조했다는 게 닉 슬립의 생각이다. 펀드매니저들은 결국 펀드에 투자하는 고객들을 만족시켜야 한다. 만약 고객들이 펀드의 저조한 실적을 1년 이상 기다려주지 못한다면 펀드매니저는 1년 안에 수익을 낼 수 있는 투자처를 찾아야만 한다. 투자자들은 갈수록 인내심이 부족해지고, 펀드를 평가할 때 과정보다 결과를 중요시한다. 펀드매니저들이 획기적인 방법을 찾아 장기적으로 수익을 낼 수 있는 투자 전략을 고안해도, 단기적으로 수익이 나지 않으면 고객들의 인정을 받기 힘든 분위기다.

닉 슬립은 장기적인 투자 성공 여부는 결국 확률에 달려있다고 설명했다. 블루마운틴 캐피털 매니지먼트(BlueMountain Capital Management) 리서치 센터장이자 《운과 실력의 성공 방정식》이라는 책의 저자로 유명한 가치 투자자 마이클 모부신이라는 인물이 있다. 마이클 모부신이 말하기를 도박, 카드, 경마, 주식 투자 등 확률이 지배하는 다양한 영역들에서 장기적으로 실적을 내는 사람들에게는 공통점이 있다고 한다. 결과보다는 과정에 집중한다는 점이다.[53]

확률을 이용할 줄 아는 사람들은 유리한 확률을 찾으려고 끊임없이 탐색한다. 이들은 유리한 기회를 찾았을 때 베팅한다. 확률의 영역에서는 당연히 확률이 유리해도 결과가 안 좋을 수 있다. 예를 들어, 포커 게임에서 승률이 70% 이상 되어 보이는 패를 들고 과감하게 베팅해도 나머지 30%의 확률로 돈을 잃을 수도 있는 것이다.

단기적인 결과는 통제하기 힘들다. 하지만 유리한 확률을 찾는 과정을 꾸준히 한다면 장기적으로 수익을 낼 수 있다. 닉 슬립은 많은 투자자가 과정보다 단순 결과에만 집중하다 보니 투자에서 길을 잃는다고 말했다. 중요한 것은 유리한 투자 기회를 찾기 위한 꾸준한 노력과 과정이다.

한편, 그는 사람들이 보유 주식을 끊임없이 바꾸는 건 인간의 본능 때문이라고 설명했다. 사람들은 본능적으로 지금 가진 것에 쉽게 만족하지 못한다. 그런데 만족스럽지 않은 집, 차, 배우자 등 인생에서 중요한 걸 고치는 데 노력을 들이느니, 그냥 바꾸는 쪽을 선택한다. 더 새로운 것을 얻기 위해 '덜' 새로운 것을 파는 것은 인간의 보편적인 습관이다.[54]

투자에서도 마찬가지다. 내가 보유한 주식이 훌륭한 기업이어서 앞으로 10년간 나에게 높은 수익률을 가져다줄 수도 있다. 그러나 우리는 이 주식에 만족하지 않는다. 더 새로운 투자 기회가 더 매력적으로 보이기 때문이다. 지금보다 더 좋은 투자 기회를 끊임없이 찾아야 한다는 강박을 느낀다. 어쩌면 최고의 투자 기회는 내가 이미 보유하고 있을 수도 있는데 말이다.

주가가 많이 떨어지는 하락장에서 많은 투자자가 주식을 매도하는 건 인간의 생존편향과도 관련이 있다. 본능적으로 인간의 뇌는 즉각적인 이익을 더 큰 이연 이익보다 나은 것으로 받아들인다.[55]

인간의 두뇌에는 2개의 다른 영역이 있다. 생존을 담당하는 대뇌변연계 시스템과 분석을 담당하는 전두엽이다. 대뇌변연계 시스템은 뇌의 다른 영역인 전두엽의 신호를 무시할 수 있다. 전두엽의 신호 무시를 유발하는 요소 중 하나가 스트레스다. 즉, 인간은 스트레스를 받을수록 분석보다는 생존을 담당하는 두뇌의 영역에 의존한다는 뜻이다.

인간이 수백만 년 동안 생존할 수 있었던 이유도 여기에 있다. 내일 당장 굶주릴 가능성이 컸던 원시시대에는 앞으로 어느 지역에 공동체를 정착시킬지 같은 미래 계획은 뒷전일 수밖에 없었다. 당장 오늘과 내일 먹을 것을 구하는 일이 더 중요했기 때문이다.

스트레스는 장기적인 이득보다 단기적 생존과 쾌락을 중요하게 받아들이도록 만든다. 우리가 회사에서 스트레스를 많이 받았을 때를 생각해 보자. 회사에서 받은 월급을 저축하는 것보다 당장 그날 맛있는 저녁 식사로 나에게 보상하고 싶어진다.

투자에서도 마찬가지다. 대부분의 투자자는 주가가 떨어지는 것을 두려워한다. 인간의 본능에는 손실회피 경향이 있기 때문이다. 따라서 투자자들이 스트레스를 많이 겪는 하락장이라면 투자 기간은 더욱 짧아진다. 하락장에서는 저가 매수 기회가 많이 나타나지만, 투자자 대부분은 이 기회를 보지 못한다. 당장 손해를 최소화하고, 조금이라도 이득을 보고 싶어 한다. 스트레스를 받을수록 3~5년 후의 이연 이익보다 한두 달 후의 단기 이익을 추구하는 것이다. 하락장에서 장기 투자 기회를 엿본다는 것은 인간의 본능인 생존편향을 거스르는 행동이라 더욱 어렵게 느껴지는 것이다.

닉 슬립의 교훈을 정리해 보면 투자자들이 좋은 투자 기회를 오랫동안 보유하지 못하는 데는 여러 이유가 있다. 인내심 부족, 새로운 변화를 추구하는 본능, 생존편향 등 인류의 역사에서 쉽게 찾을 수 있는 자연스러운 인간의 본능이다. 인간의 두뇌는 생존하기 위해서 수백만 년 동안 끊임없이 더 쉬운 방법과 지름길을 발전시켜 왔다. 따라서 우리의 뇌는 편한 방법을 선호할 수밖에 없다.

그러나 생존 위주인 인간의 두뇌 시스템은 투자에 큰 도움이 되지 않는다. 생존을 위해 오늘내일의 먹거리에만 모든 에너지를 집중시킨다면 장기적인 생존과 발전을 보장할 수 없다. 매일 조금씩이라도 집을 짓는 등 미래를 위해 투자해야 한다. 투자에서 성공하려면 인간의 본능과 심리를 인지하고 있는 것이 중요하다.

뇌의 생존 원리를 이해하고 그와 반대되는 행동을 취해야 장기적인 투자 성공을 이룰 수 있다.

05

기업의 필승 전략은 규모의 경제 공유다

만약 이 기업이 다른 평균적인 기업과 달리
오랜 기간 실패하지 않는다면,
지금의 주가는 오히려 할인가일 수 있다.

닉 슬립을 성공적인 투자자로 만든 대표적인 2개의 기업은 코스트코와 아마존이다. 코스트코와 아마존 모두 롱런할 수 있었던 공통된 비결이 있다. 바로 규모의 경제 공유(Scale Economies Shared)다. 닉 슬립은 '규모의 경제 공유'라는 개념을 노마드 투자자 서한에서 지겹도록 설명했다. 쉽게 말하면 기업이 규모의 경제에서 나오는 비용 절감의 이득을 소비자들에게 낮은 가격으로 돌려주는 것이다.

닉 슬립은 규모의 경제 공유가 이해하기는 쉽지만 실행하기가 어렵다고 말하면서, 만약 이 전략을 성공적으로 실행할 수만 있다면 장기적으로 소비자들을 끌어들일 수밖에 없는 선순환 구조가 완성된다고 강조했다. 닉 슬립 본인이 규모의 경제 공유를 갖춘 기업들에 올라타서 장기적인 수익 상승을 누릴 수 있었기 때문이다. 닉 슬립이 코스트코와 아마존 투자를 확신할 수밖에 없었던 규모의 경제 공유 전략의 위력에 대해 알아보자.

'규모의 경제(Economies of scale)'라는 개념에 익숙한 사람들이 꽤 있을 것이다. 경제학에서 많이 쓰이는 용어로, 기업의 매출 규모가 늘어남에 따라 제품의 단위당 비용이 줄어드는 현상을 말한다. 주로 고정비용의 비중이 큰 기업에서 규모의 경제효과가 크게 나타난다.

예를 들어, 재고 운송에 쓰이는 트럭이 한 번 운송할 때 100만 원의 비용이 든다고 해보자. 이 100만 원은 운전기사 월급 및 트럭 연료비다. 트럭 안에 몇 개의 재고를 실어서 운송하든 똑같이 100만 원이 발생한다. 즉 100만 원은 고정비용인 것이다. 이 트럭에 만약 100개의 제품을 실어 나른다면 제품 하나당 운송 비용은 1만 원이다. 반대로 똑같은 트럭에 1,000개의 제품을 실어 나른다면 제품 하나당 운송 비용은 1천 원이다. 제품을 대량으로 운송하면 단위당 비용이 낮아지는 효과를 얻

규모의 경제 그래프

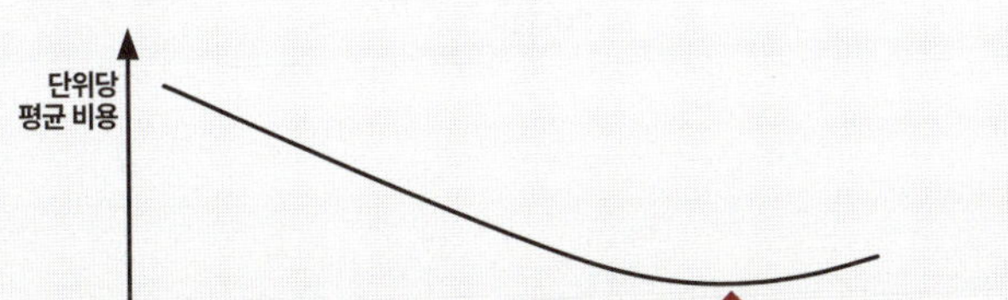

* 산출량이 늘어날수록 단위당 평균 비용이 줄어드는 규모의 경제 그래프다. 최소효율규모는 기업의 장기 평균비용이 최소가 되는 생산량을 말한다. 최소효율규모에 도달하면, 생산량을 늘려도 평균 비용은 더 이상 하락하지 않는다.

을 수 있다.

규모의 경제 공유는 규모의 경제를 좀 더 확장한 개념이다. 기업이 성장하면서 규모의 경제에서 오는 비용 절감이 생긴다. 기업은 비용 절감을 통한 이익을 그대로 현금으로 놔두는 것이 아니라 고객들에게 낮은 가격으로 돌려준다. 가격 인하로 마진이 낮아지면, 규모의 경제에서 얻은 이득으로 상쇄하는 것이다.

낮은 가격을 선호하는 소비자들은 저렴해진 제품들을 더 많이 구매한다. 기업의 매출 규모는 더욱 커지게 되고, 규모의 경제로 인한 비용 절감 효과는 더 확대된다. 비용 절감을 다시 소비자들에게 가격 인하로 돌려주면 꾸준히 매출이 성장하게 되는 선순환 효과가 완성된다.

규모의 경제 공유 전략의 가장 큰 장점은 기업이 성장할수록 효율성이 증가하고 경쟁자들의 공격을 방어하는 경제적 해자가 넓어진다는 것이다. 닉 슬립이 투자했던 아마존과 코스트코의 사례를 살펴보면서 규모의 경제 공유 모델을 이해해 보자.

아마존

닉 슬립이 투자했던 기업 중 규모의 경제 공유를 잘 활용한 대표적인 곳이 바로 아마존이다. 아마존의 경영 철학을 이해하기 위해 아마존 창업자이자 전설적인 CEO로 유명한 제프 베조스의 말을 들어보자. 베조스는 와이어드(Wired)와의 인터뷰에서 이렇게 얘기했다.

"성공적인 회사를 만드는 데는 두 가지 방법이 있습니다.

하나는 아주 열심히 일해서 고객이 더 높은 가격을 지불하게 하는 방법입니다. (콜게이트, 나이키, 코카콜라 모델 등)

다른 하나는 아주 열심히 일해서 고객에게 낮은 가격을 제공하는 방법입니다. (월마트, 코스트코, 에어 아시아, 아마존, 아소스 모델)

두 방법 모두 효과가 있으며, 우리는 확고하게 두 번째 진영에 있습니다. 우리는 소규모 고객 기반과 높은 가격대보다는 대규모 고객 기반과 낮은 가격대를 선호합니다."[56]

아마존은 소규모 고객을 대상으로 고급 브랜딩 전략을 펼치고 높은 가격을 통해 이익을 얻는 방법보다, 낮은 가격으로 대규모의 고객들을 사로잡는 전략을 선택했다.

아마존은 경쟁자들보다 훨씬 낮은 비용 구조를 통해 고객들에게 낮은 판매가를 제공한다. 고객들은 언제나 낮은 가격을 선호하며, 아마존의 낮은 판매가는 더 많은 고객이 아마존을 찾게 만든다. 사용 고객이 늘어나면 아마존이라는 플랫폼에서 제품을 팔고 싶어 하는 판매자도 증가하게 된다. 판매자 증가는 그대로 제품 다양성 증가로 이어진다. 고객들은 저렴한 가격에 다양한 제품들이 제공되는 아마존에서 쇼핑하는 것을 더욱 즐기게 된다. 시간이 지날수록 아마존은 고객의 규모가 커지면서 성장하게 되는 것이다.

닉 슬립은 아마존처럼 규모의 경제 공유 모델을 활용해 작은 쥐에서 몸집이 큰 코끼리로 성장할 수 있는 기업을 좋아한다. 그는 기업이 쥐에

아마존 플라이휠(fly wheel) 사업모델

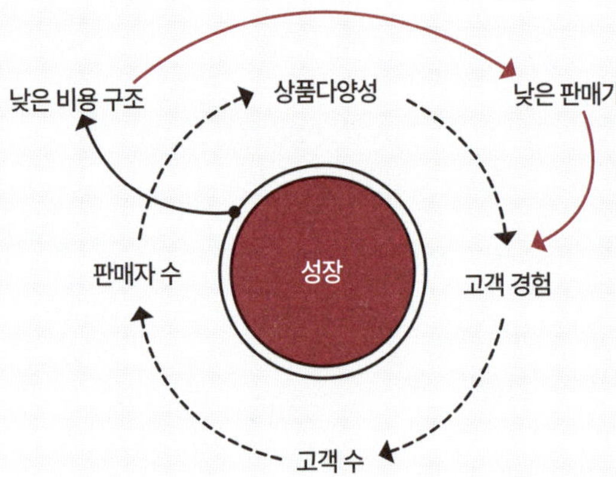

출처: 2010년 12월 31일 노마드 투자자 서한

서 코끼리로 성장하기 위한 몇 가지 필수적인 조건이 있다고 설명했다.

첫 번째는 기업의 성장을 위한 자금을 자체 영업만으로 조달할 수 있어야 한다는 조건이다. 주식을 추가로 발행하는 유상증자나 부채를 통해 자금을 조달하면 안 된다는 말이다. 영업만으로 자금 조달이 가능한 기업은 대부분 수익성이 좋은 사업일 확률이 높고, 자기자본이익률(ROE)도 높다. 자기자본이익률은 기업의 전체 자본 대비 순이익의 비율이다. 자기자본이익률이 높은 기업들은 같은 자본을 투자해도 더 높은 수익을 낼 수 있다.

두 번째 조건은 기업의 진입장벽이 규모에 비례해야 한다. 기업의 규모가 커질수록 경쟁자들이 쉽게 같은 산업으로 진입하기 힘들어지는 경우다. 아마존이 좋은 예다. 아마존을 사용하는 고객들이 많아질수록 아마존은 더 다양한 제품들을 제공할 수 있고, 운송 효율성 역시 높아진다. 이를 통해 원가가 낮아지고, 더 낮은 가격을 제공할 수 있게 된다. 이렇게 되면 경쟁자들이 진입해도 아마존과 동일한 운송 속도와 낮은 가격을 제공하기는 더 어려워질 것이다.

닉 슬립은 아마존의 성장에서 가장 중요한 건 단순한 '골격구조'라고 했다. 작은 쥐로 시작한 기업이 코끼리까지 성장했을 때 무거운 체중을 지탱하게 만드는 건 단순하면서 튼튼한 골격구조다. 사업 세계의 골격구조는 '고정비용'이라고 볼 수 있다. 닉 슬립은 아마존의 전자상거래와 전통적인 가두상권 소매업의 비용 구조를 골격구조에 비유해 설명했다.

가두상권 소매업의 경우 고정비용이 많이 드는 복잡한 골격구조다. 유통 체인을 살펴보자. 공급자가 재고를 창고로 보낸다. 재고를 창고에 보관하다가 매장의 요청이 있을 때 매장으로 운송한다. 결과적으로 가두상권 소매업에서 매출을 일으키는 가장 중요한 요소는 바로 '매장'이다. 고객이 소매업에서 구매를 결정하는 기준은 매장 인테리어, 상품 다양성, 직원들의 친절 등이다.

고객이 제품을 직접 보게 되는 매장의 퀄리티에 따라 매출이 달라진다. 요즘 각종 프랜차이즈 매장이 지역에 따라 '점바점'이라는 말이 나오는 이유도 이것 때문이다. 소매업에서 매장은 제일 중요한 요소이면서 제일 비싸기도 하다. 매장 임대에 들어가는 임대료뿐만 아니라 진열대 구성, 직원 급여 등 운영비가 많이 든다. 매장에 들어가는 운영비는 대부분 판매량에 따라 증가하는 변동 비용이 아니라 판매량과 무관하게 발생하는 고정비용이다.

전통 소매업의 골격구조를 아마존과 비교해 보자. 아마존은 매장이 없는 전자상거래 플랫폼이다. 상품이 제조되어 중앙 창고로 보내지긴 하지만, 주문이 들어오면 매장이 아니라 곧바로 소비자에게 배송된다. 가두상권 소매업처럼 비싼 매장이 필요 없는 것이다. 아마존의 경쟁력은 배송 속도, 직관적인 웹사이트 디자인, 사용자 편의성과 같은 요소에서 나온다.

닉 슬립은 아마존 웹사이트 하나가 프랜차이즈 매장 수천 개보다 훨씬 통제하기 쉽다고 설명했다. 아마존 웹사이트는 서울에서 열어보든 뉴욕에서 열어보든 대부분 비슷하다. 지역에 상관없이 매출에 가장 중요한 요소를 같은 퀄리티로 일정하게 유지할 수 있는 것이다. 가두상권 소매업에서 중요한 매장 운영비용 등의 고정비용도 들지 않는다.

따라서 아마존은 웹사이트 운영비라는 상대적으로 적은 비용만 들이고도 전 세계로 확장할 수 있다. 가두상권 소매업의 골격구조에 비하면 훨씬 저렴하고 튼튼하면서, 확장까지 가능한 것이다.

간단한 골격구조는 기업의 성장을 뒷받침할 수 있다. 가두상권 소매업은 확장을 위해서 계속 새로운 매장을 지어야 한다. 반면에 아마존은 추가 비용을 크게 들이지 않고도 같은 웹사이트를 더 많은 사람에게 제공할 수 있다. 굳이 재설계할 필요 없이 똑같은 골격구조가 커지기만 해도 더 많은 체질량을 충분히 버틸 수 있는 것이다. 이게 바로 닉 슬립이 말하는 쥐가 코끼리가 될 수 있는 골격구조다. 이 훌륭한 비용 구조 덕분에 아마존은 무서운 성장을 이루면서 미국의 대표 전자상거래 기업이 될 수 있었다.

코스트코

코스트코는 닉 슬립이 성공적으로 투자했던 또 다른 기업이다. 닉 슬립은 2002년에 코스트코의 고객 위주 경영 철학과 훌륭한 사업성에 반해 투자했다. 코스트코는 기존 마트와 달리 연회비를 받고, 질 좋은 제품을 대량으로 저렴한 가격에 제공한다.

코스트코가 많은 사람에게 사랑받을 정도로 저렴한 가격을 제공할 수 있었던 데는 몇 가지 비결이 있다. 먼저 코스트코는 불필요한 매장 영업비용을 철저히 제거했다. 코스트코의 영업시간은 다른 마트에 비해 짧다. 대부분의 코스트코 미국 매장은 평일 오전 10시부터 오후 8시 30분까지, 주말인 토요일과 일요일은 오전 10시부터 오후 6시까지만 영업한다. 오후 10~11시까지 영업하는 미국의 일반 마트에 비해 영업시간이 짧다. 코스트코는 영업시간을 줄여 전기세, 직원 급여 등의 운영비용을 낮출 수 있었다.

진열대도 다르다. 한 번이라도 가본 사람은 알겠지만, 코스트코 진열대는 마치 창고 같은 느낌을 준다. 제품이 묶음 형태로 대형박스 안에 포장되어 있다. 진열대 자체도 물류창고에서나 볼 수 있는 높은 철심으로 이루어져 있다. 진열대를 창고형으로 유지하면서 코스트코는 재고를 대량으로 구매해 그대로 매장에 진열한다. 제품도 낱개가 아니라 최소 두세 묶음으로 판매한다. 코스트코를 이용하는 소비자들은 사고 싶은 제품이 있으면 묶음으로 사야 한다. 진열대 구성에 들어가는 운영비용을 줄임과 동시에 묶음 판매를 유도해, 코스트코는 단위당 비용을 줄이는 규모의 경제를 활용했다.

코스트코가 효율적인 비용 절감을 통해 많은 이익을 볼 것이라고 예상하는 사람이 있겠지만, 실제로는 그 반대다. 코스트코는 극한의 비용 절감을 통한 이득을 소비자에게 저렴한 가격으로 돌려준다. 코스트코를 이용하는 소비자들은 매년 고정 연회비를 지불한다. 코스트코의 제품 가격이 다른 마트보다 저렴하다면, 소비자들은 더 자주 많이 쇼핑할수록 이득일 것이다.

실제로도 낮은 가격 덕분에 소비자가 얻은 이득은 연회비를 훨씬 웃돌았다. 2005년 6월 30일 노마드 투자자 서한에 첨부된《글로벌 인베스트먼트 리뷰》에 따르면, 당시 코스트코 연회비는 23달러였다. 반면 코스트코 회원들이 저렴한 가격으로 쇼핑해 절약한 비용은 평균 175달러였다. 결과적으로 회원 한 명이 매년 약 150달러 정도의 순이익을 본 셈이다.

코스트코는 영업으로 돈을 벌지만, 주주보다 고객이 더 큰 이득을 본다. 닉 슬립은 2005년 당시 사람들이 코스트코에서 쇼핑하면서 돈을 잃을 일은 없지만, 코스트코에 투자해서 돈을 잃을 수는 있다고 했다.[57] 다른 마트들이 코스트코처럼 강력하고 안정적인 구조를 가진 기업과 경쟁하는 건 매우 어렵다. 코스트코는 꾸준히 규모를 확장하고 있었고, 규모의 경제를 통한 이득을 과하다 싶을 정도로 고객에게 돌려주고 있었기 때문이다.《글로벌 인베스트먼트 리뷰》는 코스트코의 고객 위주 사업 모델을 통한 경쟁 격차는 시간이 지나면서 더욱 커질 거라고 하면서, 코스트코와 경쟁자의 승부는 이미 끝났다고 표현했다.

닉 슬립은 코스트코의 규모의 경제 공유 모델이 다른 마트들의 고저가격 모델보다 효과적이라고 설명했다.[58] 고저가격 전략에서는 고객 유치를 위해 일부 제품을 일정 기간에 할인가로 판매한다. 코스트코는 이와 반대로 특별한 할인기간 없이 제품 대부분을 항상 저가로 판매한다.

고저가격 전략은 고객들이 할인할 때만 구매하기 때문에 충성 고객을 확보하기 어렵다. 소비자는 자연스럽게 할인가를 비교하고, 최저가가 아니면 다른 브랜드로 옮겨갈 가능성이 높다. 또 이 전략은 할인 기간이 끝난 뒤 정상 매출이 감소하는 부작용도 나타난다. 할인가 혜택이 사라지면 구매 자체가 줄어들기 때문이다. 결국 고저가격 전략은 판매량이 불규칙하고 변동성이 크다는 한계를 갖고 있다.

코스트코의 '규모의 경제 공유 모델'과 '상시저가 전략'은 일반적인 할인 방식과 다르다. 코스트코는 특정 기간에만 할인을 제공하는 게 아니라 언제나 회원들에게 저렴한 가격을 보장한다. 이를 위해 브랜드 상품에는 14%, 자체 브랜드(PB, Private Brand) 상품에는 15%만 마크업을 붙이는 원칙을 고수한다. 예를 들어, 코스트코가 공급자로부터 어떤 제품을 1만 원에 들여왔다면, 고객에게는 최대 11,500원을 넘지 않는 가격에 판매하는 식이다.

이게 다가 아니다. 코스트코가 성장해 규모가 커질수록 규모의 경제를 통해 원가가 낮아진다. 코스트코는 낮아진 원가에 일정한 마크업만 붙여서 더 저렴한 가격으로 고객에게 보답한다. 고객들은 코스트코가 언제나 저렴한 가격을 제공해 줄 것을 믿기에 꾸준한 구매로 보답한다. 닉 슬립은 이런 선순환 구조가 코스트코의 매장 제곱피트당 매출이 다

른 마트보다 4배나 높을 수밖에 없는 비결이라고 설명했다.[59]

코스트코의 상시저가 전략을 엿볼 수 있는 좋은 사례가 있다. 한 번은 디자이너 청바지 200만 벌을 평소 판매가격보다 10달러 낮은 22달러 수준으로 매입한 적이 있었다. 거의 반값에 구했기 때문에 50%나 높은 마크업을 붙이는 게 가능했다. 이때 한 직원이 코스트코 창업자인 짐 시네걸(Jim Sinegal)에게 아무도 모를 테니 평소의 14% 마크업보다 조금만 더 높게 책정해 이익을 챙기자고 권했다. 시네걸은 여기서 단호하게 말한다.

"이번에 그러면 다음에 또 그럴 테지."

시네걸은 언제나 저가를 제공한다는 고객과의 약속을 절대 깨서는 안 된다고 생각했다. 코스트코의 이런 굳건한 경영 철학은 고객들에게 신뢰를 주는 비결이었다. 지난 20여 년 넘는 동안의 영업이익률을 보면 코스트코의 경영 철학을 실제로 확인할 수 있다. 영업이익률은 매출에서 매출원가와 운송비용, 직원 급여 등 영업에 들어가는 모든 영업비용을 빼고 남은 영업이익을 매출로 나눈 비율이다.

평균 3% 정도밖에 되지 않는 영업이익률을 보고 실망한 사람이 있을까? 사업성이 좋지 않은 기업이라고 섣불리 판단하지 말자. 이 그래프의 핵심은 영업이익률의 절대적인 수치가 아니다. 20년 넘게 이어져 온 영업이익률의 일관성이 중요하다. 2000년부터 코스트코는 꾸준히 2.5~3.5% 사이의 영업이익률을 유지해 왔다. 닉 슬립이 말한 규모의

코스트코 영업이익률 2000~2023년

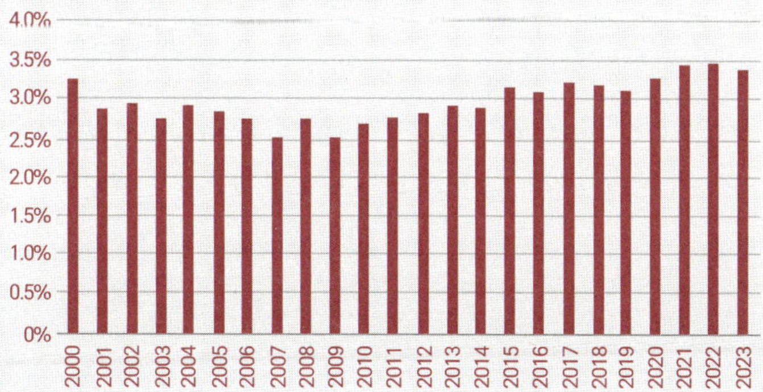

출처: Quickfs.net

경제 공유 모델을 통해 코스트코는 충분한 비용절감과 효율성을 발생시켰을 것이다. 그러나 코스트코의 효율성 증가에도 영업이익률은 증가하지 않았다. 비용 절감이 있을 때마다 고객들에게 낮은 가격으로 보답한 결과다. 창업자인 짐 시네갈이 그토록 강조했던 '상시저가 전략'이라는 약속을 지키기 위해 일정한 마크업을 유지했다. 그 덕분에 20년이 넘는 세월 동안 꾸준한 영업이익률을 기록할 수 있었던 것이다.

닉 슬립은 주주 친화 정책이 지배하는 자본 시장에서 코스트코처럼 규모의 경제 공유 전략을 유지하는 것은 굉장히 어렵다고 말했다. 효율적으로 비용을 절감할수록 가격을 높여 수익성을 높이고 싶은 유혹에 빠지기 쉽다. 특히 요즘 주주들은 기업의 수익성 향상과 주가 상승을 원한다.

코스트코도 주주들에게 보답하기 위해 가격을 유지하거나 높일 수도 있었다. 그러나 코스트코 경영진은 코스트코의 성공 비결은 주주보다 고객들을 먼저 생각하는 철학이라는 걸 이해하고 있었다. 수익성을 위해 욕심을 부린다면 소비자들을 저버릴 수 있다는 걸 알고 있었다.

코스트코 경영진은 코스트코의 상시저가 전략을 '이해하기는 쉽지만 실행은 어려운 전략'이라고 표현했다. 주주보다 고객을 먼저 생각하면서 성공한 기업이 극소수인 이유가 이게 아닐까 싶다. 코스트코는 지난 20년간의 주가 상승을 통해 고객 위주의 코스트코 철학으로도 주가 상승까지 챙길 수 있음을 증명했다.

"사업성이 좋은 기업들은 항상 고평가되어 있지 않을까?"

닉 슬립의 코스트코와 아마존 투자 사례를 보고 개인 투자자들은 이런 의구심을 가질 수 있다. 대표적인 상대적 가치평가 기준인 PER을 살펴보며 확인해 보자. PER(Price to Earnings Ratio)는 기업의 순이익 대비 시가총액의 비율로, 기업의 주가가 순이익 대비 몇 배에 거래되고 있는지를 나타낸다. 코스트코의 PER이 가장 높았을 때는 2001년이었고 30배가 넘었었다. 아마존도 높은 PER로 유명하다. 2004년에서 2006년 사이에는 꾸준히 30~40배를 오갔고, 2008년에서 2011년 사이에는 60, 70, 80배까지 올라갔었다.

그러나 닉 슬립은 아마존이나 코스트코 같은 위대한 기업의 주가는 항상 할인된 상태라고 표현했다. 시장 평균보다 훨씬 높은 PER을 가진 기업들이 어떻게 항상 할인돼 있을 수 있을까? 성장주가 현재의 영업 상태를 그대로 5년간 유지할 확률은 20%고, 10년간 유지할 확률은 겨우 10%에 불과하다.[60] 즉, 기업 대부분은 평균적으로 성장을 계속 이어 나가지 못하고 실패하는 것이다.

투자자들은 시간이 지나면 대부분의 기업이 평균적으로 실패한다는 사실을 알고 있다. 그래서 주식 가치를 평가할 때 이런 위험을 고려해 미래 가치를 할인해 반영한다. 투자자 대부분이 이런 평가 방식을 위대한 기업에도 그대로 적용한다는 게 문제다.

닉 슬립은 실패 가능성이 낮고 장기적으로 성장할 가능성이 높은 훌륭한 기업조차, 이러한 일반적인 위험 프레임 때문에 수십 년 동안 시장에서 저평가될 수 있다고 설명했다. 그러면서 그는 2009년 6월 30일 투자자 서한에서 월마트 사례를 예로 들었다.

다음 그래프에서 선 A는 월마트의 실제 주가를, 선 B는 월마트가 상장한 1972년부터 2009년 6월 말까지 연 10%의 복리 수익률을 달성할 수 있었던 최대 매수가격을 나타낸다. 예를 들어, 1975년의 선 B는 '1975년에 월마트 주식을 샀다고 가정했을 때 2009년까지 연 10%의 복리 수익을 달성할 수 있었던 가장 비싼 매수가격'을 뜻한다.

그런데 그래프를 보면 알 수 있듯이 모든 시점에서 선 A(실제 주가)는 선 B의 기준선보다 항상 낮았다. 이것은 언제, 얼마에 월마트 주식을 샀더라도 최소 연 10%의 복리 수익을 낼 수 있었다는 뜻이다. 월마트 주가가 수십 년 동안 저평가되어 있었다는 사실을 보여준다.

월마트가 상장된 1972년에 시장가의 150배가 넘는 가격으로 주식을

월마트 주가

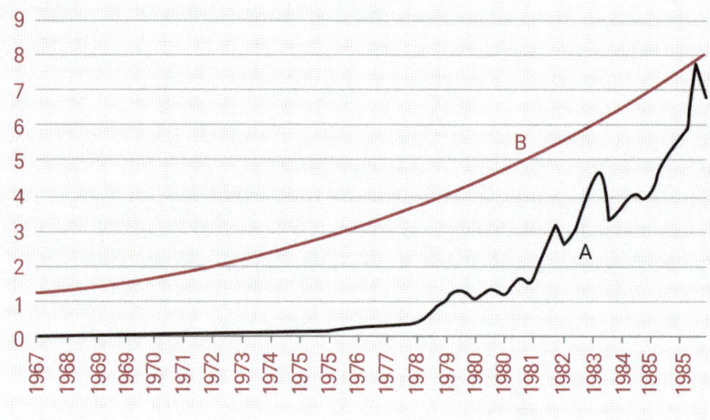

출처: 2009년 6월 30일 노마드 투자자 서한

샀더라도, 2009년까지는 연복리 10% 수익을 기록할 수 있었다는 닉 슬립의 주장은 결코 과장이 아니다. 1972년 당시 월마트 PER은 약 38배 정도로 매우 높았다. 이미 높은 시장가였는데, 거기에 150배 이상으로 매수했어도 연 10% 수익률을 낼 수 있었다는 사실은 믿기 힘들 정도다.

위대한 기업을 찾는 일은 쉽지 않다. 어렵게 찾아냈더라도, 투자자에게는 '이 기업의 주식을 얼마에 사야 하는가'라는 또 다른 고민이 따른다. 위대한 기업의 주가는 언제나 비싸 보이기 마련이다. 이럴 때 떠올려야 할 것이 닉 슬립의 교훈이다.

"만약 이 기업이 다른 평균적인 기업과 달리 오랜 기간 실패하지 않는다면, 지금의 주가는 오히려 할인가일 수 있다."

투자 노트

스톡 옵션과 열정 페이

진부한 클리셰처럼 느껴질 수 있지만
자기 일을 진심으로 사랑하고 즐기는 사람들이
결국 롱런할 수밖에 없다.

상장기업 경영진의 궁극적인 목표는 무엇일까? 아마도 기업에 투자하고 있는 주주들에게 최대한의 가치를 제공해 주는 것이 아닐까. 경영진의 경영 전략에 따라 기업은 휘청이기도 하고, 부흥기를 맞기도 한다. 애플은 창업자인 스티브 잡스를 내쫓고 위기에 직면했었다. 애플의 이사회가 뜻을 굽히고 다시 잡스를 데려오고 나서야 애플은 전성기를 맞았다. 경영진은 기업이라는 배의 선장이다. 경영진의 결정과 선택에 따라 성공적인 항해로 이어질 수도, 침몰할 수도 있다.

닉 슬립은 주식 투자를 할 때 주주들과 동일한 보상 체계를 갖고 일하는 경영진들을 선호한다. 닉 슬립이 생각하는 이상적인 CEO의 보상 시스템은 속칭 '열정 페이'다. 단순히 거액의 연봉을 원하는 CEO보다 사업을 운영하는 것이 꿈인 열정적인 CEO가 훨씬 낫다고 보았다. 실제로 닉 슬립이 투자한 기업 대부분은 창업자나 1세대 경영진이 경영하는 회사였다. 그는 노마드 투자조합 포트폴리오의 85% 이상이 창업자 또는 1세대 경영진이 운영하는 기업으로 구성돼 있었다고 밝혔다.[61]

닉 슬립의 대표적인 투자 사례인 코스트코, 아마존, 버크셔 해서웨이만 봐도 그렇다. 코스트코는 창업자인 짐 시네갈이 1983년부터 2011년까지 CEO를 맡았다. 아마존도 1994년 제프 베조스가 창업한 이후 2021년까지 CEO를 맡았다. 버크셔 해서웨이는 워런 버핏이 1965년에 인수한 후 지금까지 회장직을 맡고 있다.

닉 슬립에 따르면 창업자들은 대개 연봉을 동기로 일하지 않는다.

개인적인 꿈과 목표를 갖고 회사를 창업하고 도전하는 경우가 많다. 창업자들에게 본인의 사업은 인생의 업적이자 자식과도 같다. 자식을 쉽게 포기하는 부모는 많지 않다. 창업자들은 어떻게든 본인의 사업을 성공시키려는 열망이 있다.

닉 슬립이 추구하는 창업자 CEO들은 대개 거액의 연봉이나 보너스, 스톡 옵션 등을 받지 않는다. '스톡 옵션'이란 회사의 주식을 시장가보다 저렴한 가격으로 살 수 있는 권리를 말한다. 주로 상장기업에서 직원이나 경영진에게 회사의 주가를 위해 성실히 일할 수 있도록 동기부여를 위해 지급한다. 그러나 스톡 옵션은 실제로 기업의 주식을 갖는 것보다는 동기부여 효과가 약하다. 스톡 옵션을 행사하면 회사의 주가가 떨어져도 크게 손해 보지는 않기 때문이다.

예를 들어, 현재 주가가 10달러인 기업이 직원들에게 2달러에 해당 기업의 주식을 살 수 있는 스톡 옵션을 지급했다고 가정해 보자. 스톡 옵션을 받은 직원은 주가가 10달러일 때 옵션을 행사해서 2달러에 주식을 샀다. 매수한 주식을 바로 10달러에 팔면 주당 8달러의 이득을 챙길 수 있을 것이다. 스톡 옵션을 행사해서 주식을 바로 팔아버리면, 직원은 더 이상 그 회사 주식을 갖고 있지 않게 되고 동기부여 장치도 사라진다.

2달러에 옵션을 행사해서 주식을 매수한 후 바로 팔지 않아도 마찬가지다. 주가가 10달러에서 9달러로 떨어져도 직원이 느끼는 손해는 그리 크지 않다. 2달러에 매수했으니 그저 이익이 8달러에서 7달러로 줄어든 정도일 뿐이다.

스톡 옵션이 아니라 직원이 시장 가격 그대로 10달러에 매수했다고 해보자. 주가가 9달러로 떨어지면 바로 -10% 손해다. 인간은 본능적으로 이익이 줄어드는 것보다 마이너스가 찍히는 손해를 더 싫어하는 손실회피 경향이 있다. 스톡 옵션이 시장가격으로 직접 주식을 사서 보유하는 것보다 동기부여가 낮은 이유가 바로 이것이다.

닉 슬립이 성공적으로 투자한 기업의 CEO 대부분은 스톡 옵션 위주의 보상보다 기업의 주식을 대거 보유하고 있는 대주주인 경우가 많았다. 아마존의 창업자 제프 베조스가 좋은 예다. 베조스는 아마존이 상장했던 1997년에는 약 41.3%의 아마존 지분을 보유하고 있었다. 베조스가 CEO에서 사임한 2022년까지 아마존 지분 보유량의 변화를 살펴보자.

베조스는 아마존 상장 이후 매년 조금씩 아마존 주식을 매도하면서

아마존의 창업자 제프 베조스의 아마존 지분 보유량

연도	아마존 주식 지분(%)
1997	41.30%
1998	36.90%
1999	34.10%
2000	32.80%
2001	30.70%
2002	28.10%
2003	26.10%
2004	24.80%
2005	24.30%
2006	24.40%
2007	24.30%
2008	22.70%
2009	21.20%
2010	19.50%
2011	19.40%
2012	19.20%
2013	18.50%
2014	18.10%
2015	17.60%
2016	17.00%
2017	16.30%
2018	16.10%
2019	15.50%
2020	14.10%
2021	12.70%
2022	12.30%

현금을 확보했다. 그래도 꾸준히 아마존의 개인 최대주주였다. 누구보다 아마존 주식을 많이 보유하고 있던 베조스는 아마존의 장기 성장과 주가 상승을 위해 몰두할 수밖에 없었을 것이다.

닉 슬립이 투자했던 버크셔 해서웨이도 마찬가지다. 워런 버핏은 1965년 버크셔 해서웨이를 인수한 이래 꾸준히 버크셔의 최대 주주 자리를 유지해 왔다. 2025년 5월 기준 워런 버핏은 여전히 약 30.3%의 의결권을 가지고 있는 최대 주주다.[62] 이는 버핏이 주주와 이해를 같이하며, 그들을 위해 최선의 투자 결정을 내릴 수밖에 없는 이유이기도 하다.

창업자 혹은 1세대 경영진이 기업의 장기 성장을 이끌 수 있는 특별한 이유는, 인간은 자신이 직접 땀 흘리고 노력해서 일궈낸 성과에 각별한 의미를 부여하기 때문인지도 모른다. 닉 슬립은 2013년 6월 30일 노마드 투자자 반기 서한에서 흥미로운 실험을 소개했다. 작가이자 교수인 고등통찰연구소(The Institute for Advanced Hindsight)의 설립자 댄 애리얼리(Dan Ariely)의 실험이었다. 애리얼리는 실험을 통해 비금전적 보상의 힘을 증명했다.

2개의 서로 다른 집단에 복잡한 종이접기 모형을 만들게 했다. 집단 1의 참가자들은 복잡한 종이접기 모형을 만드는 과제와 함께 종이접기를 정확히 어떤 방식으로 해야 하는지 자세한 안내를 받았다. 집단 2의 참가자들도 똑같은 종이접기 모형을 만들었지만, 이번에는 모형을 어떻게 접어야 하는지 안내를 전혀 받지 않았다.

과제를 끝냈을 때 두 집단을 대상으로 본인이 직접 만든 모형을 산다면 얼마까지 돈을 지불할 의사가 있는지를 물었다. 결과는 매우 흥미로웠다. 두 집단 모두 자신의 모형을 사기 위해 전문가가 만든 똑같은 종이접기 모형의 시장가보다 훨씬 높은 금액을 낼 의사가 있다고 답했다. 두 집단의 종이접기 모형 모두 퀄리티는 전문가가 만든 것보다 떨어졌는데도 말이다.

이보다 더 흥미로운 점은 종이접기에 대한 안내를 아예 받지 않았던 집단 2가 제시한 가격이 집단 1보다 더 높았다는 점이다. 아무 안내도 받지 않은 집단 2의 종이접기 모형 퀄리티는 단연 최악이었다. 그런데도 집단 2의 참가자들은 주어진 안내 없이 자기 스스로 방법을 찾아내서 모형을 만들었다는 이유만으로 완성된 모형에 스스로 매기는 가치를 더 높인 것이다.

애리얼리의 실험에서처럼 직접 만든 것에 애착이 높아지는 사례를 찾는 건 어렵지 않다. 닉 슬립은 다른 사례로 1940년대에 한 식품 회사가 개발한 분말 케이크 믹스를 들었다.[63] 이 신제품은 빵을 오븐에 굽기 전에 물만 추가하면 되는 아주 쉽고 간편한 레시피가 장점이었다. 혁신적인 제품처럼 보였던 신제품의 판매 실적은 놀랍게도 매우 좋지 않았다.

고심 끝에 식품 회사는 레시피를 바꾸었다. 케이크 믹스에 물만 추가하는 게 아니라 신선한 계란, 우유, 설탕까지 넣는 복잡한 단계를 추가했다. 바뀐 레시피로 출시했더니 말 그대로 대박이 났다. 이케아 가구를 조립해 본 사람이라면 충분히 이해할 것이다. 인간은 이미 만들어진 것이나 아주 쉬운 과정을 통해 얻은 결과물보다 직접 시간과 노력을 들인 결과물에 애착을 갖는 경향이 있다.

닉 슬립이 창업자 혹은 1세대 경영진이 운영하는 회사를 선호하는

데도 같은 이유가 있다. 높은 연봉, 성과금, 스톡 옵션 등의 금전적 인센티브는 어느 정도 동기를 부여할 수는 있지만, 전부는 아니다. 기업의 창업자이거나 초기부터 성장을 이끈 1세대 경영진의 동기부여는 다른 곳에서 온다. 돈을 떠나 내가 열정을 갖고 직접 땀 흘려 일궈낸 결과물이 잘되기를 바라는 진실한 마음이 더 크기 때문이다.

워런 버핏은 더 이상 버크셔 해서웨이 회장직을 맡을 필요는 없지만, 현재의 일을 너무 사랑하고 즐긴다고 하며 "매일 탭댄스를 추면서 출근한다"라고 전했다. "천재는 노력하는 자를 이길 수 없고, 노력하는 자는 즐기는 자를 이길 수 없다"라는 말이 괜히 있는 게 아니다. 진부한 클리셰처럼 느껴질 수 있지만 자기 일을 진심으로 사랑하고 즐기는 사람들이 결국 롱런할 수밖에 없는 것 같다. 투자자인 우리는 자기 일을 즐기면서 일하는 경영진과 동업을 맺고, 오랜 시간 투자하는 방법으로 성공적인 결과를 얻을 확률을 높일 수 있을 것이다.

6장

‘돌연변이 투자 천재’ 리 루

01

천재와 괴짜와 괴물의 최상급 혼종, 리 루

투자의 대가 찰리 멍거의 지갑을 연 남자,
리 루의 인생 스토리는 드라마다.

바닥부터 시작한 돌연변이 투자자가 있다. 지금까지 소개한 투자 대가들은 대체로 부족함 없는 환경에서 성장해 여유롭게 투자 커리어를 시작했지만, 이 사람은 달랐다. 그는 중국에서 미국으로 도피해, 배운 지 얼마 안 된 영어 실력으로 대학에 입학했다. 학자금을 대출받아 그 돈으로 주식 투자를 시작했고, 대학을 졸업할 때는 무려 백만 달러를 모았다. 찰리 멍거가 "중국의 워런 버핏"이라고 부른 이 괴물 투자자의 이름은 '리 루'다.

리 루는 쉽지 않은 어린 시절을 보냈다. 1966년 중국 탕산에서 태어난 그는 문화대혁명 시절 부모가 지식인이라는 이유로 수용소에 보내졌고, 여러 위탁 가정과 고아원을 전전하며 자랐다. 1976년, 10살이던 그는 약 24만 명의 목숨을 앗아간 탕산 대지진으로 함께 살던 입양 가족 전원을 잃는 비극을 겪었다.

1989년 천안문 민주화 시위에서 학생 지도자로 단식 투쟁을 주도했으며, 이후 중국 정부의 체포를 피해 23살의 나이로 미국에 망명했다. 뉴욕에 정착한 리 루는 영어를 거의 알지 못한 상태에서 영어 공부를 시작했으나, 특유의 천재성과 노력으로 결국 컬럼비아 대학교에 입학해 경제학, 법학, MBA 학위를 동시에 취득했다.

대학 시절 리 루는 가진 게 별로 없었다. 미국이라는 낯선 땅에 가족, 인맥, 돈 아무것도 없었으니 고군분투할 수밖에 없었을 것이다. 후에 리 루는 당시에 가진 유일한 것은 쌓여가는 학자금 대출뿐이었다고 회상했다. 생활비를 아끼기 위해 거실을 여덟 명과 공유하는 아파트에서 생활했다.[64]

아니, 정확히 말하면 아무것도 없었다는 말은 틀렸다. 리 루는 남들이 가지지 못한 비장의 무기인 명석한 두뇌가 있었다. 그는 컬럼비아 대학 역사상 최초로 3개의 학위를 동시에 수료한 학생이었다. 열악한 환경 속에서도 컬럼비아 대학과 대학원에서 경제학 학사, 경영학 석사, 그리고 법학전문대학원을 졸업하면 수여하는 법무박사(JD) 학위까지 수료했다. 천재라고밖에 설명이 안 되는 부분이다.

리 루가 투자 세계에 발을 디딘 결정적인 계기가 있다. 1993년에 워런 버핏이 본인의 모교인 컬럼비아 대학에서 강연을 진행했었는데, 우연히 이 강연을 듣게 되었다. 리 루는 버핏의 이름 'Buffett'을 처음 보고 '이름이 무슨 뷔페(Buffet)야?'라고 생각했을 정도로 버핏이라는 투자자와 가치 투자에 문외한이었다. 투자에 전혀 관심이 없던 리 루는 당시 버핏의 강연을 보고 깊은 감명을 받았다고 한다.

"주식을 사는 게 아니라 기업을 사는 것이다."
"미스터 마켓은 가끔 비이성적으로 싸게 주가를 제공한다."
"안전마진을 확보한 가격에 주식을 매수해라."

당시 버핏이 설명했던 벤저민 그레이엄식 가치 투자의 기본 원칙이 크게 와닿았다. 리 루는 중국에서 어린 시절을 보냈기 때문에 미국의 자본주의 시장 체계에 익숙하지 않았다. 주식 투자는 돈 놀음이라고 여기던 리 루의 생각은 버핏의 강연으로 완전히 바뀌었다. 가치 투자의 본질을 파악한 후에는 주식 투자에 빠져들게 되었다. 그는 버핏식 가치 투자는 많은 공부와 독서, 노력, 그리고 무엇보다 올바른 판단이 중요한 게임이라는 걸 파악했다. 남들과는 다른 두뇌를 갖고 있던 그는 이 모든 영역에서 자신감이 넘쳤다.

당장 투자를 시작하고 싶었지만, 가진 돈이 없었던 그는 결국 학자금 대출을 이용해 투자금으로 활용했다. 보통 사람이라면 생각조차 할 수 없는 아주 위험한 행동인데, 그만큼 자신 있었는지도 모르겠다. 앞에서 설명했지만 워런 버핏의 투자 방식에서 중요한 것 중 하나가 플로트(Float)다. 플로트는 고객에게 제품이나 서비스를 제공하기 전에 받는 선불금과 비슷한 개념이다. 보험료를 생각하면 쉽다. 워런 버핏은 고객들이 매달 내는 보험금을 플로트로 활용해 다양한 기업에 투자했다.

리 루는 버핏의 보험금 대신 학자금 대출금을 플로트로 활용했다. 버핏과 다른 게 있다면 리 루의 플로트는 언제 얼마의 돈을 돌려줘야 하는지 정해져 있는 학자금 대출이었다는 것이다. 사고가 발생하지 않는 한 영원히 돌려줄 필요 없는 버핏의 보험금과는 성격이 매우 다르다.

일정 기간 안에 수익이 나지 않으면 대출금을 갚을 수 없으니, 어찌 보면 도박에 가까운 아주 위험한 방식으로 투자한 셈이다. 다행히 리 루는 투자에 특출한 재능이 있었고, 버핏에게 배운 주식 투자를 통해 학자금 대출을 3~5개월 안에 대부분 갚을 수 있었다.[65]

주식 투자에도 천재적인 재능이 있던 그는 대학 시절 내내 학자금을 대출받아 투자했다. 컬럼비아 대학을 졸업할 때쯤에는 이런 식으로 백만 달러를 모았다. 졸업 후 1996년에 투자은행에 입사하면서 투자 커리어를 시작했다. 투자은행 직원이라는 본업이 있었지만, 개인적인 주식 투자도 멈추지 않았다. 모아 둔 백만 달러를 모두 주식 시장에 투자한 리 루는, 얼마 지나지 않아 본업의 수입을 웃도는 돈을 벌었다. 그는 결국 1년 만에 회사를 떠나 전업 투자자의 길을 택했다.

투자은행을 나온 리 루는 1997년, 자신의 투자 펀드인 '히말라야 캐피털(Himalaya Capital)'을 설립했다. 히말라야 캐피털의 공식 홈페이지에서 지금도 확인할 수 있듯, 그가 설립한 펀드는 벤저민 그레이엄, 워런 버핏, 찰리 멍거로 이어지는 가치 투자 전통을 따른다. 리 루는 자신의 투자 성공을 이 스승들의 철학 덕분이라 말하며 공을 돌린다. 실제로 리 루의 투자 성과는 스승들 못지않다. 1998년부터 2024년까지 히말라야 캐피털의 연평균 수익률은 약 30%가 되었다.

리 루의 압도적인 투자 성과는 많은 대가들의 관심을 끌기에 충분했다. 그 중에서도 리 루를 가장 신뢰했던 사람이 바로 찰리 멍거다. 찰리 멍거는 그의 투자 실력을 높게 평가하면서 그를 "중국의 워런 버핏"이라고 불렀다. 멍거는 2003년에 리 루를 처음 만났다. 리 루의 성과와 인사이트에 반한 멍거는 2004년에 리 루가 새로운 투자 펀드를 열었을 때 본인과 가족의 돈까지 합쳐 약 8,800만 달러를 맡겼다. 리 루는 그 돈을 맡아 약 4억 달러까지 키워줬다고 한다. 투자금을 4~5배 정도 불린 것이다. 멍거는 리 루의 투자 성과를 이렇게 표현했다.

"나는 《바론스》를 50년 동안 읽어왔고 한 개의 투자 기회를 찾아 거의 위험 없이 투자해서 8천만 달러를 만들었다. 그런데 이 돈을 그대로 리 루한테 줬더니 8천만 달러가 4~5억 달러로 불어났다."[66]

멍거는 리 루를 버크셔 해서웨이에 데려오고 싶어 했지만, 동시에 리 루가 다른 사람을 위해 일하기보다 스스로 모든 투자 결정을 내리는 스타일이라는 것도 알고 있었다. 결국 멍거는 스카우트를 포기하고, 그에게 돈을 맡기는 방법을 선택했다.

리 루가 성공적으로 투자한 주식들은 많다. 대표적으로 중국의 전기 배터리 및 전기차 제조 기업인 BYD가 있다. BYD의 잠재력을 확신한 그는 2002년에 처음 주식을 매수했다. 멍거에게도 강력히 추천했고, 그의 말을 믿은 멍거는 버핏까지 설득하는 데 성공했다. 멍거와 버핏은 버크셔 해서웨이를 통해 2008년 약 2,870억 원을 BYD 주식에 투자했다. 버핏과 멍거는 BYD 주식을 2022년 8월까지 단 한 주도 팔지 않았다고 한다. 2022년 8월 전체 매도로 벌어들인 총수익은 약 2조 3,500억 원으로, 수익률로 따지면 무려 2,570%다.

리 루는 현재 버핏처럼 소수의 훌륭한 기업에 집중투자하는 방식으로 포트폴리오를 꾸리고 있다. 실제로 2025년 9월 30일 기준 히말라야 캐피털의 포트폴리오는 다음과 같다.

2025년 9월 30일 기준 히말라야 캐피털 포트폴리오

종목	포트폴리오 비중(%)
알파벳(GOOGL)	19.14
핀듀오듀오(PDD)	18.85
알파벳 클래스 C(GOOG)	18.48
뱅크 오브 아메리카(BAC)	16.66
버크셔 해서웨이 클래스 B(BRK.B)	13.97
이스트 웨스트 뱅크코프(EWBC)	9.15
옥시덴털 페트롤리엄(OXY)	2.15

리 루의 인생 스토리는 드라마다. 어쩌면 비현실적으로 느껴지는 리 루의 천재적인 두뇌와 인사이트를 하나씩 엿보자.

02

성공하는 5% 돌연변이가 돼라

리 루가 정의하는 투자 세계의 돌연변이는
대세를 거스를 줄 아는 독립성과
주어진 주제를 집요하게 파고드는 호기심이다.

조금이라도 리 루에 관심을 가졌던 사람이라면, 그가 2006년에 모교인 컬럼비아 대학교에서 진행했던 강연을 들어봤을 것이다. 워런 버핏이나 찰리 멍거처럼 많은 인터뷰를 하지 않은 리 루의 인사이트를 제대로 들을 수 있는 귀한 강연이다. 그 강연에서 리 루는 미래 투자 업계로 진출할 대학생들에게 소중한 투자 교훈을 전했다.

리 루가 생각하는 성공적인 가치 투자자들은 모두 돌연변이다. 워런 버핏, 찰리 멍거 등 투자의 대가들은 95%의 일반 투자자들과 전혀 달랐다. 그가 생각하는 진정한 가치 투자자는 전체 투자자의 5%에 불과하다. 5%의 소수 '돌연변이'만이 주식 시장에서 시장 초과 수익률을 내면서 장기적으로 성공을 거둘 수 있다는 것이다.

리 루가 소수의 가치 투자자를 '돌연변이'라고 부르는 데는 그럴 만한 이유가 있다. 사람들은 대체로 다수의 선택을 따른다. 남들이 많이 공부하는 분야를 택하고, 모두가 선망하는 대기업 일자리를 동경한다. 이렇게 대중의 선택을 따르는 경향은 지극히 자연스럽다.

원시 시대부터 공동체에 음식이 부족하면 모두 함께 사냥을 나서 식량을 구했다. 그래야 하루 이틀이라도 더 살아남을 수 있었기 때문이다. 반면, 공동체 일원 중 누군가가 당장 급한 사냥 대신 새로운 터전을 찾아 나선다면 외면받기 일쑤였다. 집단의 질서를 거스른 사람들은 굶어 죽거나 맹수에게 쫓겨 오래 버티지 못했다. 생존의 역사만 보더라도, 대세를 거스르는 행동은 인간 본능과 거리가 있다.

그러나 리 루는 대세를 거스르는 '돌연변이'만이 투자의 세계에서 살아남아 성공할 수 있다고 강조한다. 남들이 모두 옳다고 여기는 것을 그대로 믿고 따르면 판단에 필요한 시간과 에너지를 절약할 수 있다. 뇌가 편안해하는 지름길을 택하는 셈이다. 하지만 그는 투자만큼은 남의 의견이 아니라 자신만의 근거와 논리로 판단해야 한다고 말한다. 즉, 뇌가 불편해하는 행동을 의도적으로 해야 한다는 것이다. 흔히 말하는 '역발상 투자'다.

역발상 투자는 대다수 투자자의 믿음을 거슬러 반대쪽에서 기회를 찾는 방법이다. 예컨대 요즘처럼 기술주와 AI 관련주가 각광받는 시기라면, 외면당하는 소비재 기업에서 투자 기회를 찾는 식이다. 리 루의 생각은 분명하다. 대세 자체는 투자에 아무런 도움이 되지 않는다. 중요한 것은 대세에 흔들리지 않는 나만의 통찰과 논리다.

대부분의 투자자는 주식을 언제 사고팔지, 즉 매매 타이밍에 집중한다. 하지만 리 루는 투자자는 매매꾼이 아니라 연구원처럼 행동해야 한다고 지적한다. 그가 가장 중시하는 것은 '호기심'이다. 기업을 분석할 때 기자나 탐정처럼 끝없는 호기심을 품고 접근해야 한다. 호기심이 많을수록 기업의 모든 부분을 샅샅이 조사하고 싶어지고, 이는 투자 시 간과할 수 있는 리스크를 미리 발견하는 데 도움이 된다.

정리하면, 리 루가 말하는 투자 세계에서 필요한 자질은 두 가지다. 첫째, 대세를 거스를 줄 아는 독립성. 둘째, 한 주제를 집요하게 파고드는 호기심. 그는 이 두 가지 특성을 가진 '돌연변이'는 전체 투자자의 5%에 불과하다고 말한다. 그렇다면 왜 나머지 95%는 리 루, 찰리 멍거, 워런 버핏처럼 투자하지 못할까?

그 답은 주식 시장의 구조에 있다. 주식 시장은 본질적으로 매매를 원하는 사람들을 위해 존재한다. 매일 매분 매초 참여자에게 사고팔 수 있는 매물을 쏟아내며, 가장 유동적인 자산 시장이기도 하다. 부동산이나 금, 토지로 단기 매매 차익을 노리는 트레이더는 거의 없다. 그러나 주식 시장은 언제든 사고팔 수 있다는 유혹으로 가득하다. 24시간 즉시 배송이 가능한 상시 개방 중고 장터와 다름없다.

리 루는 모든 시장 참여자가 가치 투자자라면 시장은 지금처럼 작동하지 못한다고 설명한다. 예컨대 A라는 주식의 적정가가 5만 원이라 하자. 가치 투자자 A는 당연히 5만 원보다 비싸게 팔고 싶어 한다. 그러나 가치 투자자라면 누구나 5만 원보다 싼 값에 안전마진을 확보하려 한다. 결과적으로 5만 원 이상에서는 매수자가, 5만 원 이하는 매도자가 만족하지 못한다. 이 경우 시장가격 형성이 불가능해지고, 매매가 일어나지 않는 시장은 존재 의미를 잃는다.

따라서 리 루는 투자를 시작하는 모든 사람이 먼저 자신이 5%의 '돌연변이' 가치 투자자인지, 95%의 일반 투자자인지를 파악해야 한다고 강조한다. 자기 자신을 아는 것이 중요하다. 독립성과 호기심이 없다면 가치 투자자가 될 자격이 없을지도 모른다. 그렇다면 개별 기업을 분석하며 시장 초과 수익률을 노리기보다는, 인덱스 펀드에 투자해 시장 수익률이라도 챙기는 편이 낫다.

리 루 자신은 의심할 여지 없이 5%의 돌연변이다. 미국 아이비리그 최상위권 대학인 컬럼비아 대학교에서 학위를 무려 3개나 동시에 취득한 것은 아무나 할 수 없는 일이다. 그의 집념과 학문적 탐구심이 빚어낸 경이로운 결과였다. 그는 학자금 대출로 가치 투자에 뛰어들어, 대학 졸업 때까지 백만 달러를 모았다.

다른 학생들이 동아리 활동과 파티를 즐길 때, 리 루는 기업을 집요하게 분석하며 투자 기회를 찾았다. 또래들이 대학 생활을 어떻게 즐기는지는 중요하지 않았다. 그는 오직 자신이 확신하는 부를 늘리는 방법을 찾아 끈질기게 파고들었고, 결국 성공했다.

그가 운용하는 히말라야 캐피털의 투자 실적도 돌연변이답다. 20년이 넘는 기간 동안 연평균 30%라는 어마어마한 수익률을 내는 투자자를 찾기란 정말 쉽지 않다. 95%와는 다른 역발상, 독립성, 호기심과 탐구심이 리 루라는 '돌연변이 투자자'를 만들어낸 것이다.

03

사생팬처럼 조사하라

질문을 멈추지 마라.
그리고 마지막까지 놓친 것은 없는지 의심하라.

리 루는 본인의 투자에 크게 다섯 가지 체크리스트를 적용했다.

1. 가격이 저렴한가?
2. 기업의 사업성이 좋은가?
3. 경영진이 믿음직하고 유능한가?
4. 내가 놓친 사실이 있는가?
5. 왜 이 시장에 이 기회가 존재하고 있을까?

다른 투자 대가들의 체크리스트와 달리 리 루가 유독 중요하게 생각하는 조건은 '4. 내가 놓친 사실이 있는가?'였다는 게 의미심장하다. 실제로 리 루는 주식 투자에서 지독한 조사와 공부가 필수라고 여러 번 강조했다. 내가 분석하는 기업의 사생팬이 되어, 기업과 경영진의 일거수일투족을 조사할 정도의 열정이 있어야 한다. 대량의 정보를 접하다 보면 가끔 투자에서 정말 중요한 포인트를 놓치기도 하는데, 리 루는 체크리스트 4번의 질문을 통해 조사 과정에서 놓친 부분을 되짚고 철저하게 조사했다고 한다.

그는 투자자들이 주식 앱을 들여다보거나 매도 주문을 고민하는 데 시간을 쓰기보다, 조사·연구·공부에 더 집중해야 한다고 강조했다. 리 루가 투자 리서치에서 가장 중시하는 기준은 바로 '정확하면서도 완전한 정보'였다. 정확하지만 단편적인 정보는 기업의 전체 모습을 왜곡시킬 수 있고, 완전해 보여도 부정확한 정보는 잘못된 결정을 초래할 수 있기 때문이다.

리 루는 미국의 밸류 라인(Value Line)을 신문처럼 구독해서 정기적으로 읽었다고 한다. 밸류 라인은 미국 주식 투자자들을 위한 구독 서비스로, 미국에 상장된 다양한 기업들의 재무정보를 보여주었다. 밸류 라인 전체를 다 보면서 투자할 만할 기업을 찾았다. 특히 지난 1년 기준 최저가를 보이거나 낮은 PER(Price to Earnings Ratio, 기업의 순이익 대비 주가의 비율)에 거래되는 주식들을 보여주는 섹션에 집중했다. 이것은 리 루의 체크리스트 중 '1. 가격이 저렴한가?'에 해당하는 주식을 찾는 과정이었다.

어느 날 밸류 라인을 읽다가 눈에 띄는 기업 하나를 발견했다. 가죽 부츠를 주력 상품으로 내걸고 다양한 의류까지 판매하는 미국 소매업체, 팀버랜드(Timberland)였다. 팀버랜드 주식이 아주 매력적인 저평가

상태라고 생각한 리 루는 A부터 Z까지 팀버랜드의 모든 부분을 조사하기 시작했다. 앞서 언급한 2006년 컬럼비아 대학 강연에서, 학생들에게 팀버랜드 투자 스토리를 처음부터 끝까지 들려주었다.

밸류 라인에서 발견한 팀버랜드는 탄탄한 영업 실적에도 불구하고 저렴한 주가에 거래되고 있었다. 당시 팀버랜드의 1998년 기준 영업이익률은 13%였다. 매출에서 원가와 급여 등 다양한 영업비용을 빼고도 13%의 마진이 생긴다는 뜻이니 괜찮은 사업성이었다. 게다가 약 50%의 높은 투하자본이익률(ROIC)을 거두고 있었다.

참고로 투하자본이익률이란 기업이 실제 영업활동에 투입한 자산 대비 영업이익이 얼마인지를 나타내는 지표다. 투하자본이익률은 기업이 주어진 자산을 활용해 얼마나 효율적으로 수익을 냈는지를 보여준다. 보통 투하자본이익률이 10~20%만 돼도 좋은 사업성을 가진 기업이라고 평가된다. 팀버랜드는 이보다 훨씬 높은 50%였고, 매우 훌륭한 투하자본이익률을 갖고 있었다.

막강한 영업 실적에도 불구하고, 1998년 당시 팀버랜드의 PBR은 약 1.2배에 불과했다. PBR(Price to Book-value Ratio)은 기업의 장부가치 대비 주가의 비율을 뜻한다. 장부가치란 기업의 자산에서 부채를 뺀 순자산을 말한다. 장부가치에 비해 주가가 낮으면 PBR이 낮아 '저평가'로, 반대로 높으면 '고평가'로 해석한다. 업종에 따라 다르지만 보통 1~2배는 저평가 구간으로 본다. 참고로 2000년부터 지난 20여 년 동안 S&P 500 인덱스의 PBR은 3~4배 정도를 유지해 왔다.

1999년 밸류 라인에 기재된 팀버랜드 주식

TIMBERLAND CO NYSE-TBL

RECENT PRICE **46** | P/E RATIO **9.0** (Trailing: 9.7 Median: 16.0) | RELATIVE P/E RATIO **0.54** | DIV'D YLD **Nil** | VALUE LINE

TIMELINESS 3 Lowered 10/16/98
SAFETY 3 Raised 2/20/98
TECHNICAL 3 Lowered 9/18/98
BETA 1.20 (1.00 = Market)

High:	23.1	16.0	15.5	12.5	10.5	20.0	85.4	61.0	36.8	40.1	82.9	87.8
Low:	9.8	10.8	8.8	5.0	5.6	8.8	18.9	19.9	17.5	16.5	36.6	28.1

Target Price Range 2001 | 2002 | 2003

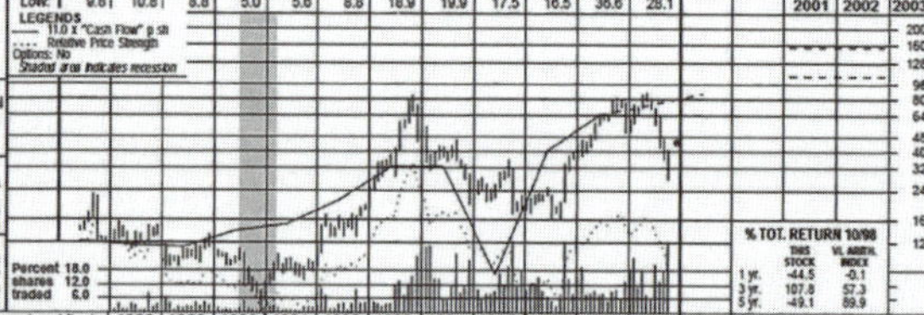

2001-03 PROJECTIONS

	Price	Gain	Ann'l Total Return
High	160	(+250%)	37%
Low	110	(+140%)	24%

Insider Decisions

	D	J	F	M	A	M	J	J	A
to Buy	0	0	0	0	0	0	1	0	1
Options	0	0	0	1	2	0	0	0	0
to Sell	1	0	2	2	2	0	0	0	0

Institutional Decisions

	4Q1997	1Q1998	2Q1998
to Buy	35	48	37
to Sell	21	24	39
Hld's(000)	4087	4631	5621

The Timberland Company went public in June, 1987 when it offered 3,685,600 Class A shares at $14 each. The offering included 350,000 shares offered by Sidney W. Swartz. The funds were used to repay debt and buy back stock from existing shareholders. Merrill Lynch Capital Markets was the lead underwriter.

1988	1989	1990	1991	1992	1993	1994	1995	1996	1997	1998	1999	© VALUE LINE PUB., INC.	01-03
12.51	14.66	18.39	21.08	27.01	38.55	58.18	59.28	61.80	70.15	74.35	82.15	Sales per sh	110.85
1.07	1.04	1.29	1.41	1.93	3.02	3.02	.73	3.74	5.96	6.90	7.90	"Cash Flow" per sh	11.20
.76	.60	.73	.75	1.18	2.01	1.58	d.99	1.81	4.03	5.05	5.75	Earnings per sh [A]	9.00
--	--	--	--	--	--	--	--	--	--	Nil	Nil	Div'ds Decl'd per sh	Nil
.61	.65	.86	.70	1.09	1.99	2.87	1.22	1.35	2.26	1.75	2.15	Cap'l Spending per sh	2.15
6.53	7.03	8.02	8.71	9.70	11.81	13.60	12.87	14.81	18.93	23.90	30.00	Book Value per sh [B]	54.35
10.60	10.65	10.67	10.73	10.79	10.87	10.96	11.05	11.17	11.35	11.50	11.50	Common Shs Outst'g [C]	11.50
17.0	17.9	12.2	11.3	12.8	22.2	24.2	NMF	13.3	14.9	Bold figures are Value Line estimates		Avg Ann'l P/E Ratio	15.0
1.41	1.35	.91	.72	.78	1.31	1.59	NMF	.83	.86			Relative P/E Ratio	1.05
--	--	--	--	--	--	--	--	--	--			Avg Ann'l Div'd Yield	Nil
132.6	156.1	196.3	226.1	291.4	418.9	637.5	655.1	690.0	796.5	855	945	Sales ($mill)	1275
13.2%	11.7%	11.5%	10.8%	11.6%	12.1%	9.2%	4.6%	10.5%	13.1%	13.2%	13.7%	Operating Margin	14.5%
3.3	4.7	5.9	7.0	8.0	10.3	15.3	19.1	21.4	20.3	19.5	21.0	Depreciation ($mill)	24.0
8.1	6.4	7.9	8.1	12.9	22.5	17.7	d11.1	20.4	47.3	60.0	70.0	Net Profit ($mill)	105
33.0%	30.0%	28.6%	31.0%	32.0%	34.0%	37.0%	--	34.0%	30.0%	32.0%	32.5%	Income Tax Rate	33.0%
6.1%	4.1%	4.0%	3.6%	4.4%	5.4%	2.8%	NMF	3.0%	5.9%	7.0%	7.4%	Net Profit Margin	8.2%
48.2	84.1	88.2	92.6	94.5	155.7	266.6	268.1	269.6	242.9	300	365	Working Cap'l ($mill)	540
14.6	48.7	48.9	44.2	41.5	90.8	208.8	199.5	171.7	100.0	100	100	Long-Term Debt ($mill)	Nil
69.2	74.9	85.7	93.4	104.6	128.4	149.1	142.2	165.4	214.9	275	345	Shr. Equity ($mill)	625
10.5%	7.3%	7.9%	7.9%	10.7%	11.7%	6.9%	NMF	8.2%	16.9%	17.0%	16.5%	Return on Total Cap'l	17.0%
11.7%	8.5%	9.2%	8.7%	12.3%	17.5%	11.9%	NMF	12.3%	22.0%	22.0%	20.5%	Return on Shr. Equity	17.0%
11.7%	8.5%	9.2%	8.7%	12.3%	17.5%	11.9%	NMF	12.3%	22.0%	22.0%	20.5%	Retained to Com Eq	17.0%
--	--	--	--	--	--	--	--	--	--	Nil	Nil	All Div'ds to Net Prof	Nil

CAPITAL STRUCTURE as of 9/25/98
Total Debt $100.0 mill. Due in 5 Yrs $100.0 mill.
LT Debt $100.0 mill. LT Interest $8.9 mill.
(LT interest earned: 10.1x; total interest coverage: 10.1x)
(28% of Cap'l)

Leases, Uncapitalized Annual rentals $18.2 mill.
Pension Liability None

Pfd Stock None

Common Stock 11,497,327 shs.
Includes 9.16 mill. Class A shares (one vote per share), and 2.34 mill. Class B shares (10 votes per share) (72% of Cap'l)
MARKET CAP: $525 million (Small Cap)

CURRENT POSITION ($MILL.)	1996	1997	9/25/98
Cash Assets	93.3	98.8	19.3
Receivables	100.6	75.8	177.3
Inventory (Avg Cst)	159.1	142.6	189.5
Other	18.5	24.8	24.5
Current Assets	371.5	342.0	410.6
Accts Payable	21.3	20.4	30.1
Debt Due	17.8	--	--
Other	62.8	78.7	94.6
Current Liab.	101.9	99.1	124.7

ANNUAL RATES of change (per sh)	Past 10 Yrs.	Past 5 Yrs.	Est'd '95-'97 to '01-'03
Sales	20.0%	23.5%	9.5%
"Cash Flow"	14.0%	17.5%	21.5%
Earnings	6.5%	13.0%	NMF
Dividends	--	--	Nil
Book Value	10.0%	12.0%	23.0%

Calendar	QUARTERLY SALES ($ mill.) Mar.31	Jun.30	Sep.30	Dec.31	Full Year
1995	141.6	125.1	212.6	175.8	655.1
1996	127.7	113.6	227.6	221.1	690.0
1997	150.7	132.2	274.7	238.9	796.5
1998	163.1	144.7	291.9	255.3	855
1999	180	160	325	280	945

Calendar	EARNINGS PER SHARE [A D] Mar.31	Jun.30	Sep.30	Dec.31	Full Year
1995	d.33	d1.12	.37	.07	d.99
1996	d.09	d.61	1.51	.99	1.81
1997	.37	.05	2.11	1.48	4.03
1998	.62	.16	2.47	1.80	5.05
1999	.70	.25	2.85	1.95	5.75

Calendar	QUARTERLY DIVIDENDS PAID Mar.31	Jun.30	Sep.30	Dec.31	Full Year
1994					
1995	NO CASH DIVIDENDS BEING PAID				
1996					
1997					
1998					

BUSINESS: The Timberland Co. manufactures and markets men's and women's rugged footwear and apparel. Footwear and apparel sales were 75% and 25% of 1997 sales total, respectively. Int'l sales, 27%. Produces approx. 28% of its footwear in its Caribbean Basin fac. All apparel is sourced from indep. manuf. located abroad. 1997 depr. rate, 17.4%. Has about 5,100 empl., 700 shrhldrs. Sidney Swartz owns 98% of Class B shares. The Sidney W. Swartz 1982 Family Trust owns about 35% of Class A shares; FMR Corp., 9.6%; Putnam Inv., Inc., 7.3%; State St. Res. & Mngmnt. Co., 7.2% (4/98 Proxy). Chrmn.: Sidney Swartz. Pres. & C.E.O.: Jeffrey Swartz. Inc.: DE. Addr.: 200 Domain Drive, Stratham, NH 03885. Tel.: 603-772-9500. Internet: www.timberland.com.

The sluggish U.S. footwear market is finally beginning to hurt Timberland's results, following months of battering the athletic-shoe manufacturers. The company's performance-footwear line, just recently the primary driver of top-line growth, is now falling short of expectations. Overcapacity in the industry is leading to increased price competition, and Timberland has fallen behind in new product launches. The company plans to introduce two completely new performance lines each year (rather than just a revision of the previous season's model), in order to spark a rebound in this category. For now, though, we have reduced our sales projections to reflect the weakness in this segment. As a result, we are lowering our 1998 and 1999 share-net estimates by $0.15 and $0.50, respectively, to $5.05 and $5.75. Investors should note, though, that these targets still represent substantial year-over-year increases.

Timberland's 3- to 5-year outlook remains favorable. The company's classic yellow boot is continuing to perform well, with demand outstripping supply in the September period. Timberland is also strengthening its presence in the children's footwear market, and its international sales are increasing at a rapid pace. We believe that the company will continue to garner market share both abroad and in the kids-shoe segment through increased marketing and new product introductions. Finally, Timberland has recently implemented a "tier-pricing" strategy across some of its product lines. The object of this move is to garner market share in a flat-growth category by launching adaptations of a product line at different price points, thus, appealing to a broader consumer base. This strategy has already begun to benefit the men's segment, and it should help fuel sales increases in additional categories in the new millennium.

Long-term investors may find these neutrally ranked shares appealing. Despite a recent uptick of the stock's price, it is still down over 45% from its May high, due to the general weakness of the overall market and the U.S. footwear industry. At its current quotation, though, the issue's 3- to 5-year appreciation potential is well above *Value Line's* median.

Jonathan B. Chappell November 20, 1998

(A) Earnings based on average shares outstanding (diluted). Excludes a nonrecurring charge of 72¢ a share and a one-time gain of 67¢ a share in 1995. Next earnings report due early February. (B) Includes intangibles. In '97: $20.9 mill., $1.84 a share. (C) In millions. (D) Quarterly earnings may not sum to annual total due to changes in shares outstanding.

Company's Financial Strength	B+
Stock's Price Stability	10
Price Growth Persistence	60
Earnings Predictability	5

2000~2024년 S&P 500 PBR

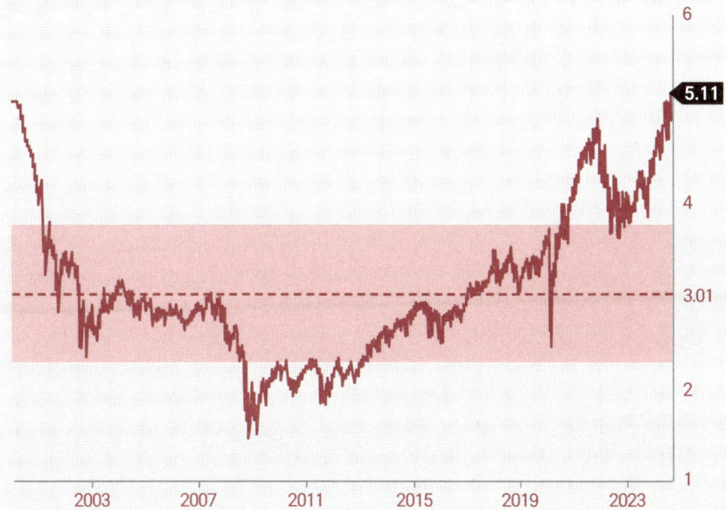

출처: gurufocus.com

리 루는 팀버랜드 주식이 실적에 비해 유독 저렴하게 거래되는 이유를 찾아 분석했다. 그 첫 번째 이유는 아시아 매출이었다. 1998년 아시아 경제위기로 팀버랜드의 아시아 지역 매출이 급감했다. 경쟁자인 나이키와 리복의 매출도 하락하는 시기였다.

그러나 리 루는 아시아 매출 하락이 팀버랜드 전체 실적에 미치는 영향은 미미하다고 판단했다. 팀버랜드의 미국 외 해외 매출은 전체의 27% 정도였는데, 그중 아시아 매출 비중은 전체 매출의 10% 이하였다. 아시아 매출이 반 이상 줄어든다고 가정하더라도, 전체 매출과 이익에 끼치는 영향은 기껏해야 -5% 정도에 불과했다.

또 다른 이유는 당시에는 팀버랜드 주식을 분석해 객관적인 정보를 전해주는 월가의 애널리스트들이 없었다는 점이다. 게다가 팀버랜드는 창업자 가문이 경영하는 기업이었으며, 창업자 가문은 1998년 당시 40%의 주식 지분과 98%의 의결권을 소유하고 있었다. 팀버랜드 주주들은 창업자 가문에 집중된 주식 지분과 의결권에 의구심을 품고 있었다.

실제로 팀버랜드 경영진을 대상으로 줄줄이 소송이 이어졌던 사건이 있었다. 팀버랜드 경영진이 공식적으로 향후 1년의 실적 전망을 발표하다가 갑자기 그만둬 버렸기 때문이다. 주주들은 창업자 가문이 기업의 이득을 빼돌린 후 회계를 조작할 가능성이 있다고 판단했다.

창업자 가문이 98%의 의결권을 갖고 있다는 말은, 주식을 사서 주주가 된다고 해도 주주총회에서 의결권을 통한 투표로 경영 방향을 바꿀 수 없다는 뜻이다. 주식을 분석하는 애널리스트도 없어서, 팀버랜드 투자자는 심도 있는 기업 분석과 미래 전망이 쉽지 않다. 여기에 수많은 주주가 경영진이 사기를 치고 있다고 의심하면서 줄줄이 소송까지? 이런 최악의 상황이라 당시 95%의 투자자들은 팀버랜드를 투자할 만한 기업으로 여기지 않았다.

하지만 리 루는 달랐다. 리 루는 팀버랜드가 영업 실적 면에서 충분히 매력적인 기업이라고 판단했다. 의심스러울 정도로 너무 좋은 투자 기회처럼 보였다. 리 루에게 남은 건 체크리스트 '4. 내가 놓친 사실이 있는가?'에 대한 해답을 찾는 것뿐이었다. 너무 좋아 보이는 기회에는 종종 함정이 있기 마련이라 조심해야 한다. 리 루는 혹시라도 함정에 빠질까 봐 철저한 조사에 들어갔다.

가장 중요한 문제인 주주 소송 건에서 시작했다. 정말 경영진이 회계 조작 혹은 사기를 친 걸까? 리 루는 뭔가 이유가 있을 것이라 생각했고, 주주들이 제시한 소송 문서를 전부 구해 읽어봤다. 수많은 소송이 있었지만, 그가 보기에는 같은 문제에서 발생한 것들이었다.

사실은 이렇다. 팀버랜드 경영진은 실적 발표 시 주주들에게 앞으로 1년에 관한 실적 전망을 같이 발표하곤 했다. 한번은 지난해에 제시한 실적 전망만큼 실적을 내지 못하는 어닝 미스가 나타났다. 주주들은 크게 실망했고, 그 이후 경영진은 더 이상 실적 전망을 제공하지 않았다. 이에 더 화가 난 주주들은 줄줄이 팀버랜드 경영진을 상대로 소송을 제기했다.

리 루는, 경영진이 단순히 실적 전망을 제시하지 않았을 뿐 회계 조작이나 사기를 쳤다는 설득력 있는 증거는 없다고 판단했다. 팀버랜드 경영진이 사기를 숨기려는 의도가 아니라, 주주들의 불만을 감당하고 싶지 않아서 실적 전망을 제공하지 않았을 수 있기 때문이다.

그래서 바로 다음 단계로 넘어갔다. 만약 팀버랜드 경영진이 사기꾼들이 아니라면, 이들이 믿을 만하고 유능하다는 것을 어떻게 확인할 수 있을까? 리 루는 이 질문의 해답을 찾기 위해 팀버랜드의 CEO를 집요하게 분석했다. 여기서 다른 투자자가 엄두도 내지 못할 일을 한다. 팀버랜드 CEO의 고향을 직접 방문한 것이다. 리 루는 CEO의 고향에서 몇 주간 생활하면서 그의 어린 시절 친구와 이웃들을 만났다. 특히 CEO와 같은 교회를 다녔던 사람들과 친해져서 CEO에 대해 끊임없이 질문했다.

대화를 통해 리 루는 팀버랜드 CEO가 대학을 가지 않은 '고졸' 출신이라는 사실을 알아냈다. 또, 주변 사람 모두가 그를 정직하고 좋은 사람이라고 느낀다는 것도 확인할 수 있었다. 리 루는 CEO의 아들이 경영대를 다니고 있고, 리 루와 비슷한 나이대라는 사실까지 알게 되었다. 아들은 이미 팀버랜드의 COO 자리를 맡고 있었다. 아들은 비영리단체의 이사 중 한 명이었는데, 놀랍게도 이 비영리 단체는 리 루의 친구가 설립한 단체였다.

리 루는 그 비영리 단체의 이사회에 들어가 CEO의 아들과 친구가 되었다. 팀버랜드 CEO의 아들과 대화하면서 그가 정직하고 똑똑한 사람이라고 느꼈다. 리 루는 결국 경영진 가족이 믿을 만한 사람들이라는 걸 확인했다.

리 루는 팀버랜드 경영진 조사에 몇 주 동안을 몰두했다고 한다. 다른 주식은 쳐다보지도 않고 매일 매일 팀버랜드에만 집중했다. 아마 95%의 투자자들은 절대 리 루처럼 집요하게 파고들지 않을 것이다. 5%의 돌연변이 투자자가 되려면 이 정도 노력과 시간을 들여야 한다고 말했던 게 자동으로 이해되는 사건이다. 리 루는 몇 주간의 깊은 조사를 통해 팀버랜드에 투자하겠다는 결정을 내렸다.

팀버랜드의 PER은 1998년 리 루가 조사하는 당시 5~6배 사이로 매우 낮았다. 팀버랜드 매장을 직접 방문했을 때도 어린아이들이 팀버랜드 신발과 옷을 '패션템'으로 구매한다는 것을 느꼈다. 팀버랜드 수요는 계속 늘고 있었고, 앞으로도 30% 이상 이익이 증가할 것이라 예상했다.

1998년 주가 하락을 이끈 아시아 매출 하락이 미치는 영향은 전체 이익의 5%도 안 됐다. 꾸준한 이익 성장의 가능성, 믿을 만한 경영진, 그리고 저렴한 가격 모두 리 루가 투자하기 좋은 조건들이었다. 리 루는 팀버랜드 주식이 리스크가 거의 없고, 주가 상승 여력이 상당한 좋은 투자 기회라고 판단했다.

리 루는 확신이 생기면 과감하게 투자해야 한다고 입버릇처럼 강조했다. 많은 시간과 노력을 들여서 최적의 투자 기회를 찾아냈는데, 전체 포트폴리오의 1~2%만 투자한다는 건 말이 안 된다. 리 루가 당시 포트폴리오 중 어느 정도의 비중을 팀버랜드 주식에 투자했는지는 정확히 밝혀지지 않았다. 하지만 지금까지 그가 히말라야 캐피털에서 투자한 종목들을 보면 최대 20~30%인 경우도 많았다. 또 컬럼비아 강연에서 전체 포트폴리오 중 어느 정도나 팀버랜드에 투자했냐는 질문에 리 루는 "밝힐 수는 없지만 엄청 많이"라고 대답했다. 그러니 감히 예상해보자면 최소 20~30%는 되지 않을까?

리루가 매수한 후 팀버랜드 주가는 2년 만에 7배 넘게 뛰었다. 기업의 순이익은 리 루의 예상처럼 30% 넘게 올랐다. 5배였던 PER도 15배로 껑충 뛰었다. 영업 실적이 성장하면서 시장의 저평가를 벗어났으니 주가가 급상승한 것은 당연하다.

1998년 팀버랜드 주식을 매수하고 2년 후인 2000년에 리루는 전체 주식을 매도했다. 팀버랜드의 새로운 CEO는 주식을 분석하는 애널리스트들에게 정보도 많이 제공하고, 애널리스트들과 함께하는 자리도 마련했다. 첫 미팅에 참여한 사람은 CEO, 애널리스트 한 명, 그리고 리 루, 이렇게 단 세 명이었다. 그러나 2000년 후반쯤에는 50명 이상의 애널리스트들이 방을 꽉 채웠다. 리 루는 이때가 주식을 팔 때라고 판단했다. 주식을 분석하는 애널리스트들이 많다는 것은 더 이상 시장에서 저평가된 주식이 아니라고 생각했기 때문이다.

리 루의 팀버랜드 투자 스토리를 리 루의 주식 투자 체크 리스트로 정리해 보면 다음과 같다.

1. 가격이 저렴한가?

매우 저렴했다. PBR이 1.2배였고, PER은 5~6배 사이였다.

2. 기업의 사업성이 좋은가?

투하자본이익률 50%와 영업이익률 13%를 기록하고 있었다. 꾸준한 수요가 예상되고, 앞으로도 이익을 30% 이상씩 성장시킬 수 있을 것으로 보인다.

3. 경영진이 믿음직하고 유능한가?

주주들의 소송 문건을 읽어봤을 때 경영진이 사기를 치고 있다는 느낌은 받지 못했다. CEO의 고향에 방문해 친구나 이웃들을 만나 대화하며 조사해 봤다. 모두 그를 정직하고 올바른 사람이라고 표현했다. CEO의 아들과도 친해졌는데, 그 역시 똑똑하고 좋은 사람이었다.

4. 내가 놓친 사실이 있는가?

처음 밸류 라인에서 이 주식을 찾았을 때 너무 좋은 투자 기회라고 생각했다. 내가 놓치고 있는 함정들을 조사해 봤다. 아시아 매출 하락, 주주들의 소송, 이 기업을 분석하는 애널리스트의 부재가 있었다. 세 가지 모두를 조사해 본 결과 막대한 리스크 요소는 아니다.

5. 왜 시장에 이 기회가 존재하고 있을까?

95%의 투자자들은 팀버랜드 같은 주식에 투자하기를 꺼린다. 매출 하락과 수많은 소송이라는 악재, 더불어 애널리스트 없이 스스로 분석하고 전망해야 한다는 점에서 투자를 선택하기란 쉽지 않다. 5%의 돌연변이 가치 투자자들을 위한 투자 기회다.

리 루는 컬럼비아 강연에서 주식 시장은 누군가가 이기면 다른 사람은 지는 제로섬 게임이라고 표현했다. 주식 시장에는 수많은 똑똑한 투자자들이 있다. 투자를 시작한 지 얼마 안 된 주린이도 있지만, 엄청난 시간과 노력을 들이는 천재 고수도 있다. 주식 시장 안의 치열한 경쟁 속에서 살아남는 방법은 간단하다. 노력과 시간이다. 대부분의 투자자가 하지 않을 깊이 있는 리서치와 공부만이 살 길이다. 마치 사생팬처럼, 투자할 만한 기업의 모든 부분을 파헤치겠다는 마음가짐으로 조사한다면 95%의 투자자들보다 훨씬 앞서나갈 수 있을 것이다.

04

재무제표에서 기업의 스토리를 읽어라

모든 스토리는 재무제표에 담겨 있다.
재무제표를 꼼꼼히 분석해 본 리 루에게
현대백화점은 흔하게 오지 않는 대박 투자 기회였다.

리 루는 주식 투자자라면 재무제표와 친해져야 한다고 강조했다. 한번은 2006년 컬럼비아 대학 강연에서 후배들을 앞에 두고 재무제표 분석의 정수를 알려준 적이 있다. 주식 투자가 처음이라면 당연히 재무제표가 어렵고 복잡하게만 느껴질 수 있다. 그는 이 암호 같은 재무제표의 숫자들을 실제 기업의 영업 상황과 사업성을 통해 이야기를 들려주듯 쉽게 풀어주었다.

반갑게도 강연에서 리 루가 예로 든 기업은 한국의 현대백화점 주식이었다. 리 루는 우연히 현대백화점 주식을 발견해서 성공적인 투자 성적을 거뒀다. 어떻게 중국도 미국도 아닌 한국 기업에서 투자 기회를 발견할 수 있었을까?

그는 스탠다드 앤드 푸어스(Standard & Poor's)에서 발행하는 투자 자료를 자주 읽었다. 당시 스탠다드 앤드 푸어스는 주로 미국 상장기업을 다루긴 했지만, 해외 주요 기업에 대한 재무정보와 추가 데이터를 담은 리포트도 제공했다. 리 루는 한국 기업을 다룬 리포트에서 현대백화점을 발견했다.

쉽게 이해하기 위해 앞으로 나오는 모든 재무제표 수치는 반올림하자. 리 루도 강연에서 100% 정확한 수치를 구하는 것보다 반올림해서 쉬운 숫자로 빠르게 암산하는 게 중요하다고 했으니 말이다.

리 루는 현대백화점 재무제표를 들여다봤다. 이 자료를 본 건 2004년이었고, 현대백화점의 시가총액은 6,500만 달러, 세전 순이익은 3,100만 달러, 세후 순이익은 2,400만 달러 정도였다. 앞서 PER은 기업의 순이익 대비 시가총액이 몇 배로 시장에서 거래되는지를 나타낸다고 설명했었다. 세전 순이익 기준 현대백화점의 PER은 약 2.1배(6,500만 달러/3,100만 달러), 세후 순이익 기준으로도 2.7배(6,500만 달러/2,400만 달러)에 불과했다. 2004년 한국의 대표 지수인 코스피의 PER이 10배 정도였으니, 현대백화점 주가가 주식 시장 평균보다 훨씬 낮은 저평가 상태였다는 걸 바로 알 수 있었다.

얼핏 보기에 저평가로 보였지만 리 루는 재무제표를 더 깊게 파고들었다. 앞서 팀버랜드 주식을 다루면서 장부가치를 설명했었는데, 다시 떠올려 보자. 기업의 총자산가치에서 부채를 빼고 남은 게 장부가치다. 현대백화점은 2004년 기준 약 2억 5,000만 달러의 장부가치를 갖고 있었다.

장부가치를 수식으로 나타내면 다음과 같다.

장부가치 = 자산 - 부채

기업은 자산과 부채를 보유한다. 자산은 유효 기간에 따라 유동자산과 비유동자산으로, 부채는 유동부채와 비유동부채로 나뉜다.

자산의 경우, 유동자산은 1년 이내에 현금화할 수 있는 자산으로, 현금·단기금융상품·매출채권·재고자산 등이 이에 해당한다. 반대로 비유동자산은 1년 안에 현금으로 전환되지 않고 장기간 유지되는 자산으로, 공장·건물·설비 같은 유형자산과 특허·브랜드 가치 등의 무형자산이 있다.

부채의 경우, 유동부채는 1년 이내에 상환해야 하는 의무로, 외상매입금·단기차입금·급여채무 등이 대표적이다. 이에 비해 비유동부채는 상환 기간이 1년을 초과하는 장기 의무로, 금융기관의 장기차입금이나 사채, 장기 임차료 등을 포함한다.

리 루는 장부가치를 운전자본, 비유동자산, 비유동부채라는 세 가지 요소로 설명했다. 먼저 운전자본(Net working capital)은 기업이 영업활동을 하기 위해 반드시 필요한 자금으로, 유동자산에서 유동부채를 뺀 금액을 말한다. 재고자산, 현금 같은 유동자산과 직원 급여, 외상매입금 같은 유동부채는 기업의 일상적인 영업활동에 필수적인 항목들이다.

반면 비유동자산에서 비유동부채를 차감한 금액은 기업의 장기적인 자산가치를 보여준다. 건물이나 설비 같은 비유동자산에서 장기차입금이나 장기 임차료 등의 비유동부채를 제외하면, 부채를 뺀 순수한 장기적 자산가치를 알 수 있다.

위에서 말한 장부가치의 요소를 좀 더 구체적으로 보면 다음과 같다.

장부가치 = 유동자산 + 비유동자산 - (유동부채 + 비유동부채)

장부가치 = 유동자산 - 유동부채 + 비유동자산 - 비유동부채

장부가치 = 운전자본 + 비유동자산 - 비유동부채

리 루는 장부가치란 기업을 매수했을 때 주주들이 갖는 실제가치라고 설명했다. 2004년 기준 현대백화점의 운전자본(유동자산 - 유동부채)은 약 7,000만 달러였고, 비유동자산에서 비유동부채를 뺀 금액(비유동자산 - 비유동부채)은 1억 8,000만 달러였다. 즉, 주주가 현대백화점이라는 기업을 인수한다면 영업활동에 필요한 7,000만 달러의 자산과 부채를 제외한 장기 자산 1억 8,000만 달러를 확보하게 되는 것이다.

리 루는 현대백화점의 장부가치를 좀 더 자세히 파고들었다. 7,000만 달러의 운전자본은 대부분 현금이고, 1억 8,000만 달러의 비유동자산은 실제가치에 비해 적은 가치로 재무제표에 기록되어 있었다.

1억 8,000만 달러의 비유동자산 중 약 3,000만 달러는 현대백화점이 100% 지분을 보유한 호텔들의 장부가치였다. 재무제표에 기록되는 지분의 장부가치는 인수 시점의 가치를 기준으로 산정되며, 이후 시장 가치가 상승하더라도 재무제표에는 반영되지 않는다. 따라서 현대백화점이 보유한 호텔들의 장부가치인 3,000만 달러는 매수 당시, 즉 약 10년 전 가치라는 뜻이다.

한국의 부동산 가격은 지난 10년 동안 꾸준히 상승해 왔다. 리 루는 직접 한국을 방문해 현대백화점이 보유한 호텔들의 최근 매매 사례를 조사했다. 그 결과, 대부분의 거래 가격이 장부가치보다 3~4배 이상 높게 형성되어 있었다. 즉, 현대백화점 소유 호텔들의 실제가치는 재무제표에 기록된 3,000만 달러보다 최소 6,000만 달러 이상 더 높은 셈이었다. 이 사실을 확인했을 때, 리 루는 아마 속으로 '빙고'를 외쳤을 것이다.

게다가 현대백화점의 비유동자산 중에는 다른 백화점 브랜드 지분 13%도 포함되어 있었다. 리 루가 찾아본 바로는 그 백화점의 2004년 기준 시가총액은 6억 달러였고, 지분 13%는 약 7,800만 달러에 달했다. 편의상 8,000만 달러로 반올림하자. 이 지분 역시 재무제표에는 3,000만 달러로 기록되어 있었다. 재무제표상 지분의 장부가치는 인수 시점의 금액을 기준으로 하기 때문이다. 따라서 실제가치는 8,000만 달러였지만, 장부에는 그보다 5,000만 달러 낮은 3,000만 달러로 반영돼 있었다.

지금까지 알아본 현대백화점의 재무제표를 정리해 보자. 현대백화점의 운전자본은 7,000만 달러로, 대부분 현금으로 구성되어 있다. 장부가치 중 비유동부채를 뺀 비유동자산은 재무제표에 1억 8,000만 달러로 기록되어 있었다. 그러나 비유동자산 중 호텔의 장부가치는 실제가치보다 최소 6,000만 달러, 백화점 지분은 5,000만 달러나 저평가된 상태였다. 현대백화점의 비유동자산을 실제가치로 환산하면 1억 8,000만 달러 + 6,000만 달러 + 5,000만 달러 = 2억 9,000만 달러까지 높아진다.

현대백화점의 재무제표상 장부가치

장부가치 = 운전자본 + 비유동자산 - 비유동부채

장부가치 = 7,000만 달러 + 1억 8,000만 달러 = 2억 5,000만 달러

현대백화점의 실제가치

장부가치 = 7,000만 달러 + 1억 8,000만 달러 + 6,000만 달러 + 5,000만 달러 = 3억 6,000만 달러

현대백화점의 2004년 기준 시가총액은 6,500만 달러였다. 만약 그 시점에 현대백화점을 인수한다면 6,500만 달러를 지불하고, 3억 6,000만 달러(약 5.5배)의 장부가치를 바로 얻는 훨씬 남는 장사를 할 수 있었을 것이다. 게다가 매년 약 2,400만 달러의 순이익도 있다. 단순 계산으로도 매년 2,400만 달러의 순이익을 3년 동안 벌면 7,200만 달러다, 2004년 현대백화점 시가총액인 6,500만 달러를 훌쩍 뛰어넘는다. 즉, 매수하자마자 즉시 자산가치로 이득을 보면서 3년 안에 순이익만으로 원금 회수가 되는 투자 기회였던 것이다.

리 루의 눈에 백화점 사업은 안정적인 수익을 기대할 수 있는 모델이었다. 미국의 쇼핑몰은 임대료에 의존하지만, 한국의 백화점은 입점 매장들의 매출에서 일정 비율을 수수료로 가져간다. 매장 운영이나 재고 관리 비용을 직접 부담하지 않고도 안정적으로 수익을 내는 구조였다. 리스크가 거의 없다는 사실을 확인한 리 루는, 2004년에 현대백화점 주식을 약 22달러에 매수했다. 당시 저평가되어 있던 현대백화점 주

식은 불과 2년 만인 2006년에 시장에서 재평가를 받으며 100달러대까지 급등했다.

이제 리 루가 성공적인 투자를 할 수 있었던 이유가 보일 것이다. 그는 투자할 때 기업의 재무제표 분석을 누구보다 중요시했다. 평소에도 기업 재무제표 분석을 자주 하던 리 루는 현대백화점이 절호의 투자 기회라는 걸 확신할 수 있었을 것이다. 주주로서 투자했을 때 매수가의 5배가 넘는 자산가치를 즉시 얻을 수 있고, 3년 만에 순이익으로 원금 회수가 되는 투자 기회였다. 이 모든 스토리가 재무제표에 담겨 있다.

좀 어렵고 복잡하게 보였다면, 이렇게 한번 생각해 보자. 빌딩 안에 있는 자판기 하나에 투자할까 생각 중이다. 조사해 보니 자판기 가격이 100만 원이었다. 어느 날 빌딩에 놓인 자판기를 살펴보다가 우연히 그 안에 있는 작은 금괴를 발견했다. 아무도 이걸 보지 못한 것 같았다. 자판기를 사서 금괴를 되팔기만 해도 500만 원은 벌 수 있다. 게다가 이 빌딩에 출근하는 사람들의 수요를 따져보면 모든 비용을 제하고도 1년에 자판기 운용으로 벌 수 있는 순이익이 대략 35만 원 정도다.

여러분은 이 자판기에 투자하겠는가? 100만 원에 자판기를 사서 금괴를 팔기만 해도 이미 400%의 수익률이 보장된다. 게다가 매년 35만 원씩 3년만 자판기를 운영해도 100만 원인 원금 회수가 가능한 상황이다. 리 루는 현대백화점이라는 자판기를 발견한 것이다. 자판기 가격인 100만 원은 시가총액, 500만 원은 장부가치, 35만 원은 순이익이라고 할 수 있다. 재무제표를 꼼꼼히 분석해 본 리 루에게 현대백화점은 흔하게 오지 않는 대박 투자 기회였던 것이다.

투자 노트

미래의 가치 투자자들에게 전하는 말

**인생 투자 기회를 찾았다면 팔지 말고 오래 들고 있어라.
단순해 보이지만 실천하기는 쉽지 않은 투자의 진리다.**

투자자로서 리 루의 성과는 두말할 필요가 없다. 내가 리 루를 보면서 감탄한 또 다른 점은 바로 그의 강연 실력이었다. 리 루는 어렵게만 느껴지는 주식 투자를 너무 쉽고 명확하게 풀어주었다. 팀버랜드와 현대백화점 투자 사례를 통해 설명했던 2006년 컬럼비아 대학 강연은 가치 투자자라면 필수로 들어야 할 만큼 명강연이다.

아쉽게도 이 강연은 오래 전인 2006년에 녹화된 것뿐이라 유튜브 영상도 저화질이고, 오디오도 고르지 않다. 영어 실력이 좀 부족하면 황금 같은 리 루의 말을 온전히 흡수하지 못할 수도 있다는 걱정이 들었다. 그래서 컬럼비아 대학 강연에서 학생들과 나눈 핵심적인 대화를 번역해 여기에 옮긴다. 리 루의 천재적인 인사이트를 이해하는 데 큰 도움이 되길 바란다. 오역을 피하기 위해 용어는 가능한 한 원문에 가깝게 옮겼으니 참고해서 읽어보면 좋겠다.

Q. 투자자들이 리서치할 때 많이 놓치는 부분이나 실수는 뭐가 있을까요?

투자자로서 필요한 것은 단 두 가지다.

첫 번째는 '정확하면서 완전한' 정보다. 가치 투자자로서 기업을 분석할 때 대다수의 반대쪽에 홀로 서 있을 때가 많을 것이다. 다른 사람 대부분은 여러분의 생각을 비웃을 수도 있다. 이때 스스로 분석한 정보에 대한 확신이 없다면, 이 모든 소음을 무시하고 과감하게 투자하지 못한다.

두 번째로 중요한 건, 여러분이 투자를 통해 큰돈을 벌 수 있는 기회들은 앞서 언급한 현대백화점이나 팀버랜드 같은 기업들이 아니라는 것이다. 이 주식들이 몇 년 사이에 5~6배나 올랐어도 말이다. 가치 투자에는 크게 두 종류가 있다. 첫 번째는 벤 그레이엄식의 전통 담배꽁초 가치 투자다. 두 번째는 버핏과 멍거식의 퀄리티 가치 투자다.

나는 버핏과 멍거식에 좀 더 가깝다. 물론 그레이엄식의 가치 투자로도 연평균 15%의 준수한 수익률을 낼 수는 있지만, 버핏만큼 특출난 수익률을 기대할 수는 없다. 위대한 투자 성과와 수익률을 낼 기회는 지극히 적다. 이런 투자 기회들은 인생에서 열 손가락에 꼽을 정도로 아주 드물게 찾아온다. 이런 절호의 기회들을 잡는다면 여러분의 부를 천 배 혹은 만 배 이상 불릴 수 있을 것이다. 절호의 투자 기회는 쉽게 오지 않는다. 이게 어떻게 쉽겠는가?

Q. 투자를 해오면서 어떤 실수를 했나요?

앞서 말한 것처럼 정확하거나 완전한 정보를 얻지 못했을 때 실수를 저질렀다. 절호의 투자 기회를 인지하고 크게 베팅했을 때 실수한 적은 거의 없다. 나의 큰 실수 중 하나는 좋은 투자 기회에 베팅하지 못한 것이다.

내 펀드의 투자자들은 하락장에서도 수익을 내길 원했다. 그래서 하락장에서의 수익을 위해 다른 헤지펀드 매니저들이 많이 하는 공매도 전략을 배웠다. (공매도: 주식을 보유하지 않고 빌려서 미리 매도해 돈을 받고, 나중에 같은 수량의 주식을 매수해 돌려주는 투자 기법. 매도했을 때의 주가보다 추후 매수할 때의 주가가 낮아야 이득을 볼 수 있기 때문에 하락장일 때 유리한 전략이다.)

공매도는 아무짝에도 쓸모가 없었다. 최상의 공매도 시나리오는 주식이 0원이 돼서 내가 처음 매도한 금액만큼 100%의 수익을 보는 것이다. 그러나 최악의 경우 주가가 계속 오르면 무한대로 손해를 볼 수도 있다. 내가 빌린 주식을 언제 다시 사야 하는지 계속 신경써야 하기 때문에 투자자가 아니라 트레이더의 마인드셋으로 바뀐다. 찰리 멍거는 공매도를 "상대방의 엉덩이를 걷어차는 대회에 두 손이 묶인 채로 참가하는 것"이라고 표현했다. 나도 공매도에 잠깐 빠져서 다른 훌륭한 기업들에 투자할 기회를 놓쳤다.

투자하면서 당연히 실수할 수 있다. 나는 팀버랜드 주식을 리서치가 채 끝나기 전부터 사기 시작했다. 주가가 싸서 안전마진이 충분했고, 확률적으로 유리하다고 생각했다. 완전히 조사가 끝나고 확신이 생겼을 때는 주식을 더 샀다. 100% 확신이 생기기 전에 주식을 사면, 조사가 끝났을 때 확신이 생기지 않는 경우 미리 샀던 주식을 되팔아야 할 수도 있다. 이때 손실이 발생할 것이다. 내가 틀렸다는 걸 인정하면 손해도 감수할 수 있어야 한다. 확률적으로 유리하다는 생각에 매수했어도, 낮은 확률로 내가 틀릴 수도 있기 때문이다.

결국 투자자로서 중요한 것은 무엇이든지 배우겠다는 자세인 것 같다. 나는 물리학, 수학, 경제학, 역사, 법학 등 다양한 학문에 모두 관심이 있다. 심지어 내 아내는 생물학 박사 학위가 있어서 아내에게 생물학도 배웠는데, 이게 투자에 큰 도움이 되었다. 이렇게 꾸준히 배움을 이어가다 보면 중간중간 현대백화점이나 팀버랜드 같은 작은 기회들이 나타난다. 그리고 아주 가끔 부를 막대하게 늘려줄 큰 기회들도 나타난다.

Q. 1년에 몇 개 정도의 회사에 투자하나요?

때에 따라 다르다. 평균적으로 1년에 몇 개인지를 따지는 건 큰 의미가 없다. 투자 기회가 별로 없는 해도 있고, 많은 해도 있다. 투자 기회는 일주일에 한 번처럼 규칙적으로 일정하게 찾아오지 않는다. 내가 대학생이었을 때는 3~4번의 큰 투자 기회밖에 없었다. 그렇다고 내가 발전하지 않은 건 아니다. 분석을 계속하다 보면 복리로 점점 실력이 쌓인다. 투자 기회의 냄새를 맡는 능력도 올라간다. 투자 기회가 많이 없을 때도 있다. 괜찮다. 여러분은 시간 낭비를 하는 게 아니라 매일매일 배우면서 발전하는 중이다.

Q. 선배님은 물리학, 생물학, 경제학 등 다양한 학문의 책을 읽으면서 지식도 쌓고, 밸류 라인 같은 투자 책자들도 읽으면서 투자 아이디어를 찾는다고 하셨는데요. 이 모든 것들을 하는 시간을 어떻게 관리하나요?

내가 할애하는 시간은 크게 두 가지로 나뉜다. 투자 아이디어를 찾는 시간과 실제 기업을 분석하고 리서치하는 시간이다. 나에게 다양한 학문에 관한 책을 읽는 것은 투자 책자를 보는 것과 같다. 전부 투자 아이디어를 찾는 과정에 속한다. 습득한 학문적 지식을 바탕으로 투자 아이디어가 생각나기 때문이다. 일단 투자 아이디어를 찾으면 팀버랜드 주식을 조사할 때처럼 집요하게 리서치한다. 그 외 시간은 나의 아내와 두 딸과 함께한다.

기업을 분석할 때는 항상 나의 체크리스트를 명심한다.

1. 가격이 저렴한가?

2. 기업의 사업성이 좋은가?

3. 경영진이 믿음직하고 유능한가?

4. 내가 놓친 사실이 있는가?

여기서 '4. 내가 놓친 사실이 있는가?'가 굉장히 중요하다. 이건 인간의 심리학, 인지능력, 의사결정과 깊은 관련이 있다. 내가 두 딸을 육아하면서 시간을 보내는 것도 인간의 인지발달을 이해하는 데 많은 도움이 됐다. (머쓱하게 웃으면서) 결국 딸들과 시간을 보내는 것도 투자에 도움이 되는 시간 활용이라고 할 수 있겠다.

Q. 주식 외 다른 자산에도 투자하나요?

나는 어떤 자산이든 좋은 기회가 보이면 투자한다. 아까 설명했던 포인트에 추가하자면 가치 투자자는 크게 세 가지 특징이 있다. 1) 사업의 주인 마인드셋, 2) 트레이더들과 다른 긴 투자기간, 그리고 3) 안전마진을 추구하는 마인드다. 세 가지 모두 사업의 주인 마인드셋이 근간이다.

내가 만약 어떤 사업의 주인이라면 주식 시장을 왜 신경 쓰는가? 주식 시장은 사업의 주인이 아니라 매매하는 트레이더를 위한 곳이다. 만약 세상의 모든 사람이 가치 투자자라고 가정해 보자. 그렇다면 주식 시장은 존재하지 않을 것이다. 시장에 새로 상장한 주식은 아무도 사지 않을 것이다. 상장주를 살 사람이 없다면 주식 시장이 존재할 필요가 없다. 만약 모든 사람이 매수할 때 '안전마진'을 추구한다면, 누가 다른 사람에게 주식을 제 가격에 팔 수 있을까?

가치 투자자는 주식 시장이라는 게임판에 속하지 않는다. 버핏과 멍거도 주식 시장을 떠나서 사업 자체로 주식을 매수한다. 인간이 비이성적일수록 가치 투자자가 돈을 벌 수밖에 없다. 주식 시장은 생각의 오류가 있는 사람들을 위해 만들어졌다. 매매를 통해 돈을 빨리 벌고 싶은 사람들이 주식 시장에 쉽게 매료된다. 매매를 자주 하다 보면 실수할 수밖에 없다. 종종 인간의 감정이 매매를 지배하기 때문이다. 시장 참여자들의 탐욕과 공포가 가치 투자자들의 기회를 만든다. 5%의 가치 투자자들에게는 언제든 기회가 나타날 것이다.

Q. 매도 결정은 어떻게 내리나요?

아주 좋은 질문이다. 원래는 주가가 내가 사고 싶지 않은 가격이면 팔았다. 하지만 이제 좀 변했다. 가끔 너무 훌륭한 사업에 투자할 때는, 내가 이 기업의 실제 주인이라고 생각한다. 기업의 주가가 너무 올라서 내가 사고 싶은 가격보다 높아질 때가 있다. 그럴 때 '내가 이 기업의 주인이라면, 높아진 이 가격에 기업을 팔고 싶나?'라고 스스로에게 질문하는데, 그렇지 않다는 답이 나오는 경우가 많다. 위대한 기업에 투자하면 확률적 우위에 서 있을 수 있다. 위대한 기업은 앞으로 10년 후에도 사업성이 계속 좋아질 확률이 크다. 위대한 기업은 다른 기업들보다 압도적인 양의 자본을 흡수할 수 있을 것이다.

또 주식을 팔면 세금을 내야 한다. 팔지 않으면 세금을 안 내도 되니 정부한테 무이자로 돈을 빌리는 거나 마찬가지다. 주식을 팔 때 양도세는 30%, 최대 50%까지 내야 할 수도 있다. 반대로 팔지 않고 투자금을 50~100%의 자기자본이익률을 낼 만한 기업에 그대로 놔두면, 기업은 이자 없는 무기한 대출로 투자금을 계속 불려줄 것이다. 단, 이 기업이 10년 이상 내 돈을 불려줄 수 있다는 확신이 있어야 한다. 이렇게 10, 20년 이상 장기간 확신할 수 있는 투자 기회는 인생에 몇 번 없다.

이런 완벽한 투자 기회는 50여 년의 인생 동안 5~10개 정도밖에 찾지 못할 것이다. 만약 이런 기회를 겨우 찾아서 투자했다면 조금 수익을 봤다고 왜 팔겠나? 주식을 매도하지 않으면 정부에 내지 않는 세율만큼 투자금의 40% 정도를 무이자로 대출을 받는데 말이다. 심지어 대출상환도 요구하지 않는다. 기업이 투자금을 40~100%의 자기자본이익률로 불릴 수 있다면, 그 돈을 굳이 현금화한다는 건 말이 안 된다.

Q. 그럼 팀버랜드 주식은 왜 팔았을까요?

팀버랜드는 10년 이상 훌륭한 사업성이 유지될 거라고 확신할 수 없는 사업이었다. 확신을 가질 수 있는 사업은 많지 않다. 내 포트폴리오에는 이런 훌륭한 기업들도 물론 있다. 그래서 오늘 그 기업들을 밝히지 않는 것이다(웃으면서).

Q. 훌륭한 기업들에는 어떤 특징이 있나요?

내가 생각하는 위대한 기업은 경쟁우위가 계속 강해져야 한다. 여러분의 머릿속에 혹시 떠오르는 기업들이 있으면 얘기해 보자. 이게 경영학을 전공하는 장점 중 하나다. 경영학 학생들은 기업의 사업성을 계속 생각하는 마인드셋이 잡혀 있을 것이다.

학생: 담배 같은 니코틴 제품이나 코카콜라처럼 오랜 시간에 걸쳐 사람들이 중독되는 제품이요.

리 루: 좋은 예시다. (웃으면서) 물론 내가 좋아하는 기업은 아니긴 하지만.

학생: 유료 도로(Toll) 사업이요.

리 루: 그렇지.

교수: 이 모든 예시에 동의하시는 건가요?

리 루: (웃으면서) 다들 버핏의 포트폴리오에 있는 주식들을 나열하고 있어. 그래서 아니라고 할 순 없다. 모두 다 맞는 얘기다. 하지만 이번에는 여러분이 스스로 생각해 낸, 버핏이 사지 않은 좋

은 기업들을 한번 얘기해 보자.

학생: 이베이요.

리 루: 그것도 좋은 예시지.

학생: 인터넷 통신망에 필요한 통신탑 기업들이요.

리 루: 왜지?

학생: 지리적으로 한정적이고, 정부의 승인이 있어야만 지을 수 있죠. 앞으로 성장여력도 많고, 유지자본지출도 낮습니다.

리 루: 맞는 말이야. 근데 왜 대부분의 통신탑 기업들이 파산했지? 대표 기업인 American Towers도 거의 파산 직전까지 갔잖아.

학생: 부채가 필요 이상으로 많아서 그런 것 같습니다.

리 루: 좋은 예시야. 나도 학생 때 크게 투자했던 세 회사 중 하나가 American Towers였거든.

리 루: 다른 예시는 없을까? 여러분은 주식 분석을 할 때 어떤 프로그램을 쓰지?

학생들: 블룸버그요.

리 루: 그래. 블룸버그 얘기를 해보자. 블룸버그는 경쟁자들과 비교했을 때 어떻게 성공할 수 있었을까?

학생 1: 규모가 점점 커지면서 리서치 데이터베이스에 더 투자할 수 있었어요.

학생 2: 경영진이 살로몬 브라더스 채권 트레이딩 부서의 파트너였어요. 블룸버그의 분석 시스템이 더 자세하고 정교할 수 있었던 이유죠.

리 루: 그래. 다른 이유는?

학생 3: 교체 비용이요.

리 루: 왜 교체 비용이지?

학생 3: 블룸버그의 기능을 배우는 데는 시간이 들어요. 다른 프로그램으로 바꾸면 그걸 또 배우는 데 시간이 들기 때문에 기회비용이 발생하죠.

리 루: 이게 지금까지 나온 것 중 가장 좋은 답변이야. 다른 이유도 맞긴 하지만 교체 비용이 가장 큰 이유지. 모든 기업은 블룸버그 같은 사이클을 겪어. 원래는 아무것도 없는 기업이 이미 경쟁자들이 차지한 시장으로 진입하는 거지. 천천히 우위를 챙기다가 어느 순간 변곡점에 도달해. 이 변곡점을 거친 이후로 기업의 경쟁우위가 점점 커지면서 거의 독점까지 도달하게 되는 거야.

블룸버그의 경쟁우위는 무엇일까? 블룸버그는 대부분의 기관투자자들이 투자 리서치를 할 때 쓰는 프로그램이야. 업계 용어도 많아서 배우기 어렵지. 그래도 리서치에 엄청난 도움이 되는 유용한 프로그램인 건 부정할 수 없어.

블룸버그 기능을 한번 배우고 나면 다른 경쟁 프로그램을 배우고 싶지 않지. 게다가 다른 업계 종사자들도 똑같이 블룸버그를 써. 같은 언어로 대화하는 게 중요한 업계이기 때문에 승자가 독점할 수 있는 산업 구조야.

기업이 어떻게 독점하는 과정까지 갈 수 있는지는 흥미로운 질문이야. 만약 여러분이 산업 초기에 어떻게 변화하는지를 목격했고, 블룸버그가 변곡점을 넘은 포인트를 발견했다고 해 보자. 그 인사이트는 여러분에게 떼돈을 벌어다 줄 수 있어.

이게 독점 기업의 힘이야. 여러분이 투자업에 종사하면서 블룸버그를 안 쓸 수 있을까? 블룸버그 가격이 얼마인지는 알고 있나? 한 달에 몇천 달러야. 비싸다고 느낄 수 있지만, 이 돈은 아무것도 아니야. 거의 0원에 가깝지. 블룸버그는 어떻게 이렇게 높은 가격을 책정할 수 있었을까?

블룸버그는 트레이더들에게 원하는 기능들을 직접 물어봐. 많이 요구하는 기능들을 조사해서 직접 만들어주지. 블룸버그에는 이런 식으로 만들어진 기능이 수천 개야. 블룸버그의 모든 기능을 다 설명하는 설명서가 있을까? 당연히 없어. 블룸버그는 트레이더들이 매일 쓰는 5~6개의 기능에 꽂히게 만들지. 설명서가 없으니 이런 기능들을 스스로 알아낼 수가 없어.

블룸버그는 그 대가로 많은 돈을 요구하는데, 트레이더들은 1년에 백만 달러 넘게 벌어. 그래서 블룸버그에 쓰는 1년에 3만 불 정도는 아무것도 아니라는 말이야. 만약 블룸버그가 가격을 매년 10% 인상한다면? 그래도 트레이더들은 선택권이 없어. 이미 블룸버그는 트레이더들이 서비스를 계속 필요로 한다는 걸 알아. 트레이더들은 이미 지배당했고 가망이 없는 거지.

블룸버그는 운영비용이 거의 들지 않아. 설명서를 주지 않는 이유도 기능을 자세히 알려주면 쉬워 보이기 때문이야. 기능이 어렵게 느껴져야 블룸버그만 사용하게 만들 수 있으니까. 블룸버그는 환상적인 비즈니스야. 블룸버그에게 필요한 모든 정보는 사용자들이 제공해. 사용자들의 피드백을 통해 기능들을 만들잖아.

사용자들이 블룸버그 같은 다른 프로그램으로부터 갈아탈 수 있을까? 블룸버그의 경쟁자가 시장에 들어왔을 때 사용자가 10만 명이 넘는 블룸버그를 어떻게 베낄 수 있을까? 설명서도 없고, 사용자들이 블룸버그의 기능들을 왜 쓰는지도 알아낼 수 없어. 만약 여러분이 이런 산업 구조를 알고 있고, 블룸버그의 경쟁우위가 커지는 변곡점을 포착했다고 해보자. 여러분은 투자할까? 나라면 할 거야.

이게 돈을 벌어다 주는 인사이트야. 모든 성공하는 기업들은 블룸버그 같은 사이클을 겪어. 가치 투자자로서 우리의 역할은 이런 다양한 기업들을 꾸준히 공부하는 거지. 기업들의 트렌드를 수시로 확인해야 해. 그러다 보면 인생에서 아주 가끔 몇 번은 블룸버그처럼 변곡점에 도달한 기업들을 발견할 수 있어.

만약 이런 기업들을 포착해서 투자했다면 왜 팔아? 이런 희귀한 기업들은 항상 시장에서 프리미엄 가격에 거래될 거야. PER이 30배가 넘을 테지. 이런 기업들은 팔 필요가 없어. 팔면 손해를 볼 테니까 말이야.

이런 몇 안 되는 질문에 응답하면서도 리 루는, 미래에 가치 투자자들이 될지도 모를 학생들에게 황금 같은 투자 교훈을 일깨운다. 꾸준히 다양한 학문적 지식을 쌓고, 기업의 사이클을 배우면서 투자 아이디어를 찾아라. 매일매일 발전하다 보면 인생에서 몇 번 찾아오지 않는 절호의 투자 기회를 찾을 수 있을 것이다. 인생 투자 기회를 찾았다면 팔지 말고 오래 들고 있어라.

단순해 보이지만 실천하기는 쉽지 않은 투자의 진리다. 리 루의 교훈을 명심하고 실천에 옮긴다면, 우리도 5%의 돌연변이 가치 투자자가 되지 않을까?

훌륭한 투자자는
생각이 유연해야 한다.

확신과 신념을 갖고 투자하는 것은
너무나 중요하지만, 가끔
자기 투자관을 바꾸는 경험을 할 때가 있다.

이때 만약 새로운 아이디어가
더 효과적이라면 자신의 투자관을
유연하게 전환할 줄도 알아야 한다.

7장

‘언더독의 반란’ 피터 린치

01

피터 린치, 개미 투자자의 영웅

피터 린치의 인터뷰를 보면 명료하고 유쾌하다.
보고 듣기만 해도 나도 모르게
당장 주식 분석을 시작하고 싶은 의욕이 샘솟는다.

드디어 피날레 공연이다. 여기까지 이 책을 읽어준 여러분에게 잊지 못할 마지막 선물을 선사할 참이다. 월가의 펀드매니저 중 역대 최고의 투자자를 꼽으라면 빠지지 않는 인물이 바로 '월가의 전설' 피터 린치다. 내가 워런 버핏과 함께 가장 좋아하는 투자자 중 한 명이기도 하다.

워런 버핏, 찰리 멍거처럼 앞서 언급한 투자 대가들과 피터 린치의 투자 환경은 조금 달랐다. 버크셔 해서웨이라는 대기업을 운영하면서 다양한 기업들을 매수해 온 버핏이나 멍거와 달리 린치는 전통적인 펀드 운용 방식으로 수많은 주식에 투자해 왔다. 펀드 업계의 수많은 제약에도 불구하고 린치는, 피델리티 마젤란 펀드를 1977년부터 1990년까지 운용하면서 연평균 29%라는 역사적인 연수익률을 기록했다.

내가 린치를 좋아하는 이유 중 하나는 친절하다는 점이다. 피터 린치는 펀드를 운용하면서 수만 개의 주식을 분석했다. 그는 자신의 방대하고 깊은 인사이트를 우리 같은 개인 투자자들에게도 간단명료하게 설명해 준다. 피터 린치의 이야기를 듣고 있으면 나도 당장 주식 투자할 기업을 찾고 싶어질 정도다. 그는 개인 투자자들이 '언더독'으로 성공할 수 있는 비결을 알려준다.

피터 린치 본인의 인생도 '언더독 스토리'라고 볼 수 있다. 피터 린치는 1944년 1월 19일에 태어났다. 1929년 경제대공황을 직접 경험한 이후 주식 투자를 불신하는 어머니 밑에서 자랐다. 피터 린치의 아버지는 린치가 10살 때 뇌종양으로 세상을 떠났다. 쉽지 않은 어린 시절을 겪던 린치는 11살 때부터 동네 골프 클럽에서 캐디로 아르바이트를 시작했다. 홀로 가정을 지키는 어머니를 돕기 위해서였다.

골프 클럽에서 일하면서 린치는 투자 펀드매니저들과 기업 임원들이 나누는 주식 이야기를 자주 들었다. 이 골프 클럽에서 본인의 인생을 뒤바꾼 아주 중요한 인연을 한 명 만난다. 당시 피델리티의 최고운영책임자였던 조지 설리번이었다.

피터 린치는 캐디 일을 통해 번 돈에 장학금을 합쳐 대학교 2학년 때 첫 주식 투자를 시작했다. 그가 처음 매수한 종목은 항공 화물 운송 회사인 플라잉 타이거 라인(Flying Tiger Line)이었다. 당시 플라잉 타이거 라인은 베트남 전쟁에 사용되는 군사 무기들을 대거 운송하면서 많은 수익을 냈다. 린치가 매수한 후 채 2년도 안 돼서 4배나 오른 것이다.[67] 베트남 전쟁 덕분에 플라잉 타이거 라인이 큰 수혜를 입을 거라고는 예상하지 못한 일이었다. 첫 투자에 운이 크게 따르면서 그는 주식 투자에 더 큰 관심을 보이게 되었다.

골프 클럽에서 만난 조지 설리번의 캐디를 약 8년간 맡으면서 좋은 관계를 오랫동안 유지했다. 피터 린치는 설리번의 권유로 대학교 4학년 때 피델리티 여름 인턴십에 지원했다. 린치는 75명의 지원자 중 합격한 단 3명 중 하나였다. 쟁쟁한 경쟁을 뚫고 피델리티에 입사한 피터 린치는 말 그대로 승승장구했다. 린치는 1974년 30살의 나이에 분석가에서 연구 책임자로 승진했다. 1977년 33살에는 피델리티 마젤란 펀드를 맡아서 운용하기 시작했다. 전설의 시작이었던 셈이다.[68]

피터 린치는 1977년부터 1990년에 은퇴할때까지 마젤란 펀드의 역사적인 성공을 일궈냈다. 13년간 마젤란 펀드의 연평균 수익률은 무려 29.2%였다. 같은 기간 S&P 500 지수의 연수익률이 15.8%였으니 거의 두 배에 가까운 결과다. 마젤란 펀드의 운용자산은 피터 린치가 맡기 시작한 1977년 기준 2천만 달러에서 시작해 1990년에는 140억 달러까지 늘어났다. 피터 린치 덕분에 마젤란 펀드는 미국에서 가장 성공적인 뮤추얼 펀드로 거듭났다.

피터 린치가 유례없는 성공을 거둔 건 우연이 아니다. 린치는 주식에 미친 사람이었다. 린치는 새로운 주식을 찾아보고 공부하는 과정이 너무 즐거웠다고 한다. 피터 린치가 마젤란 펀드에서 13년간 매수한 주식만 1만 5,000개가 넘는다. 어느 한 분야에서 린치처럼 미치도록 열정적으로 일하는 사람을 뛰어넘기란 절대 쉽지 않다.

피터 린치의 하루는 6시 45분에 피델리티에 출근하면서 시작되었다.[69] 동이 틀 무렵 출근해서 연차보고서, 메모지, 계산기가 널브러져 있는 어지러운 책상에서 일을 시작한다. 사원이 정리해 놓은 피델리티의 전날 매수/매도 목록을 보면서 피델리티의 다른 매니저들은 어떤 주식을 매매했는지 확인하고, 애널리스트들이 정리한 보고서와 《월스트리트 저널》을 읽으면서 주식장이 열리기를 기다린다.

린치는 매일 오전 8시까지 당일의 매수/매도 주문 목록을 수석 트레이더에게 전화로 전달했다고 한다. 하루의 나머지 시간에는 기업의 연차보고서를 읽거나 기업 담당자와 만나 새로운 투자 정보를 얻곤 했다.

13년 동안 피터 린치의 루틴 대로 산다고 생각해 보자. 투자를 정말 사랑하지 않고서는 견디기 힘들 만큼 지루할 것 같다. 다행히도 그는 투자를 사랑했다. 피터 린치의 삶에는 주식 말고는 별다른 게 없었다. 의사가 평소에 어떤 운동을 하냐고 물어봤을 때 린치는 자기 전에 치실질 하는 게 전부라고 했던 사람이다.

일을 너무 사랑한 그에겐 가족도 뒷전이었다. 나중에 린치는 일에 치여 가족에게 소홀했던 것이 다소 일찍 은퇴한 이유라고 말했다. 린치에게는 딸 셋과 아내가 있었다. 린치는 자신의 딸들보다 주택금융회사인 패니 메이, 프레디 맥, 셀리 메이와 더 많은 시간을 보냈다.[70]

린치는 어느 순간부터 이 주택금융회사들의 이름과 가족들의 이름이 헷갈리기 시작했다. 기업의 종목코드는 달달 외웠지만 딸들의 생일은 잊곤 했다. 1989년 46세가 되었을 때 린치는 문득 깨달았다. 자신의 아버지가 돌아가셨을 때와 같은 나이였는데, 이대로 살다가는 가족들과 많은 시간을 보내지 못한 채 인생을 마무리할 것 같다는 생각이 들었다.

다음 해인 1990년, 린치는 더 늦어서 후회하기 전에 은퇴를 결심한다.

13년 동안 투자업계에서 짧고 굵은 업적을 남기고 간 피터 린치의 투자 철학은 간단하다.

'아는 것에 투자하라.'

잘 아는 분야에서 기업을 찾으라는 말이다. 투자할 만한 기업이 나타나지 않더라도 인내심을 갖고 내가 아는 분야에서 꾸준히 기업을 탐구하는 것이 중요하다고 강조했다.

또 내가 직접 사용하거나 체험해 본 제품을 제공하는 기업에 투자하라고도 했다. 실제로 그가 성공적으로 투자했던 주식들 대부분은 일상에서 직접 애용하던 기업들이었다. 대표적으로 멕시코 음식을 제공하는 패스트푸드점 타코벨, 미국 남부가정식 레스토랑 체인점인 크래커배럴, 그리고 던킨도너츠 등이 있다.

언더독의 위치에서 본인이 성공했던 것처럼, 피터 린치는 언더독 아마추어 투자자들에게 희망을 잔뜩 심어주는 투자자이기도 하다. 때로는 뼈를 때리는 듯한 따끔한 충고로 정신을 번뜩 들게 하기도 한다. 동네 터줏대감의 말을 듣는 것 같을 때도 있다. 피터 린치는 항상 투자는 과학이 아니라 예술이라고 강조한다. 그는 개미 투자자도 자신이 잘 아는 분야에만 머무른다면 월가의 기관 투자자들을 충분히 이길 수 있다고 말한다.

어쩌면 피터 린치의 끊임없는 동기부여가, 내가 피터 린치를 유독 좋아하는 이유인 것 같다. 피터 린치는 일반인 누구라도 쉽게 투자를 시작할 수 있도록 친절하게 설명하는 특출난 능력이 있다. 직접 집필한 책이 없는 워런 버핏과 달리 피터 린치는《전설로 떠나는 월가의 영웅》,《피터 린치의 투자 이야기》,《피터 린치의 이기는 투자》까지 총 3권이나 집필했다. 개인 투자자들을 일깨우는 데 관심이 많은 투자의 대가 중 한 명이다.

수많은 방송사 인터뷰에도 출연했다. 피터 린치의 인터뷰를 보면 명료하고 유쾌하다. 보고 듣기만 해도 나도 모르게 당장 주식 분석을 시작하고 싶은 의욕이 샘솟는다. 나는 주식 유튜버로서 주변 친구들이 주식을 시작할 때 어떤 책을 읽을지 추천해 달라는 부탁을 많이 받는다. 그때마다 수많은 좋은 책들 사이에서 입문용으로는 피터 린치의《전설로 떠나는 월가의 영웅》을 추천한다. 피터 린치의 메시지는 주린이도 이해할 만큼 간단명료하다. 이제, 월가의 위대한 영웅 스토리를 들어보자.

02

좋아하는 것만 마음껏 편식하라

내 일상생활 속에서 주식 리서치를 시작하라.
내가 좋아하는 떡볶이, 치킨, 족발 다 먹으면서
나만의 텐배거 주식을 찾아보자.

'아는 것에 투자하라.' 피터 린치가 개미 투자자들에게 항상 던지는 메시지다. 바로 앞에서 개미 투자자가 기관 투자자를 이기는 게 절대 어렵지 않다는 걸 확인했지만 '잘 아는 분야에만 투자해야 한다'라는 전제를 잊으면 안 된다. 잘 알수록 투자에 자신감이 생긴다. 나는 투자의 90%가 심리와 멘탈에 달려있다고 생각한다. 주식을 매수하는 처음부터 불안하고 자신감이 없다면 성공할 확률은 급격히 줄어든다.

만약 주변의 직장 동료나 친구들의 말만 듣고 넷플릭스 주식을 매수했다고 가정해 보자. 이 책을 집필하는 2026년 1월 현재, 2023년부터 2025년까지 넷플릭스의 지난 3년 수익률은 무려 약 232.4%, 연평균으로는 약 45%에 이른다. 그러나 넷플릭스 주식이 항상 상승세였던 건 아니다. 높은 인플레이션이 계속되자 사람들은 지출을 줄이기 시작했고, 그 타격을 가장 먼저 받은 분야가 넷플릭스 같은 OTT 서비스였다.

넷플릭스는 2022년 1분기에만 무려 20만 명의 구독자가 감소했다. 넷플릭스 가입자 수가 마지막으로 감소했던 2011년 10월 이후 10년 만에 일어난 일이었다. 2022년은 연준의 금리 인상과 높은 인플레이션으로 넷플릭스를 포함한 많은 빅테크 주식들의 매도세가 컸다. 모든 악재가 겹친 넷플릭스 주가는 2021년 11월 약 690달러의 고점에서 2022년 5월 약 180달러까지 떨어졌다. 만약 고점에 넷플릭스 주식을 샀다면 70% 이상의 무서운 하락을 맞았을 것이다.

이런 최악의 시나리오가 아니더라도 2021년에 넷플릭스 주식을 샀다면 2022년의 하락은 넷플릭스 투자자들에겐 공포 그 자체였을 것이

2021~2025년 넷플릭스 주가 차트

출처: Google Finance

다. 만약 넷플릭스 사업 모델을 잘 이해하지 못한 채 투자했다면 어땠을까? 넷플릭스 구독자가 계속 감소할지, 디즈니 플러스 같은 OTT 경쟁에서 이길 수 있을지, 앞으로 수익성이 좋아질 여지는 있는지 아무것도 파악하지 못한 채 투자했다면 말이다. 미래에 대한 확신이 없는 투자자 대부분은 2022년 하락장에서 넷플릭스 주식을 매도했을 것이다.

그러나 2022년 당시 넷플릭스의 미래가 꼭 암울하기만 했던 것은 아니다. 넷플릭스는 여전히 미국인들이 가장 많이 이용하는 OTT 플랫폼이었다. 전 세계 각국에서 오리지널 콘텐츠를 생산하면서 두터운 글로벌 구독자층을 확보하고 있었다. 또 수익성을 개선하기 위해 이용자 간의 비밀번호 공유를 적극적으로 차단하기 시작했다. 2022년 11월에는 광고를 포함한 저가 구독 플랜도 출시했다.

물론 이런 넷플릭스의 행보가 많은 구독자들의 불만을 산 건 사실이다. 하지만 넷플릭스의 사업 모델을 충분히 이해했던 사람이라면, 넷플릭스의 전략이 먹힐 확률이 높다고 판단했을 것이다. 돈을 내지 않고 지인의 계정을 빌려서 보는 사람을 가입하게 하거나, 새로운 유저를 저가형 광고 플랜으로 유입시키기만 해도 넷플릭스의 이익은 급격히 성장할 가능성이 있었다.

실제로 넷플릭스의 수익성은 개선되었고, 2026년 1월 현재 주가는 주식 분할(스플릿) 이전 기준으로 환산하면 909달러를 넘어섰다. 넷플릭스라는 사업을 이해한 상태에서 확신을 갖고 보유하거나 추가 매수한 투자자들만이 이 주가 상승의 보상을 받았을 것이다.

피터 린치는 내가 좋아하는 분야에서만 주식을 찾아도 흔히 말하는

'10루타' 혹은 '텐배거(Tenbagger, 주가가 10배 이상 오를 수 있는 종목)'를 충분히 찾을 수 있다고 강조한다. 피터 린치 본인은 그 중에서도 특히 소매업체와 요식업 기업들에 투자하는 걸 좋아했다. 타코를 비롯한 멕시코 음식을 패스트푸드 형태로 판매하는 타코벨(Taco Bell), 미국 남부 가정식 레스토랑 체인점인 크래커 배럴(Cracker Barrel), 도넛과 커피를 판매하는 던킨 도너츠(Dunkin Donuts), 건축자재 및 인테리어 디자인 도구를 판매하는 소매업체 홈디포(Home Depot) 등이 그가 좋아하는 기업들이다. 피터 린치는 본인이 좋아하는 분야에서 훌륭한 기업들을 찾아 성공적으로 투자했다.

피터 린치가 패스트푸드나 요식업 투자에 처음 관심을 가졌던 건 1960년대였다. 당시 대표적으로 잘 나가는 우량주는 흔히 말하는 니프티 피프티(Nifty Fifty) 종목들이었다. 앞에서도 여러 번 나왔지만 니프티 피프티는 3M, 코카콜라, 질레트, GE 등 1960~1970년대에 압도적인 수익률을 자랑했던 기술주 위주의 우량 대형주들을 말한다.

당시 월스트리트 전문가 대다수는 도넛 가게나 햄버거 가게가 니프티 피프티의 수익률을 이길 수 있다는 피터 린치의 생각에 코웃음을 쳤다고 한다.[71] 그러나 니프티 피프티 종목들은 인플레이션이 닥치고 주가 거품론이 제기되면서 1973년에서 1975년 사이에 고점 대비 60% 가까이 폭락했다. 피터 린치는 1960년대 중반에 니프티 피프티가 아니라 맥도날드 주식에 1만 달러를 투자했으면, 1980년 말에는 400만 달러로 돈이 불어났을 거라고 했다.[72]

피터 린치가 생각하는 요식업의 매력은 한두 가지가 아니다. 그는 외식산업 경쟁이 치열해 보여도 새로운 도시에 입점한 음식점은 다른 업종에 비해 경쟁이 덜하다고 봤다. 예를 들어 맥도날드가 미국 캘리포니아에 새 지점을 열었다고 해보자. 만약 뉴욕에 훨씬 더 맛있는 햄버거 체인이 생겼다고 해도 캘리포니아에 있는 맥도날드 지점에는 타격이 거의 없다. 음식점은 지역을 넘나들며 경쟁하는 업종이 아니기 때문이다.

반대로 요즘 같은 시대의 인터넷 서비스나 소프트웨어 기업들은 지역과 무관하게 피 터지는 경쟁을 치러야 한다. 경쟁자가 미국에 있든, 한국에 있든, 일본에 있든 제2의 아마존, 구글, 챗지피티 등이 나오면 경쟁 구도는 바뀐다.

피터 린치는 외식산업이나 소매업체가 기술 기업보다 훨씬 덜 위험하다고 설명했다.[73] 컴퓨터 제조업체나 소프트웨어 개발업체는 산업의 변화 속도가 매우 빠르다. 언제든 새로운 경쟁자가 신기술로 시장을 교란할 수 있다. 눈 깜빡할 사이에 경쟁에서 도태되고, 주가가 폭락할 수도 있다는 뜻이다.

반대로 음식점이나 소매업체는 산업 발전의 영향을 적게 받는다. 내일 당장 혁신적인 AI 서비스가 개발된다고 해도 맥도날드는 여전히 똑같은 햄버거를 팔 것이다. 요즘처럼 기술 발전이 무섭도록 빨라지는 시대에서는, 기업의 사업성이 새로운 기술 때문에 나빠질 가능성이 낮다는 것만 해도 굉장한 이점이다.

피터 린치의 음식점과 소매업체에 대한 사랑은 버핏과 비슷하다. 알다시피 빌 게이츠는 마이크로소프트 창업자지만, 버핏의 오랜 친구이기도 하다. 마이크로소프트의 컴퓨터가 세상을 바꿀 거라며 빌 게이츠가 지겹도록 투자하라고 권하자, 버핏은 "컴퓨터가 껌 씹는 방법도 바꿀까?"라고 되물었다고 한다. 버핏은 피터 린치처럼 잘 모르고 급변하는 산업에 투자할 바에는 잘 알면서 기술 발전에 전혀 영향이 없는 산업에 투자한다는 마인드였다.

피터 린치가 투자했던 KFC, 타코벨, 던킨 도너츠 같은 기업들은 지금도 쉽게 찾아볼 수 있다. 그 외 윙스탑, 텍사스 로드하우스 등도 요식업 기업들이다. 윙스탑은 미국의 대표 치킨윙 체인점이며, 텍사스 로드하우스는 질 좋은 스테이크를 고급 스테이크 하우스보다 저렴한 가격에 제공하는 캐주얼 패밀리 레스토랑 브랜드다. 두 기업 모두 지난 5년간 주가 상승이 S&P 500을 압도했다.

2021~2025년 윙스탑 주가 차트

출처: Google Finance

2021~2025년 텍사스 로드하우스 주가 차트

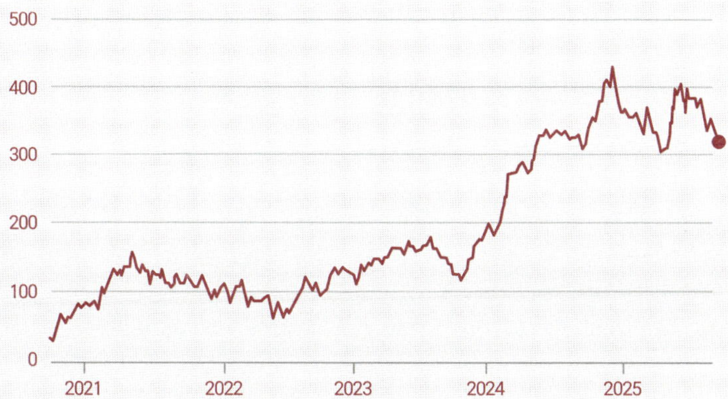

출처: Google Finance

피터 린치가 소매업체나 요식업 기업을 분석할 때 보는 몇 가지 기준이 있다.

현실적인 매장 확장 계획

피터 린치는, 요식업은 기술 기업들과 다르게 무조건 가파른 성장을 이루는 걸 목표로 삼으면 안 된다고 지적했다. 오히려 성장 욕심을 부리다가 안 좋은 위치를 선택하거나 무능한 지배인에게 매장 운영을 맡기게 될 수도 있다. 결과적으로 고객경험의 질이 떨어지면서 성장에 악영향을 준다. 피터 린치는 요식업에서는 무조건 빠른 것보다 느리지만 꾸준한 성장이 훨씬 더 중요하다고 말했다.

동일 점포 매출성장률

동일 점포 매출성장률은 새로 오픈한 매장을 제외하고, 오픈한 지 1년 이상 된 매장의 매출 성장을 측정하는 지표다. 동일 점포 매출성장률을 통해 소매업과 요식업 고객들의 수요가 꾸준히 증가하고 있는지를 확인할 수 있다. 피터 린치는 동일 점포 매출성장률은 매 분기 늘어나는 게 바람직하다고 봤다.

부채

소매업이나 요식업은 불경기가 오거나 재난 등의 위기가 발생하면 매출에 큰 타격을 받는다. 2020년 코로나 위기처럼 매장 전체를 닫고 영업을 중지해야 하는 상황이 온다면 치명적이다. 그래서 긴급 위기를 버틸 수 있을 만한 튼튼한 재무 건정성이 중요하다. 피터 린치는 기업의 대차대조표를 보면서 현금에 비해 부채가 너무 많지는 않은지 확인한다. 부채가 현금에 비해 거의 없거나 아예 없으면 이상적이다.

고객이 느끼는 매장 방문 경험

어쩌면 제일 중요한 부분일 수도 있겠다. 고객들이 매장을 지속적으로 찾아오게 만드는 매력이 있어야 한다. 예를, 들어 맥도날드 단골들은 맥모닝 메뉴와 커피 한 잔으로 하루를 시작하는 느낌이 좋아서 맥도날드를 매일 같이 찾을 수도 있다. 혹은 텍사스 로드하우스처럼 비싼 돈을 들이지 않고도 좋은 분위기에서 괜찮은 스테이크로 저녁 식사를 할 수 있는 매력을 좋아하는 고객들도 있을 것이다. 경쟁자와 다른 그 기업만의 고유 매력을 찾아야 한다. 그리고 더 중요한 것은 이 고객 경험이 더 크게 확장이 가능한지 판단해야 한다.

피터 린치의 '아는 것에 투자하라'는 말을 가끔 오해하는 사람들이 있다. 단순히 좋아하는 제품이 있다고 그 기업의 주식을 무조건 사서 무지성으로 장기 보유하라는 말이 아니다. 내가 잘 아는 분야가 시작점이 돼야 한다는 게 포인트다. 주식을 분석하는 과정은 때로는 길고 지루하게 느껴진다. 그러나 내가 좋아하고 잘 아는 분야에서 기업을 찾아 분석한다면 리서치 과정이 좀 더 재밌고 견딜만할 것이다.

정리하자면 핵심은 내 일상생활 속에서 주식 리서치를 시작하라는 것이다. 어렸을 때는 엄마가 차려주신 밥상에서 함부로 편식하지 못한다. 하지만 주식 투자에서만큼은 우리는 어엿한 어른이다. 내가 좋아하는 떡볶이, 치킨, 족발 다 먹으면서 나만의 텐배거 주식을 찾아보자.

03

10루타 주식을 찾는 4단계를 따라라

주식 투자의 최악은 −100%지만 최선은 무한대다.
단 하나의 텐배거가 나머지 실패를 모두 덮는다.
그 한 종목을 찾을 준비가 되었는가?

앞에서 피터 린치는 개미 투자자 누구나 10루타 주식을 찾을 수 있다고 했다. 10루타 주식이 포트폴리오 수익률에 미치는 영향은 상상을 초월한다. 10루타 종목 하나만으로 내 포트폴리오를 먹여 살릴 수도 있다.

예를 들어, 총 10개의 주식에 각각 10% 비중으로 투자했다. 우리는 아직 '주린이'라 주식 종목을 고르는 게 서투르다. 안타깝게도 10개 중 무려 3개의 주가가 0이 되면서 상장폐지됐다. 상상만 해도 끔찍하지만, 나머지 종목들의 수익률도 안 좋긴 마찬가지다. 현재 -10% 수익률 종목 2개, 0% 수익률 2개, +10% 수익률 2개다.

처참한 이 상황에 반전이 하나 생긴다. 마지막으로 고른 10번째 주식이 대박이 난 것이다. 수익률이 무려 900%, 열 배나 오른 텐배거가 됐다. 내가 고른 10개의 주식 중 하나만 대박이 터진 이 포트폴리오의 수익률은 어떨까?

10루타 포트폴리오 수익률

주식	포트폴리오 비중(%)	수익률(%)	포트폴리오 비중 수익률(%)
A	10	-100	-10
B	10	-100	-10
C	10	-100	-10
D	10	-10	-1
E	10	-10	-1
F	10	0	0
G	10	0	0
H	10	10	1
I	10	10	1
J	10	900	90
		합계	60

평균 수익률이 무려 60%나 된다. 어지간한 펀드매니저 저리 가라고 할 만한 결과다. 분명 투자 결정의 90%가 실패나 다름없는데, 어떻게 이런 높은 수익률이 나왔을까? 답은 주식이라는 자산의 비대칭성에 있다.

주식으로 최대한 많이 잃을 수 있는 금액은 -100%다. 내가 투자한 원금이 0가 되는 경우 말이다. 반대로 주식으로 벌 수 있는 최대는 얼마일까? 무한대다. 주가가 오르는 데는 천장이 없다. 주식은 언제든 10배, 20배, 100배까지 올라갈 수 있는 잠재력이 있다.

물론 10배 이상 주가가 오르는 주식은 흔하지 않다. 그러나 최악의 시나리오인 -100%에 비하면 2배(100%), 3배(200%), 5배(400%) 수익률이 가능하다는 건 희망적이다. 내가 고른 주식 중 한두 개만 대박이 터져도 내가 잘못 고른 나머지 90% 종목의 수익률을 보완할 수 있으니 말이다. 말 그대로 포트폴리오를 멱살 잡고 '캐리' 할 수 있는 것이다.

그럼, 10루타 주식을 어떻게 해야 찾을 수 있을까? 자세히 보면 수많은 방법이 있지만 크게 4단계로 나눠 알아보자.

1단계. 생활 속에서 투자 아이디어를 찾아라

피터 린치는 우리 주변에서 흔히 찾아볼 수 있는 기업들에 투자하는 걸 선호한다. 린치는 한 번 외출할 때도 아무 생각 없이 하지 않는다. 주변에 보이는 모든 제품이나 서비스를 투자 아이디어로 연결해 보려고 한다.

린치는 딸들을 쇼핑몰에 자주 데려가곤 했다. 쇼핑을 좋아하는 큰딸 메리가 10대였을 때 미국 의류 브랜드 갭(GAP)의 옷들을 너무 사고 싶어 하는 걸 보고 갭에 투자했다. 또 딸들이 바나나, 땅콩, 딸기 등에서 추출한 원료로 만든 로션과 목욕용품을 판매하는 바디샵(The Body Shop)이라는 브랜드를 좋아하는 걸 보고 바디샵에 투자했다. 피터 린치는 쇼핑몰에서 딸들이 가장 먼저 달려가는 매장의 브랜드는 틀림없는 매수 신호였다고 고백했다.[74]

린치는 2023년 4월에 진행한 CNBC와의 인터뷰에서 딸들이 애용하는 애플의 주식을 못 산 게 후회된다고 하기도 했다. 아이팟이 출시됐을 때 딸이 250달러라는 거금에도 그걸 사는 걸 보면서 애플이 아이팟으로 엄청난 마진이 생길 거라는 생각은 했지만, 정작 애플 주식을 살 정도의 결심은 하지 못했다.

"애플은 그렇게 이해하기 어려운 기업이 아니었습니다. 제가 얼마나 멍청했을까요?"[75]

2단계. 아이디어를 집요하게 파고들어라

만약 생활 속에서 좋은 투자 아이디어를 찾았다면 이제 필요한 것은 깊은 분석이다. 피터 린치는 마젤란 펀드를 운용할 당시 끊임없이 수많은 주식들을 찾아보며 공부했다. 린치의 일과는 주식을 분석하는 시간 외에는, 기업 관계자와 통화하거나 미팅하면서 투자 정보를 얻거나 다른 펀드매니저들과 투자 아이디어를 토론하는 시간으로 꽉 차 있었다.

린치의 사무실과 가장 가까운 화장실 사이에는 피델리티 펀드매니저들을 만나러 온 애널리스트나 기업 담당자들이 잠시 앉아서 기다릴 수 있는 휴게실이 있었다고 한다. 그는 화장실 가는 길에 방문객들과 이야기를 나누고 싶지 않았는데, 의도적으로 그들을 무시할 수도 없어서 뒤쪽 계단을 이용해 더 멀리 있는 화장실을 이용했다고 한다. 그는

그저 지금 하는 일에 몰두하고 싶었을 뿐이다.[76]

투자할 만할 기업을 찾았을 때 피터 린치는 기업의 분기보고서와 연차보고서에 몰두했다. 그는 스프링 노트를 이용했는데, 이 노트에 린치가 현재 관심을 보이며 조사하는 주식, 이미 매수한 주식, 예전에 샀다가 팔았던 주식 등 다양한 주식들에 관한 모든 리서치 기록을 적어두었다고 한다.

피터 린치는 투자는 분리된 각각의 사건이 아니라 하나의 지속적인 모험담이라고 생각했다. 초반은 재미없어도 후반부에 반전이 나오면서 흥미진진해지는 영화도 있다. 몇 년 전에 전망이 좋지 않아서 팔았던 주식이라도 언제 스토리가 반전될지 모를 일이다. 린치는 투자 노트에 이미 팔았던 주식이라도 언제 무슨 이유로 팔았는지를 기록해 두었다.

과거에는 팔아야 했던 주식이 미래에는 사야 하는 주식이 될 수도 있기 때문이다. 린치의 투자 노트는 그의 모든 땀과 노력이 담긴 결과물이다. 린치는 다락방에서 우연히 발견한 연애편지를 훑어보듯이 출퇴근길에 자신의 투자 노트를 훑어보곤 했다고 한다.[77]

피터 린치가 기업의 연차보고서를 읽어볼 때 살펴보는 조건 몇 가지는 다음과 같다.

회사의 잉여현금흐름(Free cash flow)**이 성장 중인가?** 잉여현금흐름은 회사가 영업으로 벌어들인 총현금에서 자본 지출을 뺀 금액이다. 잉여현금흐름이 상승하는 기업은 주주들에게 장기적으로 돈을 벌어다 주는 기업이다.

매출과 이익이 일관적으로 상승하고 있는가? 매출과 이익의 꾸준한 상승은 소비자들이 기업의 제품이나 서비스를 계속 찾고 있다는 증거다.

대차대조표에서 현금과 부채의 비율은 어떤가? 부채가 적을수록 위기에 대처할 수 있는 유연성이 높아진다. 부채를 제하고도 남은 현금은 주주로서 주식을 매수할 때 받는 보너스와도 같다.

경쟁사와 비교했을 때 세전이익률(세전이익을 매출액으로 나눈 값)이 높은가? 세전이익률이 높을수록 경쟁사 대비 수익성이 좋은 기업이다. 장기적으로 경쟁에서 생존할 확률이 높아진다.

재고가 매출에 비해 어떻게 증가하고 있는가? 제조업이나 소매업에서 재고가 매출보다 빠르게 증가한다면 대개 부정적인 신호다. 재고를 정리하기 위해서 저렴한 할인가에 판매할 수 있기 때문이다.

경영진이나 회사가 주식을 사고 있는가? 기업이 꾸준히 자기 주식을 사들이는 자사주 매입을 한다면 대개는 좋은 신호다. 회사에 대한 정보를 누구보다 잘 알고 있는 임직원이나 내부자가 주식을 매수한다는 것도 역시 좋은 신호다.

주식을 보유하고 있는 투자자 중에서 기관 투자자의 비율이 낮은가? 기관 투자자의 비율이 낮을수록 아직 시장에서 주목받지 않는 기업일 수 있다. 지금은 인기 없는 기업이라도 어느 순간 기관 투자자들의 마음에 들면 매수가 급격히 늘어나면서 주가가 올라간다.

3단계. 직접 체험하고 실험하는 걸 꺼리지 마라

피터 린치는 투자하고 싶은 기업의 경쟁 기업 제품이나 서비스를 직접 체험하는 것만큼 유용한 투자 정보가 없다고 생각했다. 소비자 대상 기업의 제품을 돈 내고 사는 고객은 결국 우리 같은 일반인들이다. 우리가 다른 기업들에 비해 특정 기업의 제품들을 애용한다면 그럴 만한 이유가 있는 것이다.

린치는 투자 전에 기업의 제품이나 서비스를 직접 이용해 보고, 어떤 경쟁력이 있는지 판단하는 걸 선호했다. 가끔은 경쟁 제품까지 전부 써보면서 평범한 사람이라면 생각하지 못할 괴짜 같은 실험을 통해 결론을 도출하기도 했다. 린치의 '체험식 투자'의 사례가 꽤 재미있으니 들어보자.

모텔계의 틈새시장 - 라 퀸타 모터 인스(La Quinta Motor Ins)

유나이티드 인스는 1978년 미국의 대표 모텔 기업 홀리데이 인(Holiday Inn)의 최대 사업본부였다. 어느 날 피터 린치는 유나이티드 인스의 부사장에게 홀리데이 인의 가장 위협적인 경쟁자가 누구인지 물었다. 유나이티드의 부사장은 라 퀸타 모터 인스라고 답했다. 피터 린치는 즉시 라 퀸타라는 기업을 조사하기 시작했다.

린치는 라 퀸타 CEO와 통화하면서 라 퀸타가 모텔 산업 안의 틈새시장을 잘 공략했다는 것을 파악했다. 라 퀸타는 결혼식 공간, 회의실, 대형 접견장 등 모텔 사업에 필수가 아닌 시설들을 과감히 포기했다.

대신 홀리데이 인보다 30%나 저렴한 가격을 책정하면서 소비자들을 끌어들였다.[78] 위치 역시 틈새를 잘 파고들었다. 많은 모텔이 고속도로 주변에 위치해서 여행객들을 끌어들이는 게 일반적인데, 라 퀸타는 상업지구나 병원 근처에 자리를 잡았다. 사업차 출장 온 직장인 고객들을 끌어들이기에 최적의 위치였다.

린치는 당시 라 퀸타가 지난 4~5년간 매년 50%씩 성장했음에도 불구하고, 주식이 PER 10배라는 낮은 수준에서 거래되는 것이 이상하다고 생각했다. 린치는 라 퀸타 주식을 매수하기 전에 직접 라 퀸타 객실에서 3일을 숙박했다.[79]

이 3일 동안 불만이 없었나 보다. 고객 입장으로 라 퀸타의 모텔 경험까지 직접 마친 린치는 라 퀸타가 투자하기 좋은 기업이라고 확신했다. 그는 라 퀸타가 모텔 산업의 틈새시장을 잘 공략해 고객들에게 합리적인 숙박 경험을 제공한다고 판단했고, 린치가 매수한 라 퀸타 주식은 그 이후 10년 동안 주가가 무려 11배나 올랐다.

여자 팬티스타킹을 사재기하는 이상한 아저씨 - 헤인스(Hanes)

피터 린치는 어느 날 그의 아내 캐롤라인이 쇼핑한 물건에 눈이 갔다. "이 제품이 되게 좋아"라고 말하면서 아내가 보여준 건 미국의 속옷 브랜드 헤인스의 '레그스(L'eggs)'라는 팬티스타킹이었다. 아내는 현명한 소비자였고, 그녀가 사 오는 제품들은 모두 합리적이고 좋은 것들이었다. 그런 그녀가 좋다고 말할 정도면 꽤 괜찮은 브랜드일 수도 있겠다고 생각한 그는 조사를 시작했다.

그 결과, 질 좋은 팬티스타킹은 대부분 백화점 매장에서 구할 수 있다는 사실을 알게 되었다. 반면 동네 마트나 슈퍼마켓에서는 만족스러운 제품을 찾기 어려웠다. 문제는 여성들이 백화점보다 동네 마트를 훨씬 더 자주 찾는다는 점이었다. 린치는 평균적인 여성이 백화점에는 약 6주에 한 번, 슈퍼마켓에는 일주일에 두 번 정도 방문한다는 사실을 확인했다.

헤인스는 이 틈새시장을 노렸다. 슈퍼마켓을 잘 파고든다면 백화점에서 1개 파는 동안 슈퍼마켓에서 12개를 팔 수도 있는 기회였다. 좋은 품질의 팬티스타킹을 슈퍼마켓에 입점한 헤인스의 광고 문구는 이랬다.

"이 스타킹은 잘 맞을 겁니다. 당신은 좋아할 거고요."

"This fits. You'll enjoy it."

조사를 마친 린치는 헤인스 제품이 여성들의 마음을 사로잡을 거라고 확신할 수 있었다. 바로 헤인스 주식을 매수한 린치의 예상은 적중했고, 헤인스의 팬티스타킹은 '대박'을 쳤다.[80]

이 성공을 지켜보던 경쟁사 카이저-로스(Kaiser-Roth)가 헤인스의 전략을 따라 하기 시작했다. 동네 마트 진열대의 헤인스 팬티스타킹 옆에 카이저-로스의 '노 난센스(No Nonsense)'라는 제품을 입점시켰다. 경쟁사의 출현이었다. 헤인스에 투자한 린치는 당연히 긴장했고, 카이저-로스의 제품이 실제로 위협이 되는지 확인해야만 했다. 궁금증에 대한 해답을 얻기 위해서 린치는 평범한 사람이라면 상상도 하지 못할 일을 한다.

동네 마트에 가서 헤인스와 카이저-로스의 팬티스타킹을 색깔, 모양, 사이즈 별로 총 48개의 제품을 샀다. 아마 계산대에 한가득 팬티스타킹을 내려놓으면서 민망했을 것이다. 계산대 직원은 '이 아저씨, 뭐하는 사람이지?' 싶었겠지만, 린치는 아랑곳하지 않고 꿋꿋이 팬티스타킹을 사서 회사로 돌아왔다.

회사 여직원들에게 각기 다른 팬티스타킹을 건네면서 카이저-로스 제품이 헤인스 제품에 비해 질이 어떤지 판단해 달라고 부탁했다. 몇 주 후 린치를 찾아온 여직원들은 입을 모아 카이저-로스의 스타킹이 헤인스보다 못하다고 후기를 들려줬다.

린치는 자신의 실험 결과를 믿었다. 위협적인 경쟁자가 나타났지만, 아랑곳하지 않고 헤인스 주식을 계속 보유했다. 헤인스 주식은 그대로 쭉 상승했고, 추후 새라 리(Sarah Lee)라는 회사에 인수되었다. 린치는 이 주식으로 6배 이상의 수익률을 거뒀다. 만약 헤인스가 인수되지 않았다면 10루타가 아니라 50루타 주식이 될 수도 있었다고 한 린치의 말이 의미심장하다.[81]

4단계. 2분 안에 끝내라

투자 공부를 2분 안에 끝내라는 말이 아니다. 실제 투자할 만한 기업을 분석하고 공부하는 데는 수많은 시간과 노력이 들어간다. 투자자로서 모든 분석이 끝나고 결정을 마쳤다면 투자 아이디어를 2분 안에 설명할 수 있어야 한다는 뜻이다.

마젤란 펀드를 운용할 때 피터 린치 역시 그랬다. 일주일에 한 번 모든 애널리스트와 펀드매니저들이 회의실에 모여 그 주의 추천 종목과 투자 아이디어를 발표했다. 린치는 이 회의를 진행할 때 작은 주방용 타이머를 사용했는데, 누구든 린치의 타이머에 맞춰 3분이라는 제한 시간 안에 발표를 끝내야 한다는 규칙이 있었다.

린치는 제한 시간이 3분이라고는 말했지만, 실제로는 타이머 시간을 조금씩 줄여나갔다고 한다. 나중에는 1분 30초까지 줄여버렸다.[82] 이를 눈치채지 못한 애널리스트들은 3분에 맞춰서 발표를 준비했다가 '왜 이렇게 시간이 짧지?'라는 생각이 들었을 것이다.

린치의 의도는 간단했다. 1~2분 안에 투자 아이디어를 설명할 수 있는 주식에만 투자해야 한다는 것이다. 만약 그 이상의 시간이 필요하다면 기업에 대한 이해가 부족하거나 사업 구조가 너무 복잡한 기업이다. 두 경우 모두 투자해야 할 가치는 떨어진다.

대가가 그렇다고 하니 안 할 이유가 없다. 투자하고 싶은 주식이 있으면 친구나 가족을 붙잡고 2분 안에 왜 내가 이 주식을 사야 하는지 말해보자. 아니면 2분 타이머를 맞춰 놓고 빈 종이 한 장에 주식을 사야 하는 이유를 간단히 정리해 보는 것도 좋겠다. 이 주식을 충분히 공부했는지, 지금 당장 투자할 준비가 됐는지 단숨에 확인할 수 있을 것이다.

04

시장에서 외면받는 언더독을 찾아라

모두가 아는 레드오션에서 큰 수익을 기대하지 마라.
언더독에 베팅할 용기, 그것이 진짜 투자자의 자격이다.

피터 린치는 마젤란 펀드에서 기업 담당자들을 직접 만나 투자 정보를 얻곤 했다. 그렇게 만난 담당자 입에서 당신이 우리 기업을 알기 위해 찾아온 3년 만의 첫 애널리스트라는 말이 나오면 가슴이 뛰는 걸 참을 수 없었다고 고백했다.[83] 월가의 기관 투자자들이 잘 찾지 않는 주식은 개인 투자자에겐 기회다. 기관 투자자는 수많은 업종에 있는 수백 개의 기업을 분석해야 한다. 업종별로 상위 50~100개 정도의 기업을 분석하는 것만으로도 벅찰 것이다. 어찌 보면 그들의 레이더망 밖에 있는, 투자하기 좋은 기업이 수없이 많은 게 당연하다.

기업의 전체 주식 중 기관 투자자 보유 비중이 낮을수록 개인 투자자에게 좋은 신호다. 아직 월가에 소문나지 않은 주식이라는 뜻이니까 말이다. 만약 이 기업이 좋은 사업성과 미래 전망까지 갖고 있다면 언젠가는 기관 투자자들의 눈에 띌 것이다. 투자업계에서 소문은 급속도로 퍼진다.

경쟁 자산운용사에서 유망한 주식을 하나 발굴하면, 다른 자산운용사에서도 최소한 그 기업을 찾아보기라도 한다. 좋은 주식이라고 판단되면 기관 투자자들은 공격적으로 매수하기 시작한다. 우리 같은 개미 투자자들이 월급의 일부를 모아서 하는 소액 매수와 기관 투자자들의 매수 규모는 차원이 다르다. 막대한 매수 압력이 들어오면 주가는 급상승할 수 있다.

우리가 아는 대표적인 우량주들도 모두 기관 투자자 투자 비중이 높아지는 과정을 거쳤다. 2024년 주식 시장을 대표하는 애플, 마이크로소프트 등의 빅테크 주식들은 대부분 기관 투자자 비중이 50%를 넘는다. 만약 내가 유망한 기업을 찾았는데, 기관 투자자들의 주식 보유 비중이 10~20%대로 낮다면 좋은 신호로 받아들이자.

물론 기관 투자자 비중이 낮다고 무조건 주식을 매수하라는 게 아니다. 그들이 거들떠보지 않는 이유가 있을 수도 있다. 어쩌면 단순히 시가총액이 작은 소형주라 투자할 가치가 없다고 판단했을 수도 있다. 혹은 생각하는 것만큼 매력적인 기업이 아닐 수도 있다. 꾸준히 이익이 성장하는 기업이라도 기관 투자자 레이더망에 들어오고, 주식 시장에서 관심을 받을 때까지는 생각보다 오랜 시간이 걸릴 수도 있다. 3~5년 이상 걸리는 경우도 비일비재하다.

정리하자면 단순히 기관 투자자 비중이 낮은 주식만 찾는다기보다,

내가 관심 있는 종목인데 기관 투자자 비중이 낮다면 가산점이 된다고 생각하는 게 좋다는 뜻이다.

성장하지 않는 산업의 대표 기업

많은 투자자가 현재 가장 '핫'한 섹터를 궁금해한다. 최신 트렌드 뉴스를 찾아보고, 트렌드의 수혜를 입게 될 것 같은 기업에 투자하고 싶어 한다. 피터 린치는 다르다. 린치는 고성장 산업보다 저성장 산업에서 투자 기회를 찾는 걸 선호했다.[84] 그는 1960년대 전자제품이나 1980년대 컴퓨터 산업의 성장이 소비자에게는 좋은 일이었지만, 투자자에게는 그리 반가운 일이 아니었다고 설명했다.

성장이 빠른 산업은 시장이 빠르게 커진다. 커진 시장의 파이를 조금이라도 나눠 가지려고 수많은 경쟁자들이 고성장 산업에 뛰어든다. 최근 뜨거워진 전기차, AI 산업을 봐도 그렇다. 어느 한 기업이 고성장 산업에서 혁신적인 기술을 가진 제품을 출시했다고 해보자. 경쟁자들은 그 기업의 기술을 어떻게 하면 더 빨리, 더 싸게, 더 좋게 구현할 수 있을지 매일 고심한다. 빠르게 변화하는 산업과 경쟁 구도에서는 경쟁 우위를 유지하면서 꾸준히 이익을 벌어들이는 건 매우 어려운 일이다.

반면, 저성장 산업의 경쟁은 비교적 수월하다. 아무도 그 산업에 관심을 기울이지 않는다. 따분하거나 미래 이익 전망이 안 좋다는 이유로 저성장 산업에는 누구도 뛰어들지 않는다. 피터 린치가 예로 든 서비스

코퍼레이션 인터내셔널(SCI, Service Corporation International)이 바로 그런 곳이다. 장례식장을 운영하는 기업이다.

생각해 보자. 뉴스에서는 매일 같이 혁신적인 AI 서비스들이 어떻게 세상을 바꾸고 있는지 보도하고, 우리는 누가 AI 시장을 선점할지, 수혜를 입을 기업은 어디일지 찾기에 바쁘다. 누가 이 와중에 장례식장 기업의 미래가 어떨지 생각하겠는가?

장례식장 기업이 돈을 버는 방법은 간단하다. 매년 세상을 떠나는 사람이 많아져야 한다. 하지만, 이 숫자는 테크 기업의 고객들처럼 절대 빠르게 늘지 않는다. 대부분 그대로이거나 늘어도 아주 약간일 뿐이다. 린치는 장례식장 산업의 연평균 성장률은 1%에 불과했다고 설명했다. 이렇게나 낮은 성장률에도 SCI의 주가는 계속 우상향해 왔다. 2000년에 약 3달러에 거래되던 SCI 주가는 2024년에는 76달러에 이르렀다.

2000~2024년 SCI 주가차트

출처: barchart.com

SCI가 성장이 거의 없는 산업에서 성공한 비결은 단순하다. 아무도 들어오지 않는 땅에서 1위를 선점한 것이다. 장례식장 산업의 고객층은 크게 늘지 않는 대신 항상 존재한다는 게 핵심이다. 매년 수많은 사람이 세상을 떠난다. 게다가 장례식은 결혼식과 더불어 일생 한 번 치르는 큰 이벤트다. 사람들은 이런 행사에서 가격만 보고 업체를 선택하지 않는다. 그 한 번을 제대로 치르기 위해 조금 비싸더라도 좋은 서비스를 제공하는 업체를 고르기 마련이다.

SCI는 새로운 경쟁자들이 쉽게 들어오지 않는 장례식장 산업에서 경쟁자들을 인수하는 등의 전략으로 시장 점유율을 꾸준히 키워왔다. 테크 산업과 장례식장 산업의 경쟁 구도를 비교해 보면 다음과 같다.

피터 린치는 SCI의 파이 조각 키우기 전략이 유효할 거라고 판단했다. 《전설로 떠나는 월가의 영웅》에서 SCI가 미국 전체 장례식장 중 5%

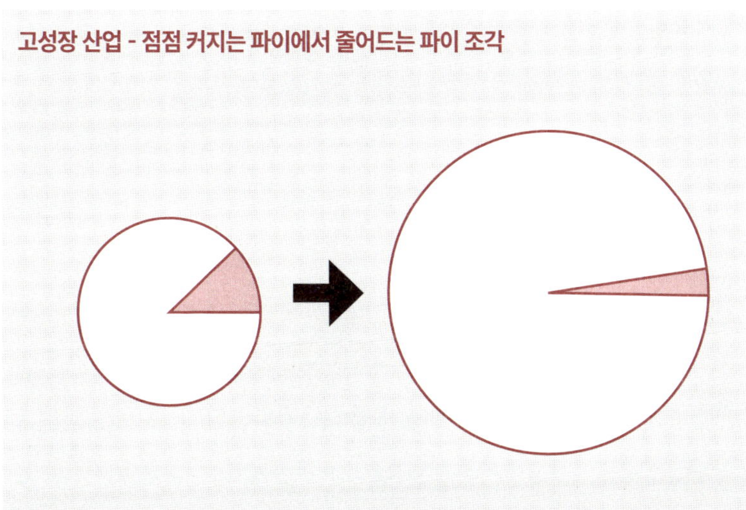

저성장 산업 - 똑같은 파이에서 점점 커지는 파이 조각

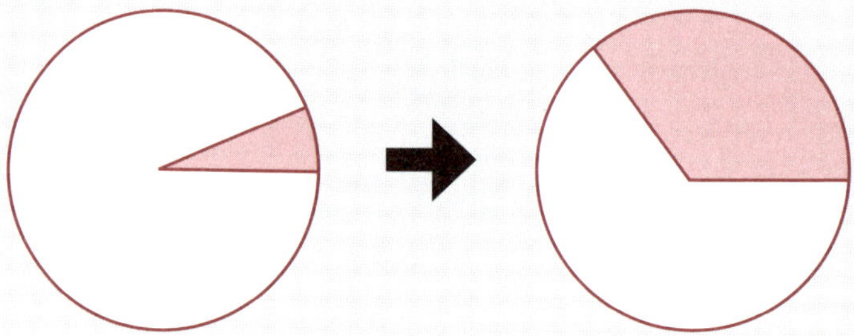

의 점유율을 차지하고 있으며, 미래에 10% 혹은 15%까지 올라가는 걸 막을 자는 아무도 없을 거라고 말했다.[85] 실제로 30년이 지난 후인 지금 SCI의 북미 장례식장 시장 점유율은 약 13%로 추정된다.[86] 린치의 예상이 적중한 것이다. SCI처럼 성장하지 않는 산업이라도 다른 경쟁자들을 물리치고 점유율을 확장해 나갈 수만 있다면 좋은 투자 기회가 될 수 있다.

끌리지 않는 사업을 하는 기업

말 그대로다. 뭐 하는 회사인지 들었을 때 그다지 흥미가 가지 않는 기업들이다. 피터 린치가 《전설로 떠나는 월가의 영웅》에서 사례로

든 병/캔 제조 회사인 크라운, 코스, 앤 실(Crown, Cork, and Seal), 식료품점에서 나눠주는 쿠폰을 발행하는 세븐 오크스 인디내셔널(Seven Oaks International) 등이 이런 곳들이다.[87] 앞서 소개했던 장례식장 기업 SCI도 여기에 포함될 수 있다.

듣기만 해도 재미없다고 느껴지는 기업이 좋은 투자 기회가 될 수 있는 이유는 간단하다. 아무도 관심을 주지 않은 채 외면받기 때문이다. 종종 사람들의 관심 밖에 있는 기업 중에서 저평가된 투자 기회가 나타난다.

린치가 소개한 '더럽지만 좋은 투자 기회' 중 하나는 웨이스트 매니지먼트(WM - Waste Management)다. WM은 미국 최대 폐기물 처리 기업이다. WM의 사업 모델은 단순하다. 미국 전역의 상업 및 주거 고객들과 계약을 맺은 후 주기적으로 쓰레기를 수거하고 돈을 받는다.

투자할 데가 없어서 쓰레기를 처리하는 기업에 투자하냐고? 잠깐이라도 이런 생각이 들었다면 여러분은 피터 린치의 이론을 증명한 셈이다. 린치는 투자자들은 WM처럼 직관적으로 지저분하고 찝찝한 인상을 주는 사업 모델에 투자하기를 꺼린다고 설명했다.

당신이 세계 최고의 교육을 받았고, 펜실베니아 와튼과 하버드 경영학을 졸업한 후 뉴욕 월가에서 일하는 펀드매니저라고 해보자. 기업 임원을 만나서 점심을 먹었고, 젊은 세대들이 자주 찾는 바에서 술 한잔 하면서 우연히 만난 여성과 대화 중이다.

"요즘은 어떤 주식이 핫한가요? 어디에 투자하고 계시죠?" 이 질문에 당당하게 "네, 저는 쓰레기 주식에 투자하고 있습니다." 이런 식으로 대답하고 싶은 펀드매니저는 거의 없을 것이다. '투자해서 돈만 벌면 됐지'라고 단순하게 생각하면 오산이다. 수많은 주식 중에서 하나를 골라 투자 결정을 내려야만 하는 펀드매니저에게는 이런 아주 사소한 심리적 장벽도 그 주식을 매수하지 않을 이유가 된다.

지저분한 이미지를 모두 빼버리고, 순수하게 사업성만 두고 본다면 WM은 훌륭한 기업이다. 고객들이 쓰레기 수거에 쏟는 관심이 얼마나 될까? 아마, 누가 얼마나 잘 수거하든 신경도 쓰지 않을 거다. 그저 주기적으로 빠짐없이 찾아와 내가 건드리고 싶지 않은 더러운 것들만 잘 처리해 주면 만족한다.

따라서 고객들은 WM이 가격을 올려도 크게 불만을 가지지 않을 것이다. 고작 쓰레기 처리 비용을 아끼겠다고 다른 업체를 찾아보고, 새로 계약을 맺는 것도 다 시간과 돈이 들기 때문이다. WM은 사람들이 꺼리고 귀찮아하는 일을 도맡음으로써 고객들을 빠져나가지 못하게 잡아둔 것이다. 실제로 WM 상업 고객들의 연평균 고객 이탈률은 9%에 불과하다. 1년에 고객 10명 중 1명이 서비스를 중단하는 거니까, 평균적으로 고객 1명이 약 10년 정도는 WM의 서비스를 이용한다는 뜻이다.

WM은 흔들리지 않는 고객 베이스를 바탕으로 지난 10년간 꾸준히 16~18% 사이의 영업이익률을 유지해 왔다. 주가도 자연스럽게 실적을 따라왔다. 2024년 10월 기준 지난 20년간 WM 주식의 수익률은 무려 1,341%였고, 연수익률은 대략 14.19%다. 동기간 S&P 500 시장 지수의 연평균 수익률은 10.54%다.

2004~2024년 WM 주가 차트

출처: barchart.com

피터 린치는 투자 인생 내내 시장에서 외면받는 수많은 언더독 주식을 포트폴리오에 영입해 왔다. 다른 애널리스트들이 분석하지 않는 종목, 핫한 트렌드에서 뒤처진 산업에 속한 종목, 사람들이 꺼리는 제품이나 서비스를 제공하는 종목일수록 피터 린치의 관심을 끌었다. 린치처럼, 대다수가 건들기 꺼리는 주식에 투자하는 건 결코 쉬운 일이 아니다. 우리 역시 언더독에 관심을 보이지 않는 대다수에 속할 것이다.

그러나 한번 거꾸로 생각해 보자. 대중의 관심으로부터 멀리 떨어진 재미없고 지루한 분야일수록 저평가되어 있을 확률이 높다. 경쟁자들이 적고 돈이 많이 몰리지 않는 곳이다. 하지만 그래서 우리의 게임이 조금 더 쉬워진다. 모든 사람이 찾는 핫한 해수욕장보다 아무도 오지 않는 지저분한 백사장에서 뜻밖의 진주를 찾아보는 건 어떨까?

05

개미가 펀드매니저를 이길 수 있는 진짜 이유

개미의 무기는 자유다.
우리는 어떤 제약도 없이 시장에 뛰어들 수 있다.
필요한 건 단 하나, 철저한 기업 분석이다.

주식 투자를 처음 시작할 때 누구나 한 번쯤은 이런 의문이 생긴 적이 있을 것이다. '내가 주식 공부를 한다고 높은 수익률을 낼 수 있을까?' '나 말고 평생 투자 공부를 해온 전문가들이 널려 있는데, 이들에게 맡기는 게 낫지 않을까?' 투자업계 종사자들이 우리 같은 개미들보다 투자 경험과 지식이 많은 것은 사실이다. 그렇다고 이들이 우리보다 항상 높은 수익을 낼 거라는 보장은 없다. 오히려 개인 투자자라서 기관 투자자들보다 유리한 점이 생각보다 많다.

피터 린치는 개미 투자자들과 기관 투자자들이 참가하는 게임판과 룰 자체가 다르다고 설명했다. 제대로만 투자한다면 기관 투자자들보다 훨씬 쉬운 게임판에서 시작할 수도 있다. 같은 게임이라도 우리는 초급 모드, 기관 투자자들은 상급 모드에서 시작한다. 기관 투자자들이 개미 투자자들에 비해 투자하는 데 어떤 제약들이 있는지 알아보자.

소형 주식들을 사지 못한다

기관 투자자들은 펀드의 운용자금 규모가 클수록 매매할 때 불리해진다. 개미 투자자라면 언제든지 살 수 있는 소형주들을 기관 투자자들이 매수하기는 까다롭다. 주식의 시가총액이 작을수록 펀드 전체 수익률에 미치는 영향도 적기 때문이다. 예를 들어, 펀드 A의 운용자산 규모가 2조 원이라고 가정하자. 펀드 A는 전체 자산을 모두 주식에 100% 투자하고 있다. 펀드 A 포트폴리오에 포함된 모든 주식들의 시가총액이 2조 원인 것이다.

펀드 A에서 소형주 X가 매력적으로 보여 투자하기로 했다. X의 시가총액은 500억 원이며, 이 가운데 10% 지분을 매수한다면 투자 금액은 50억 원이 된다. 펀드 A의 전체 운용자산이 2조 원이라면, 이 50억 원은 포트폴리오의 0.25%에 불과하다.

만약 주식 X의 주가가 내년에 두 배나 올라서 100% 수익률을 거뒀다고 해보자. 그래도 펀드 A의 전체 수익률은 X에 투자한 비중 그대로 딱 0.25%밖에 상승하지 않는다. 아무리 X 주식이 올라도 전체 포트폴리오에 미치는 영향은 여전히 미미하다.

물론 X의 지분을 10%보다 더 많이 매수할 수도 있다. 하지만 펀드매니저 대부분은 특정 기업의 지분을 많이 매수하는 걸 선호하지 않는다. 지분이 높아질수록 공시 규제도 많아지고, 기업 경영에 직접 영향을 미쳐야 할 일이 생기기 때문이다. 주식을 매수해서 기업의 경영에 직접 간섭하는 액티브 투자자가 아니라면 펀드매니저 대부분은 기업 경영에 직접 참여하는 걸 선호하지 않는다.

게다가 시장 거래량이 작은 소형주를 매수하면 펀드의 대량 매수 주문이 주가를 급등시킬 수도 있다. 펀드는 일반적으로 여러 번에 걸쳐 분할 매수를 한다. 주가가 의도치 않게 급등해서 펀드가 원하는 매수가보다 높아지면 원하는 만큼의 주식 수량을 확보하는 데 실패할 수 있기 때문이다.

소형주는 펀드 전체에 미치는 기대 수익률도 낮고, 원하는 가격에 매수하지 못할 리스크도 크다. 펀드매니저가 굳이 아까운 시간과 노동력을 들여 소형주를 깊게 조사할 가치가 없는 것이다. 애플, 테슬라, 엔비디아처럼 대기업을 분석한 증권사 리포트들에 비해 소형주들을 다루는 증권사 분석 리포트가 비교적 적은 이유도 이것이다.

기관 투자자들은 눈치 볼 곳이 너무 많다

이게 무슨 말인지 궁금한 사람이 있을 것이다. "그렇게 돈을 많이 벌면서 무슨 눈치를 봐?" "그냥 원하는 주식에 투자하면 되는 거 아니야?" 피터 린치는 기관 투자자들의 삶은 그렇게 단순하지 않다고 말한다.

펀드매니저들이 제일 먼저 눈치를 보는 대상은 고객들이다. 규모가 큰 펀드일수록 자산이 크고 부유한 고객들이 투자금을 많이 맡긴다. 사람들은 자기 돈을 아무에게나 맡기지 않는다. 평범한 우리도 친한 친구에게 돈을 빌려줄 때조차 신중하지 않은가. 펀드의 고객들도 당연히 자신들이 맡긴 돈이 잘 투자되고 있는지, 다른 투자처에 비해 더 높은 수익률을 내고 있는지 등을 주기적으로 확인하고 싶어 한다.

펀드는 이런 고객들을 위해 월별 혹은 분기별로 자산운용보고서를 제공한다. 자산운용보고서에는 일정 기간의 펀드 수익률을 비교 지수(벤치마크) 수익률로 분석한 자료도 들어있다. 또 포트폴리오에는 어떤 자산들이 포함되어 있는지, 어떤 주식을 매수하거나 매도했는지도 자세히 보고한다.

돈 맡긴 사람들이야 이 과정이 당연하게 느껴지겠지만, 펀드매니저라면 반가울 리 없다. 펀드매니저가 1~2년 안에 상승할 만한 유망한 주식을 매수했다고 해보자. 매수 후 1~3달이라는 단기간 안에 어떤 일이 벌어질지 모른다. 갑자기 소비자가 막대한 소송을 걸거나 경영진이 스캔들에 휩싸이는 등 다양한 이슈로 주가가 폭락할 수 있다. 펀드매니저는 주식으로 얻은 손해를 모두 고객에게 보고해야 한다. 매달 혹은 분기마다 고객에게 보고서를 전달해야 한다면 장기 실적만큼이나 단기 실적도 무시할 수 없다. 1~2년 이상 진득하게 기다려줄 고객이 그리 많지는 않기 때문이다.

따라서 펀드매니저들은 장기 전망이 유망하더라도 단기적으로 수익을 내지 못할 것 같은 주식들은 매도하고, 단기적으로 상승 여력이 있는 주식들을 매수할 수밖에 없다. 단기적 수익에 대한 압박을 받지 않는 우리 같은 개미 투자자들보다 불리한 환경이라는 말이 이제 이해될 것이다.

고객 눈치 보기도 바쁜데 직장 내 문제도 있다. 자산운용사도 결국 직장 생활이다. 내가 유망하다고 생각하는 주식이 있더라도 상부의 반대가 있거나 동료 매니저들이 대체로 미지근한 반응을 보이면 분위기에 휩쓸려 현명하게 판단하지 못할 수도 있다. 관료제의 특성상 내가 하고 싶은 대로 다 하는 건 불가능하다. 사소해 보여도 이런 작은 부분들이 모여 개미 투자자들에게 우위를 제공한다.

정보가 많다고 유리한 게 아니다

사람들은 기관 투자자들이 투자에서 정보적 우위가 있다고 생각한다. 기관 투자자들은 기업을 분석할 때 직접 기업에 연락해서 조사할 수도 있고, 다양한 업계 종사자도 만날 수 있다. 그건 사실이지만 정보가 많다고 무조건 투자에 유리한 게 아니다. 오히려 쓸데없는 정보에 휘둘릴 가능성이 커진다.

펀드매니저들은 매일 같이 수십 개의 주식에 관한 애널리스트들의 분석 정보와 리포트를 받는다. 끊임없이 제공되는 정보의 홍수 속에서 정말 중요한 핵심 정보만 파악해서 투자 아이디어로 연결하는 것은 매우 어렵다.

피터 린치는 기관 투자자들이 인맥과 경험으로 얻을 수 있는 고급 정보가 제일 중요한 정보는 아니라고 설명했다. 주식 투자의 핵심은 기업이 어떤 제품이나 서비스를 제공하는지, 소비자들이 앞으로도 꾸준히 제품이나 서비스를 이용할 만한 가치가 있는지, 이익을 높이기 위해 기업이 어떤 노력을 하고 있는지 등이다. 피터 린치는 개인 투자자들의 생활 속 경험과 누구나 찾기만 하면 얻을 수 있는 정보를 찾아보는 약간의 노력만 있으면 투자에 필요한 모든 핵심 인사이트를 얻을 수 있다고 강조했다.

기관 투자자들과 개인 투자자들은 전혀 다른 환경에서 투자하고 있다. 수많은 정보와 압박, 다른 투자처들에 주의가 분산될 수밖에 없는 기관 투자자와 달리 우리는 투자의 핵심에만 집중하면 된다. 피터 린치는 매일 수십 개의 주식을 분석하는 기관 투자자들과 달리 개인 투자자는 10개 정도의 기업만 이해하고 주시해도 충분하다고 설명했다. 개인 투자자들이 평생 몇 개의 좋은 주식에만 투자해도 기관 투자자들보다 높은 수익률을 낼 수 있다는 말도 덧붙였다. 만약 마음에 드는 주식이 없다면 굳이 억지로 투자하지 않아도 된다. 현금을 그대로 들고 있어도 우리를 압박할 고객도 없으니까.

피터 린치는 개인 투자자들이 기관 투자자들보다 더 높은 수익률을 낼 수 있다는 걸 증명한 사례를 보여주었다. 미국 보스턴 근교에 가톨릭계 학교인 성 아그네스가 있다. 한국으로 따지면 중학교 1학년밖에 안 되는 7학년 학생들의 포트폴리오는 놀랍게도 당시 대다수 주식 펀드의 수익률을 압도했다.

조안 모리세이 선생님은 학생들에게 투자가 유망해 보이는 기업을 찾는 방법을 가르쳤다. 투자 전문지《인베스터스 비즈니스 데일리》를 읽게 한 후 유망해 보이는 기업들의 사업성과 수익성을 조사하게 했다.[88] 조를 나눠 조사한 학생들은 투자하고 싶은 기업들을 골랐다.

그런 다음 커다란 스크랩북에 투자하고 싶은 기업들을 적고, 그 기업들에 관한 그림을 그렸다. 유치하게 생각할 수 있지만, 피터 린치는 그림을 그리는 게 아주 중요한 활동이라고 강조했다. 회사의 수익 구조를 간단히 스케치할 수 있을 만큼 충분히 이해한 기업에 투자해야 하기 때문이다.

다음 단계는 각자 고른 기업을 학급 전체 앞에서 발표하는 것이었다. 어떤 제품 혹은 서비스를 제공하는 기업인지 친구들에게 소개하고 설명하는 자리였다. 모리세이 선생님은 기업의 제품이나 서비스를 잘 설명할 수 없다면 그 기업에 투자할 가치가 없다고 생각했다. 피터 린치가 항상 강조하는 '아는 것에 투자하라'라는 원칙을 중학교 학생들이 실천하고 있었던 것이다.

잘 아는 주식들만 고른 성 아그네스 학생들의 포트폴리오 성과는 놀라웠다. 1990년 1월 1일부터 1991년 12월 31일까지 2년 동안 70%라는 매우 높은 수익률을 보여줬다. 같은 기간 S&P 500 지수의 수익률은 26%였다. 당시 전체 주식형 펀드의 99%가 성 아그네스 학생들의 포트폴리오보다 낮은 수익률을 거뒀다. 평범한 중학생들이 월가의 내로라하는 펀드매니저들을 이긴 것이다.

물론 이렇게 반론하는 사람도 있을 것이다. "학생들은 실제 돈으로 투자한 것이 아니라서 그런 거야." 혹은 "단지 2년의 성과만 보고 일반화할 수는 없지." 틀린 말은 아니다. 그러나 성 아그네스 학생들이 거친 과정이 펀드매니저보다 더 투자의 본질에 가까울 수도 있다. 내가 투자하고 싶은 기업의 수익 구조를 이해하고 그림으로 나타내는 것, 기업의 제품이나 서비스를 중학생 수준으로 이해할 수 있게 잘 설명하는 것. 투자에서 이것보다 중요한 게 얼마나 있을까?

피터 린치는 모든 개인 투자자들이 성 아그네스 학생들처럼만 주식 투자의 본질에 집중해도 기관 투자자들을 이길 수 있다고 말한다. 성 아그네스 학생들처럼 좋아하는 기업들의 수익 구조를 파악하고 조사할 만할 의지만 있다면 말이다.

그는 또 개별 기업을 직접 분석해서 투자하는 경우라면 투자 시간을 고려했을 때 최소 목표 연평균 수익률을 12~15퍼센트로 잡아야 한다고 특정해 주었다. 미국 시장지수인 S&P 500의 배당 재투자 연평균 수익률은 약 10%가량이다. 직접 시간을 들여 기업을 분석해 투자한다면 시장 수익률보다는 수익률이 높아야 의미가 있다. 하지만 스스로 판단했을 때 개별 기업을 분석하는 데 소질이 없고 시간도 없다면, 맘 편하게 시장 인덱스를 추종하는 인덱스 펀드에 투자하는 게 낫다는 피터 린치의 말을 기억해 두자.

이제 막막했던 주식 투자가 해볼 만하다고 느껴지지 않을까? 내가 투자의 대가들 중에서 피터 린치를 유독 좋아하는 이유다. 린치의 가르침과 격려를 받고 우리 모두 나만의 '언더독' 주식을 찾아보는 것은 어떨까?

8장

대가들의 가르침

01

투자 대가들이 우리 머리에 심어준 7계명

투자에서 중요한 건 불필요한 잡음을 지우는 일이다.
성공한 투자자가 되고 싶다면, 일곱 가지 원칙을 가슴에 새겨라.

지금까지 투자 대가 6명의 인생과 투자 철학에 관해 알아보았다. 각각 따로 한 권으로 다뤄도 부족할 정도로 배울 점이 너무나 많다. 혹시라도 중간중간 스킵하면서 읽었거나 읽긴 열심히 읽었는데 뭘 가져가야 할지 잘 정리되지 않는 독자들을 위해 6명의 공통된 투자 교훈을 한자리에 모았다. 총 일곱 가지 핵심 교훈으로 정리했으니 '대가들의 7계명'이라 부르기로 하자.

1. 내가 잘 아는 분야에 투자하라

워런 버핏은 미국 메이저 리그의 마지막 4할 타자 테드 윌리엄스의 전략을 투자에 그대로 적용했다. 스트라이크 존에서 내가 좋아하는 구역에 들어온 공에만 스윙해서 안타와 홈런을 노리는 것이다. 사람마다 좋아하고 잘하는 분야는 천차만별이다. 누구는 안쪽 꽉 찬 볼을, 누구는 가운데 높은 볼을 치고 싶어 한다.

중요한 건 내 능력 범위를 인지하고, 그 안에서만 머무르는 것이다. 피터 린치도 자신이 좋아하는 소매업과 요식업 기업들에 성공적으로 투자했다. 린치는 개인 투자자는 기관 투자자와 달리 아무런 제약 없이 원하는 주식을 편식할 수 있다는 이점을 활용해야 한다고 했다. 내가 평소에 좋아하는 제품이나 서비스, 혹은 기꺼이 돈 낼 마음이 드는 기업들부터 시작해 투자 가능성이 있는지 찾아봐야 한다.

2. 확률적 우위가 있는 곳에 투자하라

알다시피 100% 확실한 투자란 세상에 없다. 투자의 세계에서는 모든 것이 확률 게임이다. 인생도 마찬가지일 것이다. 끊임없이 흘린 땀과 노력은 배신하지 않는다고 믿지만, 운이 따라올 기회를 의도적으로 많이 만드는 것도 실력이다. “행운은 준비된 사람에게 온다”라는 말의 의미가 나만 피해 가지는 않을 테니까 말이다.

성공한 투자 대가들도 확률적으로 유리한 상황이 왔을 때 과감히 투자해서 부사가 됐다. 찰리 멍거는 수식 시장을 패리 뮤추얼 경마장 베팅 시스템에 비유했다. 멍거는 배당률이 우승 확률에 비해 유난히 높은 경주마에 베팅해서 생활비를 번 자기 친구처럼 투자해야 한다고 말했다.

주식 시장은 결코 100% 효율적이지 않다. 시장은 투자자에게 종종 확률적으로 유리한 투자 기회를 던진다. 우리의 역할은 이 가끔 오는 기회를 포착해 받아먹는 것이다. 그것도 한 번에 아주 많이 먹어야 한다.

모니시 파브라이도 확률적 우위를 잘 활용하는 대가다. 파텔 가문의 모텔 사업처럼, 성공하면 기대 수익은 높은데 리스크는 적은 단도 투자 기회를 찾아야 한다. 켈리 공식을 활용하면 돈을 벌 수 있는 확률이 높고 손실 위험은 낮은 단도 투자 기회 포착에 도움이 될 것이다.

3. 집중, 또 집중하라

워런 버핏, 찰리 멍거, 리 루, 닉 슬립 등의 투자자들은 인생에서 몇 안 되는 탁월한 투자 결정으로 투자 대가 자리에 올랐다. 워런 버핏의 버크셔 해서웨이가 투자한 기업은 수백 개지만 지금의 성공과 규모를 만들어준 기업은 12개 남짓이다. 찰리 멍거는 특히 집중투자를 많이 하는 것으로 유명하다. 멍거는 투자에서 '대박' 칠 수 있는 아이디어는 매우 드물다면서, 만약 이런 아이디어를 찾았다면 다른 곳에 있던 돈까지 모두 여기에 쏟아야 한다고 말했다.

멍거의 데일리 저널은 오랜 시간 4개 남짓한 기업에만 집중해서 투자해 왔다. 닉 슬립은 2014년에 노마드 투자조합을 해산시키면서 투자자들에게 돌려받은 돈을 코스트코, 아마존, 버크셔 해서웨이 3개의 주식에만 투자하고 10년 이상 장기 보유하라고 권했다. 소수의 위대한 기업들을 찾을 수만 있다면 선택의 개수를 줄여 집중투자하는 게 수익률을 극대화하는 방법이다.

4. 주식 뒤에는 기업이 있다

많은 사람이 주식에 투자하지만, 실제로는 주식 뒤에 있는 기업에 투자한다는 사실을 잊곤 한다. 주식창에 뜨는 수많은 숫자와 차트에 사로잡혀 본질을 잊은 것이다. 주식 투자의 본질을 잊은 투자자들이 늘수록 시장은 투자자가 아니라 트레이더 판이 된다. 리 루가 주식 시장은 가치 투자자가 아니라 매매를 원하는 트레이더들을 위한 곳이라고 말한 이유도 이것이다.

장기적으로 보면 주식의 가치는 기업의 가치에 수렴한다. 그러니 워런 버핏처럼 장기적으로 꾸준히 돈을 벌 수 있는 경제적 해자 기업을 찾아야 한다. 물론 훌륭한 기업은 대개 시장에서 고평가된 경우가 많다. 멍거는 퀄리티 기업이라면 약간의 프리미엄을 지불하고도 매수할 가치가 있다고 강조했다.

멍거는 버핏을 설득해서 시즈 캔디를 프리미엄 가격에 매수했다. 평소의 버핏이라면 절대 매수하지 않았을 가격으로 말이다. 시즈 캔디는 버크셔 해서웨이의 퀄리티 투자 시대를 연 변곡점이었다. 상위 10%의 사업성을 가진 기업이, 상위 10%의 프리미엄 가치 평가를 받는다는 것은 어찌 보면 자연스럽다.

그러나 닉 슬립은 대부분의 기업은 10년 이상 성장을 이어가지 못하고 실패하며, 모든 기업의 주식은 실패할 확률까지 반영된 가격으로 시장에서 거래된다고 설명했다. 따라서 20~30년간 장기적으로 보면 성장할 가능성이 충분한 기업이라도 시장에서는 성장률 대비 저평가된 상태일 수도 있다. 월마트 주가가 수십 년간 저평가되었던 것처럼 말이다. 그러니 절대적 기준은 가격이 아니라 기업이어야 한다는 걸 잊지 말자.

5. 확신 있는 투자를 위해 집요하게 조사하라

제대로 된 개별 기업 분석은 쉽지 않다. 내가 얼마나 똑똑하고, 정보력이 좋은가를 따지는 문제가 아니다. 집요할 만큼의 끈기와 호기심이 필수적이다. 내가 생각하는 가설을 뒷받침할 근거를 찾는 건 기본이고, 내 생각과 반대되는 논리까지 분석해 재반박할 수 있어야 한다. 확신 있는 투자를 하려면 그 정도로 집요해야 한다. 투자를 시작할 때부터 확신이 없다면 주식 시장의 변동성에 신나게 두들겨 맞을 것이라서 그렇다.

리 루는 팀버랜드 주식에 확신을 갖기 위해 팀버랜드 CEO의 고향까지 찾아가 믿을 만한 인물인지 조사했다. 피터 린치는 아내가 애용하는 팬티스타킹 기업에 투자했는데, 경쟁사 제품의 경쟁력을 판단하기 위해 직접 48개의 팬티스타킹을 사서 회사 직원들에게 주고 후기를 부탁했다.

'뭐, 이렇게까지 해야 해?'라는 생각이 들 것이다. 그런 수고를 거친 실험이나 조사가 의미 없는 결론에 도달하기라도 하면 정말 시간 낭비처럼 느껴질 수도 있다. 하지만 투자의 대가들은 발로 뛰는 조사와 체험이 기업의 미래 전망을 파악할 수 있는 가장 좋은 방법이라고 입을 모은다.

물론 우리 같은 평범한 개인 투자자들은 직장도 다녀야 하고, 가족도 돌봐야 하니 시간과 돈의 제약을 받는다. 리 루나 피터 린치만큼은 아니겠지만, 그래도 투자 전에 최소한의 확신을 얻기 위해 다양한 방법으로 필요한 정보를 얻으려는 노력은 해야 한다. 시간과 노력을 통해 얻은 믿음은 섣부른 투자 실수를 방지하고, 우리 돈을 지켜줄 것이기 때문이다.

6. 인내심을 갖고 기다려라

어쩌면 개인 투자자에게 가장 힘든 부분이 이것일지도 모른다. 특히나 주변 친척이나 친구들이 주식으로 돈을 꽤 벌었다는 소식을 들으면 나도 모르게 조급해진다. 1년 동안 이렇다 할 수익을 내지 못한 자신이 초라하게 느껴질 수도 있다. 하지만 이런 조바심을 버려야 한다. 투자는 1~2년 하는 게임이 아니다. 10~20년 후에 누가 자신의 부를 효과적으로 늘려왔느냐의 싸움이다.

투자에서 가장 유리하게 작용하는 성공 요소가 있다면 바로 시간이다. 돈이 복리를 통해 눈덩이처럼 불어나려면 충분한 시간을 줘야 한다. 투자자로서 긴 시간을 버티는 데 가장 힘든 건 아마 시장 변동성일 것이다. 대가들 역시 시장의 변동성에 휘둘리지 말고, 오히려 변동성을 이용하는 투자를 하라고 권한다.

버핏이 말하는 '미스터 마켓'은 우리가 평소에 90%는 무시하면서 살아가야 할 존재다. 하지만 나머지 10%의 경우 정말이지 아주 가끔 미스터 마켓이 우리에게 좋은 딜을 건넬 때가 있는데, 이때는 낚아채야 한다. 여기까지 말하면 투자자들이 시간을 낭비하게 되는 포인트가 생긴다. 바로 미스터 마켓의 행보를 예측하려는 행위다. 결론부터 말하면 내일 당장, 일주일 후, 한 달 후, 1년 후 주식 시장이 얼마나 오르거나 떨어질지는 아무도 모른다. 정확하게 예측할 수 있다는 생각은 '오만'이다.

매일매일 시황을 확인하고 내일 장세는 어떨지 예측하는 것보다 찰리 멍거처럼 매일매일 책을 읽으면서 지혜를 쌓는 데 시간을 보내는 게 낫다. 우리가 이 책을 통해 알아본 모든 투자의 대가들은 하루아침에 부자가 되지 않았다는 걸 기억하자. 수십 년간의 공부와 경험을 통해 인사이트를 쌓아왔고, 복리로 쌓인 그들의 경험치가 주식 투자에 녹아들면서 수십 년간 시장 초과 수익률을 거두는 성과를 이룰 수 있었다.

7. 심리는 투자자들의 최대 적이다

나는 주식 투자에서 심리가 거의 90%를 차지한다고 생각하는 사람이다. 우리가 투자에서 어리석은 결정을 내리는 이유는 인간이 감정의 동물이라서 그렇다. 평소에 아무리 냉철하고 감정조절을 잘해도 내 소중한 돈이 들어가 있는 주가가 매일매일 요동치는 걸 돌 보듯이 볼 수 있는 사람은 없을 것이다.

위로가 될지 모르겠지만 우리가 투자하면서 저지르는 많은 심리적 오류는 우리 각자의 탓이 아니라고 한다. 수백만 년 동안 진화 과정을 거치면서 만들어진 인간의 본능에 기반한다는 연구 결과가 있다. 주식 투자가 어려운 이유가 바로 이것인 것 같다. 가끔은 본능을 거스르는 행동을 해야 투자에서 성공할 수 있는 것이다.

나의 뇌가 말하는 것과 반대되는 행동을 하는 것은 매우 어렵다. 그러나 최소한 나의 뇌와 본능이 무엇을 추구하는 경향이 있는지를 아는 것은 중요하다. 그래야 가끔 눈을 꼭 감고 본능과 반대되는 행동을 할 수 있는 확률이 높아질 것이다.

찰리 멍거가 말한 투자자들이 쉽게 빠지는 심리적 함정은 '확증편향'이다. 내가 이미 믿고 있는 이론을 뒷받침하는 근거를 찾고, 그것만 오래 기억하는 심리적 오류를 말한다. 확증편향에 빠지면 내 생각과 반대되는 의견은 눈에 들어오지 않는다. 반대 진영의 논리를 객관적으로 판단할 수 있는 능력이 흐려지고, 판단하려는 노력조차 안 하게 된다.

만약 내가 관심 있어 하는 주식을 지금 매수하는 게 너무 당연하고 쉬워 보인다면 확증편향을 의심해 보자. 투자 전에 반대 입장을 생각해 봐야 한다. 이 주식이 내 생각과 나르게 폭락할 수 있는 이유가 있을까? 만약 있다면 어떻게 대처해야 할까? 이 질문에 대한 답을 찾아보고 각 요인에 반박할 수 있거나 대비 방안이 확실해야 매수할 준비가 된 것이다.

우리가 쉽게 빠질 수 있는 또 하나의 심리적 오류는 매매를 필요 이상으로 자주 하는 것이다. 닉 슬립은 인간은 본능적으로 지금 가진 것에 쉽게 만족하지 못한다고 설명했다. 현재의 집, 차, 배우자 등에 만족하지 못하고 새로 바꾸고 싶어 한다. 주식 투자에서도 그렇다. 이미 좋은 수익률을 거두고 있는 주식이 있는데도 성에 안 차서 팔아치우고, 결국 더 나쁜 주식에 투자하는 일도 흔하다.

또, 많은 투자자가 주식이 떨어질 때 파는 행동은 인간의 '생존편향' 때문이라는 설명을 덧붙였다. 인간은 스트레스를 받을수록 분석을 담당하는 뇌 시스템보다 생존을 담당하는 뇌 시스템이 활성화된다. 장기적 사고보다 단기적 사고를 더 많이 하게 돼서, 부푼 기대를 안고 산 주식이 떨어지면 우울해지고 팔고 싶은 마음이 드는 게 당연하다.

투자 대가들이 단순히 좋은 주식을 고르는 팁뿐만 아니라 인간의 심리적 오류와 이를 극복하는 방법을 말하는 건 그냥 아는 척하는 게 아니다. 대가들은 다른 누구보다 주식 시장에 오래 노출돼 있었고, 투자자로서 멘탈이 흔들릴 수 있는 요소들을 직접 뼈저리게 느꼈을 것이다. 투자자라면 누구라도 빠질 수 있는 심리적 오류를 인지하고 대비하자. 그래야 그저 숫자와 그래프만 분석하는 다른 90%의 투자자들보다 한 발 앞서 나갈 수 있을 것이다.

02

대가를 만나는 방과후 교실

롤은 페이커, 축구는 손흥민.
투자는 여섯 명의 대가를 봐라.

비슷한 듯 다른 철학을 가진 투자의 대가 6명을 만나보았다. 이 책을 보고 있는 여러분 각자의 성향에 따라 더 마음이 끌리고, 좀 더 가까이 다가서고 싶은 대가가 있을 것이다. 그래서 여기에 각 대가의 인생과 투자관을 깊게 알 수 있는 도서와 리소스를 소개한다.

워런 버핏

사실 워런 버핏을 다룬 책들은 시중에서 쉽게, 또 많이 찾아볼 수 있다. 버핏 덕후인 나도 아직 읽어보지 못한 책이 꽤 있을 정도다. 그래도 읽어본 책 중에서 추천하자면《워런 버핏 바이블》,《워런 버핏의 주주 서한》,《거인의 어깨》,《더 레슨》등이 있다.

《워런 버핏 바이블》은 워런 버핏이 직접 쓴 버크셔 해서웨이 주주 서한과 주주총회 질의응답 내용들을 주제별로 정리한 책이다. 주식, 채권 투자, 자본 배분, 가치 평가 등의 주제뿐만 아니라 보험업, 금융업처럼 버핏이 주로 투자한 업종으로도 장을 나눠 잘 정리했다.

《워런 버핏의 주주 서한》은 워런 버핏이 지금까지 작성한 모든 버크셔 해서웨이 주주 서한을 주제별로 정리한 책이다. 개인 투자자를 위한 투자의 지혜와 교훈이 가득 담긴 문서들이다. 나도 주식 투자를 처음 시작할 때 버크셔 해서웨이 주주 서한을 모두 읽어보면서 많은 도움을 받았다. 버핏식 투자에 관심이 있다면 꼭 읽어보길 권한다.

좀 더 객관적인 시각에서 버핏의 투자 스타일과 투자 사례를 분석하고 해석한 책으로는《거인의 어깨》와《더 레슨》을 추천한다.《더 레슨》은 버핏의 인생과 초기/후기 투자 스타일, 그리고 다양한 투자 사례를 스토리텔링하듯 서술한 책이다.《거인의 어깨》에서는 개인 투자자들이 접근하기 쉽도록 홍진채 라쿤자산운용 대표가 버핏의 투자 스타일에 대한 오해와 진실을 풀어주었다.

찰리 멍거

워런 버핏에 비하면 관련 도서가 비교적 적다. 하나만 꼽으라면 단연《가난한 찰리의 연감》이다. 2024년 5월 버크셔 해서웨이 주주총회에서 찰리 멍거를 추모하기 위해 유일하게 판매한 책이기도 하다. 멍거가 직접 진행한 강연 중 투자자에게 도움이 될 만한 내용을 정리했다. 원래는 한글 버전이 없었는데, 2024년 10월 처음으로 번역본이 출간되었다. 멍거의 투자 레슨 엑기스로 강력히 추천한다. 비슷한 책으로는《찰리 멍거 바이블》이 있다. 주주총회 질의응답과 강연 등에서의 멍거의 발언을 주제별로 정리한 책이다.《가난한 찰리의 연감》에 나온 핵심 발언들도 포함되어 있다.

모니시 파브라이

단연《단도 투자자 The Dhando Investor》를 추천하겠다. 한글 번역본 제목은《투자를 어떻게 할 것인가》이다. 위험은 적으면서 기대 수익은 높은 로우 리스크 하이 리턴의 단도 투자 이론을 다양한 예시와 함께 설명했다. 이 외에도 개인 투자자가 실제 투자에 적용할 수 있는 매수/매도 기법과 포트폴리오 비중 관리에 대한 귀한 내용도 포함되어 있다.

닉 슬립

닉 슬립은 세간의 관심을 받고 싶어 하지 않는 투자자였다. 다른 대가들과 달리 직접 출간한 책도 없어서, 닉 슬립의 투자 철학을 가장 잘 배울 수 있는 유일한 소스는 노마드 투자자 서한뿐이다. 2001년부터 2013년까지 닉 슬립이 노마드 투자자 조합의 투자자들에게 1년에 2번 발행한 투자자 서한은 전부 닉 슬립의 자선 재단 웹사이트에 무료로 공개되어 있다. 다행히 이를 번역해서 출간한 《노마드 투자자 서한》이라는 책이 있으니 확인해 보자.

리 루

리 루 역시 닉 슬립과 비슷하다. 그의 투자 인생과 철학을 집중적으로 다룬 책이 있으면 정말 좋겠지만 안타깝게도 아직이다. 2006년 컬럼비아 대학에서 진행한 강연에서 그의 투자 철학을 엿볼 수 있을 뿐이다. 팀버랜드와 현대백화점의 재무제표를 예로 들어 재미있는 분석과 함께 매수에 이르기까지의 투자 과정을 설명했다. 또 마지막에 진행한 질의응답 세션은 리 루가 후배 투자자들에게 전하는 따끔하면서 따뜻한 조언들이 가득하다. 이 강연의 원본 영상은 유튜브에서 찾을 수 있다. 전체는 아니지만 강연 일부를 한국어로 해석한 유튜브 영상도 여럿이니 관심이 있다면 찾아보길 권한다.

피터 린치

아마 워런 버핏과 더불어 가장 리소스가 많은 투자의 대가일 것이다. 수많은 언론 인터뷰에도 참여했고, 스스로 집필한 책도 3권이나 된다. 《전설로 떠나는 월가의 영웅》은 주식을 처음 시작한 투자자 누구에게나 도움이 되는 소중한 교훈들로 꽉 차 있다. 피터 린치에게 주식 과외를 받고 싶다면 무조건 이 책부터 읽으면 된다.

《피터 린치의 이기는 투자》는 첫 책에 나왔던 내용을 좀 더 깊고 자세히 설명한 느낌이다. 마젤란 펀드를 운용하면서 실제로 투자한 다양한 기업을 사례로 들며 자세히 서술하고 있다.

《피터 린치의 투자 이야기》는 더 본질적인 주식 시장과 미국 경제의 역사를 다루면서 주식 투자의 교훈을 일깨워주는 책이다. 미국의 자본주의 주식 시장 구조를 이해하고 투자하고 싶은 투자자들에게 추천할 만하다. 피터 린치가 직접 집필한 위 3권 외에도 앞에서 소개한 《더 레슨》과 《거인의 어깨》에서도 피터 린치의 투자를 자세히 분석하고 있다.

김치찌개와 이 책의 공통점은?

지금 당장 이 책을 덮고, 내일 매수할 종목을 찾고 싶을 수도 있지만 잠깐 멈춰보자. 여러분이 이 책을 읽으면서 오해할 수도 있는 부분들이 있다. 내가 이 책을 쓴 목적은 여러 대가의 철학을 소개하면서 개인 투자자인 우리도 성공적으로 투자할 수 있다는 용기를 불어넣는 것이었다. 나 또한 주린이로서 투자를 처음 시작할 때 대가들의 철학을 통해 투자를 어떻게 해야 할지 방향을 잡을 수 있었다.

주식 투자에는 수많은 잡음과 방해 요소가 있다. 나만의 투자 원칙과 전략을 확립한 것 같아도 시장의 끊임없는 변동성, 미디어나 주변 사람들의 조언 등으로 어느 순간 그 확신이 흔들릴 수 있다. 그럴 때마다 이 책으로 돌아와서 대가들의 철학을 다시 한번 되새겨 보자. 이 책이 지친 하루를 무사히 끝내고 돌아와서 먹는, 어머니가 끓여준 김치찌개처럼 힐링이 되었으면 좋겠다.

여러 대가의 다양한 투자 전략을 소개했지만, 대가들의 투자 전략과 철학을 그대로 따라 하는 건 정말 조심해야 한다. 각자의 투자 상황과 목표는 다르다. 대가들은 최대한 많은 사람에게 도움이 될 만한 조언을 해준 거지, 우리 각자에게 꼭 들어맞는 조언을 해준 것이 아니다. 예를 들어, 내 투자 기간이 10년 남짓으로 짧다면 모니시 파브라이의 '위대한 기업을 20년 넘게 장기 보유하라' 같은 조언은 적합하지 않을 것이다.

중요한 것은 대가들의 투자 철학을 이해한 후 내 투자에 맞는 부분만 선별해서 적용하는 것이다. 마치 영화 〈어벤져스: 인피니티 워〉에서 타노스가 인피니티 스톤을 모으듯, 각 대가의 핵심 철학과 방법론의 정수를 뽑아 하나의 건틀릿으로 완성해야 한다. 메모장에 나만의 방법론을 체계적으로 정리해 두고 앞으로의 투자에 실천한다면, 이 책에 등장하는 대가들 역시 흐뭇하게 지켜보지 않을까.

뻔한 말이긴 하지만 무엇보다 중요한 것은 '실천'이다. 대가들의 인생을 느끼고 그들을 동경하는 데 머문다면 이 책을 읽는 데 들인 시간이 아깝다. 나는 이 책을 위인전처럼 쓰고 싶지 않았다. 누구나 성공할 수 있다면서 동기부여를 하지만, 실제로 얻어가는 건 아무것도 없는 또 하나의 '성공 포르노'가 되고 싶지 않다. 스킬을 배웠으면 써먹어야 한다. 그러니 당장 오늘부터라도 내 생활 속에서 투자 아이디어를 찾고, 그 기업을 하나씩 조사해 보길 바란다.

이 책을 쓰면서 나 역시 많은 것을 정리하고 배울 수 있었다. 투자 대가들의 철학을 좀 더 깊이 이해하는 시간이었던 것 같다. 몇 달 동안 각 대가의 삶에 동화되면서 투자 성공에 필요한 것들이 무엇인지 다시금 확인했고, 대가들의 생각을 정리하면서 나의 투자관 또한 새로 업그레이드된 기분이다. 부디 여러분도 이 책을 읽으면서 나와 비슷한 경험을 하길 바란다. 실수를 줄이고 성공적인 투자를 하게 되는 그날까지, 모두 흔들리지 않고 힘차게 앞으로 나아가길 바란다.

참고문헌

1) 2013년 버크셔 해서웨이 주주총회

2) 대니얼 피컷, 이건 역, 《워런 버핏 라이브》, 2007년 Q15

3) 스콧 A. 채프먼, 《더 레슨》, p. 312~313

4) HBO Documentary, 〈Becoming Warren Buffett〉

5) 스콧 A. 채프먼, 《더 레슨》, p. 379

6) 2010년 버크셔 해서웨이 주주 서한

7) 2022년 버크셔 해서웨이 주주 서한

8) Mohnish Pabrai's Presentation and Q&A at the University of Nebraska, Omaha on May 5 2023

9) Good Morning America, transcript of interview by Charles Gibson with Warren Buffett, May 16 1991

10) 1987년 버크셔 해서웨이 주주 서한

11) 2023년 버크셔 해서웨이 주주 서한

12) 《Poor Charlie's Almanack》, p. 29

13) 《찰리 멍거 바이블》, p. 108

14) bridgeway.com/perspectives/party-like-its-1972-what-can-the-nifty-fifty-teach-us-about-todays-market/#_ftn4

15) 《Poor Charlie's Almanack》, p. 113

16) 《Poor Charlie's Almanack, 3rd Edition》, p. 147

17) 《어콰이어드 팟캐스트》, Acquired Podcast 찰리 멍거 인

터뷰, 2023년 10월 29일

18) 《포춘》, 2009년 4월 27일

19) 《찰리 멍거 바이블》, p.104

20) 《Poor Charlie's Almanack》, p.112

21) 《Poor Charlie's Almanack》, p.92

22) 《Poor Charlie's Almanack》, p.86

23) 《Poor Charlie's Almanack》, p.87

24) 《찰리 멍거 바이블》, p.282

25) fs.blog/charlie-munger-thinking-backward-forward

26) 《찰리 멍거 바이블》, p.409

27) 《Poor Charlie's Almanack》, p.102

28) 《Poor Charlie's Almanack》, p.102

29) 2023년 데일리 저널 주주총회

30) 《어콰이어드 팟캐스트》, Acquired Podcast 찰리 멍거 인터뷰, 2023년 10월 29일

31) www.cnbc.com/2017/02/15/charlie-munger-just-gave-wells-fargo-a-big-vote-of-confidence.html

32) 2023년 데일리 저널 주주총회

33) 《어콰이어드 팟캐스트》, Acquired Podcast Berkshire Hathaway Part II, 2021년 5월 12일

34) TIP 120: The Dhando Investor Mohnish Pabrai(Part I), 5 January 2017

35) 《투자를 어떻게 할 것인가》, p.204

36) Imitation is the Sincerest Form of Flattery: Warren Buffett and Berkshire Hathaway - Gerald S. Martin

37) 《투자를 어떻게 할 것인가》, p.25

38) 《투자를 어떻게 할 것인가》, p.33

39) 《투자를 어떻게 할 것인가》, p.26

40) 《투자를 어떻게 할 것인가》, p.120

41) Mohnish Pabrai's Presentation and Q&A at the University of Nebraska, Omaha on May 5 2023

42) Mohnish Pabrai's Presentation and Q&A at the University of Nebraska, Omaha on May 5 2023

43) Mohnish Pabrai's Presentation and Q&A at the University of Nebraska, Omaha on May 5 2023

44 Mohnish Pabrai's Presentation and Q&A at Boston College and Harvard Business School on Oct 27, 2022

45) Mohnish Pabrai's Presentation and Q&A at Boston College and Harvard Business School on Oct 27, 2022

46) 2009년 6월 30일 노마드 투자자 서한

47) 2004년 6월 30일 노마드 투자자 서한

48) TIP 49 2: The Best Investor You've Never Heard of -November 07 2022

49) 2013년 12월 31일 노마드 투자자 서한

50) 2009년 12월 31일 노마드 투자자 서한

51) 2005년 12월 31일 노마드 투자자 서한

52) 2008년 6월 30일 노마드 투자자 서한

53) 2005년 12월 31일 노마드 투자자 서한

54) 2007년 6월 30일 노마드 투자자 서한

55) 2008년 12월 31일 노마드 투자자 서한

56) 2011년 12월 31일 노마드 투자자 서한

57) 2005년 6월 30일 노마드 투자자 서한

58) 2008년 12월 31일 노마드 투자자 서한

59) 2008년 12월 31일 노마드 투자자 서한

60) 2009년 6월 30일 노마드 투자자 서한

61) 《노마드 투자자 서한》, 2007년 6월 30일 부분, p. 296

62) 버크셔 해서웨이 2025년 DEF 14A

63) 2013년 6월 30일 노마드 투자자 서한

64) The Investors Podcast TIP 636: Billionaire Investing Legend Li Lu with Clay Finck - June 08 2024

65) The Investors Podcast TIP 636: Billionaire Investing Legend Li Lu with Clay Finck - June 08 2024

66) 2017년 데일리 저널 주주총회 Q&A

67) 《더 레슨》, p. 133

68) 《더 레슨》, p. 134

69) 《피터 린치의 이기는 투자》, p. 180

70) 《피터 린치의 이기는 투자》, p.17

71) 《피터 린치의 이기는 투자》, p.496

72) 《피터 린치의 이기는 투자》, p.496

73) 《피터 린치의 이기는 투자》, p.192

74) 《피터 린치의 이기는 투자》, p.274

75) 2023년 4월 25일, CNBC 인터뷰

76) 《피터린치의 이기는 투자》, p.183

77) 《피터린치의 이기는 투자》, p.262

78) 《더 레슨》, p.201

79) 《더 레슨》, p.201

80) PBS Interview with Peter Lynch - Betting on the Market

81) 《One Up on Wall Street》, p.38

82) 《피터 린치의 이기는 투자》, p.187

83) 《One Up on Wall Street》, p.136

84) 《One Up on Wall Street》, p.139

85) 《One Up on Wall Street》, p.140

86) www.us-funerals.com/who-is-service-corporation-international-sci/ - US Funerals Online

87) 《One Up on Wall Street》, p.131

88) 《피터 린치의 이기는 투자》, p.48